환태평양지역 경제 통합과
중국의 FTA 정책

환태평양지역 경제 통합과
중국의 FTA 정책

19

서창배 지음

한국학술정보

'이 저서는 2018년 정부(교육부)의 재원으로 한국연구재단 대학인문역량강화사업(CORE)의 지원을 받아 수행된 저서임'

머리말

 40년 전 시작된 중국의 개혁·개방정책은 당시만 해도 무모한 도전이었을지 모른다. 그러나 연평균 성장률 10%에 가까운 고도성장을 통해 중국은 G2의 경제 대국이 되었다. 그동안 중국은 WTO 가입(2001)을 통해 다자무역체제에 진입하였고, 세계무역에서도 1위의 무역 대국이 되었다. 반면에 중국은 내부적인 경제적 불평등과 양극화의 확대, 환경오염, 반복적인 선진국들과의 통상분쟁 등 대내외적인 문제점에 직면하고 있다. 더욱이 15여 년의 긴 세월을 통해 이룬 WTO 가입은 중국에게 새로운 성장의 모멘텀과 도약의 기회를 안겨줬지만, 다자체제의 한계를 경험하며 새로운 과제를 던져주기도 했다.

 이에 중국 정부는 새로운 도전, 즉 FTA를 비롯한 다양한 형태의 지역경제통합(RTA)을 추진하기 시작했다. RTA 정책 추진 초기에만 해도 에너지·자원의 확보를 위해 호주, 칠레 등 자원 부국들과의 FTA가 주를 이뤘다면, 최근에는 그 범위와 대상 국가를 확대하며 가장 활발한 RTAs 추진 국가 중 하나로 거듭나고 있다. 중국의 FTA 정책의 결정적인 전환점은 한-중 FTA 체결이라고 볼 수 있다. 더욱이 중국은 아시아인프라투자은행(AIIB), 신개발은행(NDB) 등을 통해 주변국들 및 개도국들과의 협력을 크게 강화하는 동시에 G2의 경제 규모와 3조 2천억 달러의 외환보유고를 바탕으로 국제적인 영향력을 확대하고 있다.

특히 환태평양지역은 중국의 꿈(China Dream)을 실현하고 아시아의 맹주를 넘어 전 세계적인 패권 국가로 나아가기 위해 중국의 관심과 영향력이 집중되는 곳이다. 미국도 새로운 동방정책을 추진하며 이들 지역에 대한 영향력을 확대하고 있다. 그러한 가운데, 미국과 중국 간의 무역분쟁도 2018년 들어 최고조로 확대되고 있어, 환태평양지역을 둘러싼 이슈도 더욱 증가할 것으로 예상한다.

따라서 환태평양지역 경제통합과 중국의 FTA 정책을 함께 살펴보는 것은 매우 큰 의미가 있다. 이는 단순히 향후 중국의 무역통상외교 전략의 방향과 영향력을 예측한다는 점 외에도 미-중 통상분쟁, 신 냉전의 가능성, 미-중-EU 중심의 3극 체제(tripolar system)의 가능성 등 새로운 국제질서의 형성과 변화를 전망함에도 많은 시사점을 줄 것이다. 특히 한국은 GDP 대비 대외무역의존도의 비중이 크고 미-중 양국에 대한 경제적 의존도가 절대적이기 때문에 환태평양지역의 경제통합을 좌시할 수 없다. 이에 본 연구가 그러한 해답을 찾고자 하는 분들에게 일정 부분 도움이 되길 바란다. 본 연구는 환태평양지역 경제통합 연구의 완성이 아닌 시작이라는 점에서 저자 스스로 인지하지 못한 다소 미진하고 부족한 점들에 대한 독자들의 이해와 애정을 담은 비판을 감히 부탁드린다.

끝으로 본 연구의 추진과 결과물의 제작에 가장 큰 원동력과 응원을 보내준 부경대학교 대학인문역량강화(CORE)사업단과 정해조 단장께 깊은 감사의 인사를 드린다. 아울러, 본 연구를 위해 각종 아이디어와 자료를 제공해준 중국경제론 연구 동료들(곽복선·김동하·김형근·장정재)에게도 감사를 표한다.

2018.10
부경대 대연캠퍼스에서
서창배

목 차

제3장 중국의 FTA 정책

제4장 환태평양지역의 국가별 경제현황과 지역무역협정 참여

제5장 메가 FTA와 환태평양지역 경제통합

제6장 중국 FTA정책과 환태평양지역 경제통합에의 영향

제1장

중국경제 현황과
성장방식 전환

중국은 2018년 개혁·개방정책 추진 40주년을 맞이했다. 개혁·개방정책 추진 이래 중국의 연평균 경제성장률은 9.5%를 기록하며 G2로 급성장했다. G2인 중국은 경제 강국(Made-by China)으로 거듭날 수 있을까? 아니면 단순히 규모만 큰 경제 대국(Made-in China)의 모습으로 현상 유지하거나 쇠퇴의 길로 접어들까? 만일 중국이 미국을 추월한다면 경제 강국으로서의 입지를 더욱 견고히 할 수 있을까? 아니면 1980년대 일본처럼 '잃어버린 20년'의 굴레로 접어들 가능성은 없는가? 이는 중국경제를 바라보는 최근 시각을 압축적으로 대변하는 질문들이며 중국경제가 현재 과도기적인 성장단계에 진입하였음을 방증하는 것이라고 볼 수 있다. 더욱이 2010년 이래 반복적으로 진행되는 미-중 통상분쟁이 해를 거듭할수록 격화되어 2018년에는 미-중 무역 전쟁(trade war)이라고 표현될 정도로 거센 도전에 직면해 있다. 이에 중국경제를 과거부터 현재까지로 구분하여 살펴보고자 한다.

1. 개혁·개방정책 이전의 중국경제[1)]

중국은 1950년대부터 소련식의 경제모델을 채택하여 중공업 우선 정책을 추진했다. 각 경제주체의 저소비를 바탕으로 저축을 유도하여 이를 중공업 부문에 집중적으로 투자함으로써 국가자본을 축적하고 그 기초 위에서 공업의 급속한 성장을 기하고자 하였다. 그러나 중국의 기초적 상황을 무시한 중공업 우선 정책은 오히려 자원의 효율적 분배를 왜곡함으로써 경제성장의 걸림돌이 되었다. 농업부문으로부터의 지속적인 착취를 위하여 농업노동력 이동을 제한함으로써 도시화를 제약하는 원인이 되었다.

또한, 계획통제로 인한 심각한 물품 부족으로 국민 생활의 불편을 초래하였으며, 생활기반 자체를 위협하는 단계에 이르렀다. 효율성 측면에서 여전히 문제시 되고 있는 국유기업은 당시에도 계획경제의 폐해로 심각한 상황에 처해 부실이 더욱 가속화되었다. 농촌경제도 인민공사를 통한 공동노동·공동분배 제도로 생산 인센티브가 감소함에 따라 농업효율은 극도로 저하되어 생산과 배급이 줄어들게 되었다. 1949년 신(新)중국 건국 이래 계속되어 온 서방의 경제봉쇄에 이어 1960년대 들어 소련과의 사상논쟁은 사회주의국가 내부에서조차 중국을 고립시켰다. 무역의 독점과 외환의 집중관리제도 등의 시행으로 선진기술과 자본, 설비 도입이 극히 부진하였다. 이는 자본 부족 국가인 중국이 외부로부터의 자본수혈을 받을 기회마

---

1) 제1장 1~3.은 서창배, "중국 개혁·개방 40년의 긍·부정적 효과와 중국경제 3.0," 『아시아연구』, 제21권 4호, 2018.11.; 서창배, "제3장 중국경제: Made-in China에서 Made-by China로의 전환," 서창배·공봉진 외, 『현대중국사회: 10개의 시선, 하나의 중국』, 세종출판사, 2009, p.93.; 서창배, "미·중 무역 분쟁의 원인과 주요 변수에 관한 연구" 『한중사회과학연구』, 통권 49호, 2018.10. 등의 내용을 중심으로 수정·보완한 것임.

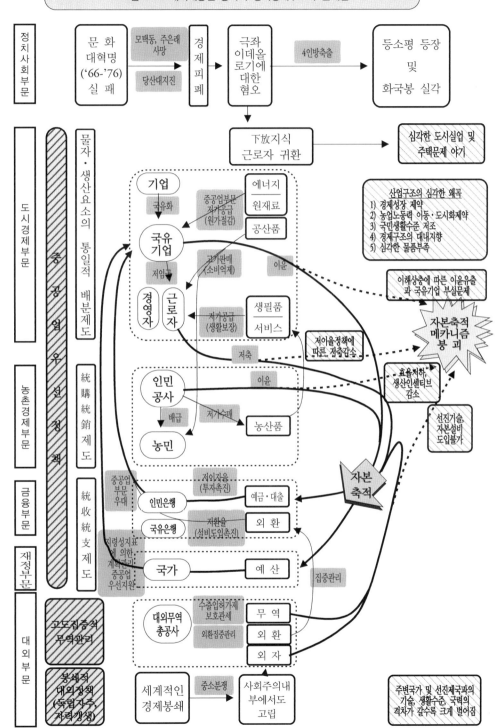

<그림 1-1> 개혁개방전 중국의 정치경제구조와 문제점

정치사회부문

문화대혁명('66-'76)실패 → 모택동, 주은래 사망 / 당산대지진 → 경제피폐 → 극좌이데올로기에 대한 혐오 → 4인방축출 → 등소평 등장 및 화국봉 실각

下放지식근로자 귀환 → 심각한 도시실업 및 주택문제 야기

도시경제부문

물자·생산요소의 통일적 배분제도

중공업우선정책

統購統銷제도

統收統支제도

고도집중적무역관리

봉쇄적 대외정책(독립자주, 자력갱생)

기업 → 국유화 → 국유기업
중공업부문 저가공급(원가절감) ← 에너지 / 원재료
공산품
저임금 → 경영자 / 근로자
고가판매(소비억제) / 이윤
저가공급(생활보장) → 생필품 / 서비스

산업구조의 심각한 왜곡
1) 경제성장 제약
2) 농업노동력 이동·도시화제약
3) 국민생활수준 저조
4) 경제구조의 대내지향
5) 심각한 물품부족

이해상충에 따른 이윤유출과 국유기업 부실문제

자본축적메카니즘붕괴

농촌경제부문

인민공사 → 이윤
배급 / 저가수매 → 농산품
농민

저축
저이율정책에 따른 저축감소

효율저하, 생산인센티브 감소

선진기술, 자본설비 도입불가

금융부문

중공업부문우대 → 인민은행 → 저이자율(투자촉진) / 예금·대출
국유은행 → 저환율(설비도입촉진) / 외환

자본축적

재정부문

지령성지표에 의한 계획관리 / 중공업우선지원 → 국가 → 예산
집중관리

대외부문

대외무역총공사 → 수출입허가제보호관세 / 무역
외환집중관리 / 외환 / 외자

세계적인경제봉쇄 → 중소분쟁 → 사회주의내부에서도 고립

주변국가 및 선진제국과의 기술, 생활수준 국력의 격차가 갈수록 크게 벌어짐

자료: 한국산업은행 조사부, 『中國의 改革戰略과 成果: 部門別 推進過程과 展望』, 2001, p.9.

저 박탈하였다. 이러한 요인들이 중국공산당과 정부가 개혁을 주도 또는 용인하게 된 중요한 원인이 되었다고 생각한다.

2. 개혁·개방정책 이후 중국경제

1978년 덩샤오핑(邓小平)의 개혁·개방정책 추진으로 시작된 중국의 경제체제전환과정은 사회주의 체제가 지닌 내재적 한계성으로 많은 논란의 대상이 되었다. 이러한 논란은 구소련을 비롯한 중·동구 유럽의 사회주의 국가들이 1980년대 말부터 1990년대 중반까지 급진적으로 추진했던 초기의 체제전환과정이 실패함에 따라 더욱 가열되었다.

그러나 1978년 개혁·개방정책 추진 이후 연평균 10%대에 가까운 경제성장률을 기록한 중국경제는 현재 세계 2위의 경제 대국으로 급성장하였다. 2018년 개혁·개방정책 40주년을 맞이한 현시점에서 볼 때, 사회주의시장경제로 대표되는 중국식 경제체제전환과정을 일부에서는 성공한 체제전환모델로까지 평가하고 있다. 신화사의 인터넷 뉴스사이트인 신화망(新华网)에 따르면, 후진타오(胡锦涛) 전(前) 국가주석도 2005년 5월 17일 베이징(北京)에서 개최된 「포춘(Fortune) 500대(大)기업 국제포럼」에서 중국식 경제체제전환의 성공을 언급한 바 있다. 후 주석은 개막연설에서 "1978년 개혁·개방이후 중국의 종합적인 국력이 현저히 강화되었고 국민의 생활도 지속적으로 개선되는 등 새로운 역사를 창조하고 있다"고 강조했다.[2]

---

2) 서창배, "제3장 중국경제: Made-in China에서 Made-by China로의 전환," 공봉진·서창배 외, 『현대중국사회: 10개의 시선, 하나의 중국』(부산: 세종출판사, 2009), p.67.

특히 2003년부터는 중국경제가 연평균 GDP 성장률 10%에 가까운 고도성장을 이어가며 세계경제에서의 위상도 더욱 커지고 있다. 2003년 10.0%의 경제성장률을 기록한 중국경제는 2007년 14.2% 성장함으로써 1984년(15.3%) 이후 가장 높은 경제적 성과를 기록하기도 했다. 고도성장을 기록해온 중국 정부는 2006년부터 성장방식을 양적 성장 위주에서 질적 성장 중심으로 전환하며 경제 연착륙에 대비하기 시작했다. 그러나 베이징올림픽이 개최되었던 2008년 글로벌 경기침체, 국제적인 원자재 가격상승, 중·남부 지방의 폭설재난(1월), 쓰촨성(四川省) 지진피해(5월), 티벳 사태 등 대내외적인 악재로 인해 9.6% 성장에 머물렀다. 그 후, 중국의 국내총생산(GDP) 규모는 2010년 처음으로 일본을 추월한 이후 계속하여 세계 2위를 유지 중이다. 유로(Euro) 회원국들의 재정 위기 등 글로벌 경기침체의 여파가 지속되며 서방경제가 뉴노멀(New Normal)[3]에 진입하게 됨에 따라 중국의 경제성장률도 지속 감소하고 있다. 특히 2014년 시진핑(习近平) 국가주석이 "중국의 발전은 여전히 중요한 전략적 시기에 놓여있고 중국 경제발전의 단계적 특징으로부터 시작해 신창타이(新常态, New Normal)에 적응하고 전략상의 평상상태를 유지해야 한다"[4]고 강조함으로써 중국경제도 중속(中速)성장시대에 진입을 하였다. 그러나 여타 국가들과 비교할 때 중국경제는 여전히 높은 성장률을 기록 중이다.

---

3) 뉴노멀은 세계 경제가 금융위기 이전의 고성장에서 '저성장, 저금리, 저물가'로 전환되는 상황
4) CRI(China Radio International), 풀어쓰는 경제이슈: 신창타이(新常態), 2016.4.25.
   http://korean.cri.cn/1740/2016/04/25/1s235716.htm

1) G2, 중국경제 현황과 미국경제와의 비교

◆ GDP 규모와 경제성장률

2017년 기준으로, 중국의 GDP 규모는 12조 150억 달러를 기록하여, 전 세계 GDP 비중에서 15.0%를 차지하고 있다[5](그림 1-2 참조). IMF(2018.4)의 경제전망에 따르면, 중국의 전 세계 GDP 비중은 18.9%까지 증가할 것으로 예상한다.[6]

(단위: 억 달러, %)

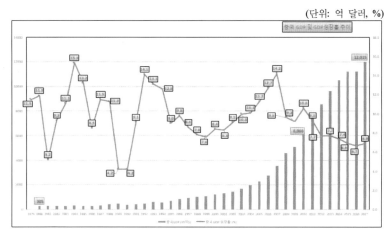

자료: 1979~1998년은 中国国家统计局(www.stats.gov.cn)를 참조하여 작성.
1999~2017년은 IMF, *World Economic Outlook*, 2018.4; 기획재정부, 18.8월 주요경제지표, 2018.8, p.74를 참조.

<그림 1-2> 중국 GDP 및 GDP 성장률 추이

---

5) IMF(2018.4)에 따르면, 2017년 미국의 전 세계 GDP 비중은 24.3%를 기록 중이다.

6) IMF(2018.4)는 2023년 미국의 전 세계 GDP 비중을 21.5%로 전망하고 있다. 이에 따라, 미·중 간 GDP 격차는 1:1.14로 크게 줄어들 예정이다.

◆ PPP기준 GDP

EIU는 당초 2050년 명목 GDP에서 중국이 미국을 추월할 것이라고 예상했으나, 구매력지수(PPP)기준 GDP의 경우 이미 2014년 기준으로 중국이 미국을 추월하여 세계 1위를 기록하였다(그림 1-3 참조). *Global Trend 2035*에 따르면, 미국내 주요 정보기관들은 2025년을 전후하여 중국의 GDP가 미국을 추월할 것으로 예상하고 있다.

(단위: %)

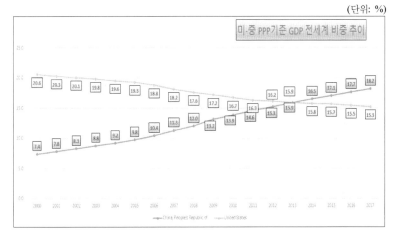

자료: IMF, *International Financial Statistics(IFS)*, http://data.imf. org/ (검색일: 2018.9.10.)

<그림 1-3> 미·중 PPP기준 GDP 전세계 비중

또한, IMF(2018.4) 경제전망 보고서는 중장기적으로 PPP기준 GDP에서 차지하는 미국과 중국의 비중이 2018년 각각 15.1%와 18.7%에서 2023년 각각 13.8%와 20.8%로 예상함으로써 양국 간의 격차는 더욱 커질 전망이다(그림 1-4 참조). 더욱이 AIIB로의 다수 국가가 결집하고 있다는 점도 중국경제의 영향력이 커지고 있음을 방증하는 것이다.

(단위: %)

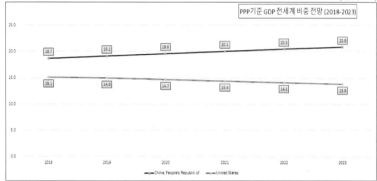

자료: IMF(2018.4). *World Economic Outlook*. https://www.imf.org/external /datamapper/NGDP_RPCH@ WEO/USA/CHN [검색일: 2018. 8.10.]

<그림 1-4> 미·중 PPP기준 GDP 전세계 비중 전망

◆ 대외무역·수출·수입과 무역수지

(단위: 억 달러, %)

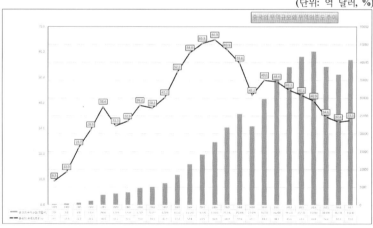

자료: IMF, *International Financial Statistics(IFS)*, http://data.imf. org/ (검색일: 2018.9.10.)

<그림 1-5> 중국의 무역 규모와 무역의존도 추이

대외무역의 경우, 중국은 상품무역·수출·수입 등에서 2017년 기준으로 각각 1위, 1위, 2위를 차지하고 있다. 특히 전 세계 상품 수출·수입·무역에서 중국이 차지하는 비중은 각각 13.9%, 9.5%, 11.7%를 차지하고 있어, 전 세계 무역증가율에 대한 기여도도 20% 이상으로 추정되고 있다. 이에 따라, 미국, EU, 일본 등을 비롯한 선진국들의 통상압력 등 중국에 대한 각종 견제도 더욱 증가하는 추세이다. 특히 미국과의 통상분쟁은 해를 거듭할수록 더욱 격화되는 양상이다.

(단위: 억 달러, %)

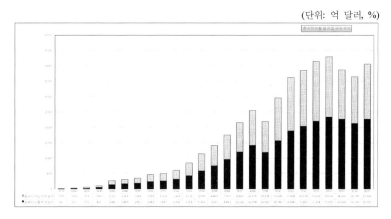

자료: IMF, *International Financial Statistics(IFS)*, http://data.imf. org/ (검색일: 2018.9.10.)

<그림 1-6> 중국의 수출 및 수입 규모 추이

(단위: 억 달러, %)

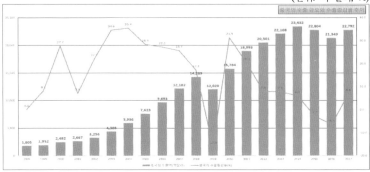

자료: IMF, *International Financial Statistics(IFS)*, http://data.imf. org/ (검색일: 2018.9.10.)

<그림 1-7> 중국의 수출 및 수출증감률 추이

(단위: 억 달러, %)

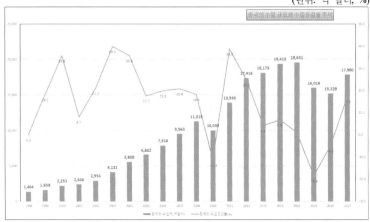

자료: IMF, *International Financial Statistics(IFS)*, http://data.imf. org/ (검색일: 2018.9.10.)

<그림 1-8> 중국의 수입 및 수입증감률 추이

미국과의 무역에서 중국은 지속적이며 막대한 무역수지 흑자를 기록하고 있어 통상분쟁과 위안화 평가를 둘러싼 미-중 양국의 논쟁이 끊이지 않고 있다(서창배·곽복선 外: 436). 이에 따라 미-중 간의 무역문제는 무역갈등을 넘어 무역분쟁으로, 최근에는 무역분쟁을 넘어 무역전쟁이라는 표현을 사용할 정도까지 확대되고 있다. 이는 미국이 자국(自國)에게 절대적으로 많은 무역적자를 안겨주는 중국을 더이상 좌시할 수 없는 수준까지 도달했다고 판단한 것으로 보인다.[7]

중국은 WTO 가입 직전인 2000년부터 일본을 앞서 미국으로부터 가장 많은 무역흑자를 기록한 이래 지금까지 계속하여 최대 무역 흑자국을 기록 중이다. 미국 상무부 기준으로, 미국의 대(對)중국 무역적자액은 2000년 838.1억 달러에 불과했으나 2009년과 2016년을 제외하고 매년 급증하여 2017년에는 3,752.3억 달러를 기록했다(그림 1-9 참조). 또한, 미국의 10대(大) 무역적자국 중 중국의 비중도 매년 급증하여 2000년 24.5%에서 2009년 50.5%로 최고점을 기록하였고 2017년에는 49.5%를 차지했다(그림 1-9 참조). 반면에, 중국 상무부 통계자료에 따르면, 대미(對美) 무역흑자 규모는 2000년 298.2억 달러에서 2017년 2,821.2억 달러로 증가했고 중국의 10대(大) 무역 흑자국 중 미국의 비중도 2000년 37.1%에서 2013년 28.4%까지 감소하였으나 다시 증가하기 시작해 2017년 35.0%를 차지했다. 이처럼 미-중 무역수지 통계는 최소 539.9억 달러(2000년)에서 최고 997.8억 달러(2015)까지 차이가 존재한다.

---

7) 그러나 일부에서는 중국의 대미(對美) 수출이 중국 국내기업 제품들만 존재하는 것이 아니라 중국에 진출한 미국 제조기업들의 수출품도 다수 포함된 것으로 보고 있음.

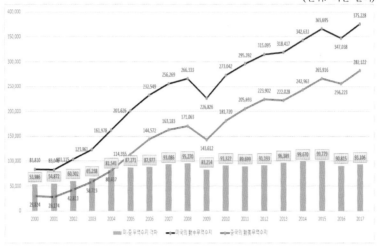

자료: 미국 상무부(미국의 對中무역수지 적자 규모) 및 중국해관총서(중국의 對美무역수지 흑자 규모)
통계자료를 중심으로 저자 작성.

<그림 1-9> 미-중 무역수지 격차 추이

한국무역협회(2004.7: 3-5)와 KOTRA(2014.5.20.) 보고서를 종합
해보면, 미-중 양국 간 무역수지 통계의 차이는 다음과 같은 점에서
찾을 수 있다. 첫째, 홍콩 경유 우회 수출 또는 수입,8) 둘째, 홍콩을
경유한 우회 수출·입의 과대(過大) 또는 과소(過小) 계상(計上), 셋
째, FOB(free on board)·CIF(cost insurance and freight)9) 등 양국
간 수출·입 집계기준의 차이, 넷째, 홍콩 경유에 따른 선적과정 중
가격변동(Markup), 다섯째, 수출자 신고가격과 수입세관 산정가격의

---

8) 일반적으로 대다수 국가는 수입에 대해 원산지 기준으로, 수출에 대해 도착지 기준으로 집계하고 있
어 우회수출입이 존재하는 경우 무역 집계상의 차이로 연결됨(KOTRA, 2014.5.20.)

9) FOB는 선적도가격(船積渡價格) 즉, 본선인도가격을 의미하며, CIF는 운임·보험료포함가격(運賃保
險料包含價格)을 의미함. 선박항해용어사전(https://term s.naver.com/entry.nhn? docId=383199&cid=
42329&categoryId=42329) [검색일: 2018.08.10.] 참조.

차이, 여섯째, 수송과정에서의 연말 시차 또는 시간 지체(time lag), 일곱째, 결제일에 따른 환율 차이 등 때문으로 풀이된다.

(단위: %)

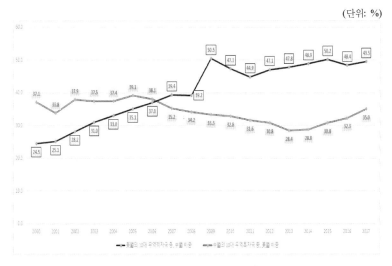

자료: 저자 작성.

<그림 1-10> 미국의 10대 무역적자국 중 중국 비중과
중국의 무역흑자국 중 미국 비중 추이

◆ **외국인직접투자(FDI)·해외직접투자(ODI)·외환보유고**

외국인직접투자(Foreign Direct Investment; FDI)의 경우, 중국은 전 세계 FDI의 '블랙홀'이라고 불릴 정도로 매년 엄청난 액수의 FDI를 끌어들이고 있다. 중국의 FDI 순위는 2012년 기준으로 세계 2위를 기록하고 있으나, 홍콩을 포함하거나 순수 직접투자만을 기준으로 한다면 중국이 실질적인 세계 1위라고 볼 수 있다. 한편, 중국은 첨단기술 습득, 자원·에너지 확보 등의 차원에서 저우추취(走出去)정책을 추진함에 따라 해외직접투자(Overseas Direct Investment;

ODI)도 최근 크게 증가하고 있다. 2016년 중국의 해외직접투자 규모는 1,831억 달러를 기록하여 미국(2,990억 달러)에 이어 2위를 차지하였다(그림 1-11 참조).

(단위: 억 달러)

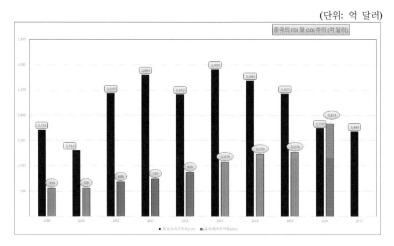

자료: (FDI)는 World Bank, 2017.12.31 기준; (ODI)는 UNCTAD, 2016.12.31. 기준.

<그림 1-11> 중국의 외국인직접투자(FDI) 및 해외직접투자(ODI) 추이

외환보유고(Foreign Exchange Reserves; Forex reserves)의 경우, 수년간 지속된 대규모 무역수지 흑자의 증가와 외국인직접투자(FDI) 유치 등에 따라 크게 증가하여 2017년 12월 말까지 3조 2,357억 달러를 기록하고 있다.[10) 중국의 외환보유고는 한 때 4조 달러에 가까운 3조 9천억 달러(2014)를 기록하기도 했었다. 전 세계 외환보유고[11) 순위에서도 중국은 2006년 3월부터 일본을 추월한 이래 계속

---

10) 2018년 8월 기준, 중국의 외환보유고는 3조 1,097억 달러를, 한국은 4,011억 달러를 기록 중이다.

11) 2017년 12월 기준으로, 전 세계 전체 외환보유고 중 미(美) 달러($)는 (2014년 말) 62.9%에서 (2017년 말) 55.0% 비중이고 유로(Euro)는 (2014년 말) 22.2%에서 (2017년 말) 17.7%를 차지하

하여 세계 1위를 기록 중이다.

(단위: 억 달러)

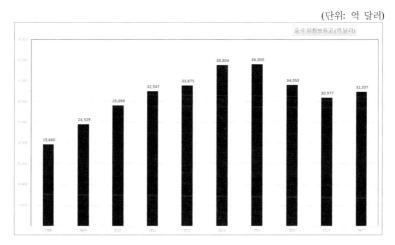

자료: (FDI)는 World Bank, 2017.12.31. 기준

<그림 1-12> 중국의 외환보유고 추이

◆ 중국의 세계 경제 순위

이처럼 중국경제는 개혁·개방정책 추진 이래 고도의 경제성장을
기록함으로써 다양한 경제 부문에서 세계 경제에서의 위상도 더욱
크게 성장하고 있다. GDP는 WTO 가입 직전인 2000년 세계 6위에
서 2010년 일본을 추월하여 세계 2위를 기록한 이래 G2의 입지를
더욱 확고히 하고 있다. 무역·수출·수입 규모의 경우, 중국은 가
장 크게 급성장하였는데 2001년 WTO 가입이 가장 큰 원인으로 꼽
히고 있다. 중국의 대외무역 순위는 2000년 세계 8위에서 불과 9년
만인 2009년 세계 2위로 성장하였고 2012년부터는(2016년 제외) 세

고 있다.

계 1위 자리를 연이어 차지하고 있다. 그 중, 중국의 수출 순위는 2000년 세계 7위에서 2009년 이래 계속하여 세계 1위를 기록 중이다. 중국의 수입도 크게 높아져 2000년 세계 8위에서 2009년 이래 2위를 기록 중이다. 중국의 외국인직접투자(FDI)도 세계 1~4위의 상위권을 계속해서 차지하고 있다. 이를 바탕으로 중국의 외환보유고는 2008년 일본을 추월한 이래 세계 1위를 자리를 지속하고 있다. 특히 최근 들어 중국의 해외직접투자(ODI)가 더욱 크게 확대하여 2016년 세계 2위를 차지하였음이 주목된다. 이는 중국기업들의 해외 진출 확대와 중국경제의 국제적 영향력 확대라는 점에서 주목할 필요가 있다.

<표 1-1> 중국의 세계 경제 순위 변화

구분	1978	1980	1990	2000	2005	2008	2009	2010	2011	2012	2013	2014	2015	2016	2017
GDP	10	11	11	6	4	3	3	2	2	2	2	2	2	2	2
1인당 GDP	175	177	178	141	128	127	124	95	89	87	85	80	73	69	71
무역 총액	29	26	15	8	3	3	2	2	2	1	1	1	1	2	1
수출	30	28	14	7	3	2	1	1	1	1	1	1	1	1	1
수입	27	22	17	9	3	3	2	2	2	2	2	2	2	2	2
FDI		60	12	9	3	3	2	2	2	2	2	1	2	4	3
ODI									4	4	3	4	6	2	
외환 보유고	38	37	7	2	2	1	1	1	1	1	1	1	1	1	1

자료: IMF; World Bank; KOTRA 국가별 경제지표; 中国国家统计局(www.stats.gov.cn); 中国国家统计局, 『国家统计摘要』, 中国统计出版社; 한국은행(www.bok.or.kr); 지만수, 「중국의 성장전략 전환: 그 의미와 도전」, 한국고등교육재단(www.kfas.or.kr), 2013.10.29.; 한국무역협회, 「2013 세계 속의 대한민국」(www.kita.net) 등을 종합하여 저자 정리.

이에 따라, 중국경제가 세계 경제에 미치는 영향력도 더욱 증가하고 있다. 중국의 경제성장이 전 세계 경제성장률에 미치는 공헌도는 2002년 20.1%를 기록한 이래 다소 감소하여 2013년 13.0%로 전망되고 있다. 그러나 중국경제는 여전히 미국에 이어 세계 경제 성장에 커다란 영향을 미치고 있다. 이는 전통적인 경제 강국들인 일본, 독일, 영국은 물론이고 신흥경제국으로 부상하고 있는 인도보다도 높게 나타나고 있다. 뿐만 아니라 중국경제의 고성장을 바탕으로 중국기업들의 해외기업 인수가 최근 급증함으로써 일부에서는 중국의 세기가 도래했음을 언급하고 있다.[12]

더욱이 2008년 하반기부터 세계경제가 대공황 이후 가장 심각한 글로벌 경기침체를 겪고 있어, 다수의 경제전문가들은 중국과 아시아의 주도로 현재의 경제위기가 극복될 가능성이 높고 그에 따라 '중국의 시대'도 더욱 빨리 다가올 것으로 예상한 바 있다. *New York Times*는 2009년 8월 24일 보도에서 "과거 세계적인 경기침체에서 벗어날 때는 항상 미국이 먼저 이끌고 유럽과 다른 나라들이 그 뒤를 따랐으나, 이번에는 세계 경제를 살리는 촉매제 역할을 중국이 담당하게 될 것"이라고 전망했다. 다시 말해 중국경제가 최근의 불안정한 세계 경제의 회복을 돕고 있다는 것이다. 경제전문가들은 갈수록 강력해지는 중국이 경제적 영향력 면에서 미국의 경쟁자가 되고 결국에는 미국을 추월할 것으로 예상해왔으며, 최근의 글로벌 경제회복은 이러한 변화를 당초 예상보다 더욱 앞당기는 계기가 될 것으로 보고 있다.

---

12) Arthur Kroeber, "中国世纪到了吗," *FT China*(FT 全球经济报道, zhongwen.ft.com), 2005.6.13; 서창배, "제3장 중국경제: Made-in China에서 Made-by China로의 전환," 공봉진·서창배 외, 『현대중국사회: 10개의 시선, 하나의 중국』(부산: 세종출판사, 2009), p.72에서 재인용.

2008년 발표된 『글로벌 트렌드 2025』[13])에서 미국 정보기관들은 "2025년이 되면 중국이 미국 다음의 경제대국으로 성장할 것"이라고 전망했다. 2000년대 중반, 중국 국무원 발전연구중심(国务院发展研究中心, DRC)도 현재와 같은 경제발전을 지속할 경우, 중국의 GDP규모는 오는 2050년에는 미국에 이어 세계 2위를 기록할 것이라고 예측한 바 있다. 그러나 최근에는 2035년 또는 2025년을 전후하여 중국이 미국과 대등한 경제 강국으로 거듭날 것이라는 전망들도 쏟아져 나오고 있다. 급기야 *Global Insight*(2010)는 오는 2020년이 되면 미국과 중국의 GDP 규모가 22.9조 달러로 동일해질 것이라고 전망하였다. 또한, 미국 NIC는 2012년 발표된 『글로벌 트렌드 2030』[14])에서 "2030년을 수년 앞두고 중국은 미국을 추월하여 세계 최대 경제대국으로 성장할 것"이라고 전망했다.

그렇다면, 과연 중국경제의 현실적인 수준과 산업경쟁력은 어느 정도일까? 또한, 중국경제가 지닌 경쟁력과 성장가능성은 어느 정도일까?

경제대국으로 급성장한 중국경제에도 많은 문제점이 존재하는 것이 사실이다. 중국은 자국으로 유입되는 엄청난 규모의 외국인직접투자(FDI)에 힘입어 경제대국(經濟大國)의 반열에 올랐다. 그러나 '세계의 공장', '세계의 생산기지' 등의 이미지에 머무르며 '중국산 제품(Made-in China) = 저가(低价), 저(低)기술 상품'으로 분류됨으로써 수출시장에서 좋은 평가를 받아오지 못한 것도 사실이다. 이와

---

13) National Intelligence Council(NIC), *Global Trends 2025: A Transformed World*, NIC 2008-003, November 2008, p.29.

14) National Intelligence Council(NIC), *Global Trends 2030: Alternative Worlds*, NIC 2012-001, December 2012, p.15.

관련, 인민일보(人民日报)는 2008년 2월 5일자 보도를 통해 아직도 '세계의 공장'에 머물러 있는 중국경제의 현실을 강도 높게 비판한 바 있다. 이러한 문제점은 지나친 대외의존형 성장 구조에서 비롯되었다고 볼 수 있다.

이에 따라, 중국정부는 전반적인 기술력과 국내기업들의 국제경쟁력 제고를 통해 경제 강국(Made-by China)으로 도약하고자 많은 노력을 기울이고 있는 것이다. 현재 중국정부는 저가상품의 생산기지, 세계의 공장 등 중국산 수출제품의 확대(Made-in China)를 통한 경제대국에서 순수 중국기업의 기술력 제고(Made-by China)를 통한 경제 강국으로의 전환을 위해 적극 노력하고 있다. 즉, 고성장을 바탕으로 이제 중국은 경제 강국(經濟强國)으로의 도약을 위해 기술력 제고에 힘쓰고 있는 것이다.

2) 대외의존형 성장구조의 한계와 무역분쟁의 발발

중국은 전술한 바와 같이 수출을 비롯한 대외무역 중심의 성장구조를 형성하며 세계 2위의 경제 대국으로 급성장했다. 그러나 지나친 대외의존형 성장구조, 즉 수출 위주의 성장은 곧 외부 충격(external shock)에 취약한 중국경제의 구조적 문제점을 초래하고 있다.

대외무역의존도(Dependence degree upon foreign trade)는 일정기간(보통 1년) 동안 한 나라의 국민총생산(GDP)에서 대외무역액이 차지하는 비율로서 한 나라의 경제가 대외무역(수출액+수입액)에 의존하는 정도를 의미한다. 1개 국가의 무역의존도는 그 나라의 국토면적, 국민소득(GDP), 경제발전, 기술진보 수준, 산업구조, 무역정책 등에 따라 달라진다. 일반적으로 국토면적이 작은 소국(小國)들은 기후조건이나 천연자원이 편중되어 있고 일정 규모의 경제를 다방면의 산업에서 향유하기에는 국내시장이 너무 작기 때문에 무역의존도가 높아지는 경향이 있다. 또한, 기술진보는 수송비나 인건비의 저렴화를 이뤄 무역의존도를 높이는 요인이 되지만, 다른 한편으로는 천연원료를 대신하는 합성원료의 개발을 통해 수입의존도를 저하시키는 효과도 있다. 3차 산업은 무역의존율이 낮으므로 산업구조의 고도화는 무역의존도를 낮게 하는 한 가지 요인이 된다. 그러한 이유에서 볼 때, 무역의존도가 높을수록 해외경기의 순환변동에 따른 국민경제에 대한 파급영향이 커지기 때문에 부정적인 영향을 받을 수도 있으므로 수익성 및 채산성을 고려한 수출의 질적 향상을 도모해야 할 필요가 있는 것이다.

한국의 경우, 1997년 금융위기 이후 국내소비와 투자의 위축으로 내수 부진을 겪은 반면, 해외경기 호조와 외환유동성 확보를 위해 수출을 촉진함으로써 수출비중이 크게 증가하였다. 이와 함께 제조업내 비중이 높은 IT제조업의 경우, 외국 브랜드들의 적극적인 국내 시장 공략, 통신기기 생산 증가에 따른 부품 수입 증가 및 해외 생산분의 역수입 등으로 수입이 증가하면서 한국경제 전체의 무역의존도는 더욱 높아지는 결과를 초래하였다.

자료: 서창배·곽복선 외, 중국경제론, 2014, p.389.

일반적으로 1개 국가의 경제구조가 대외의존형 성장구조인지 그 여부를 알 수 있는 척도 중 하나가 대외무역의존도이다. 대외무역의존도는 아래 수식과 같이 수출액(E)과 수입액(M)이 국민총생산(GDP)에서 차지하는 비중으로 구할 수 있다.

$$대외무역의존도(\%) = (E+M)/G \times 100$$

E는 수출액, M은 수입액, G는 국민총생산(GDP)을 의미한다. 마찬가지로, 수출의존도와 수입의존도를 구하면 다음과 같다.

$$수출의존도(\%) = E/G \times 100$$
$$수입의존도(\%) = M/G \times 100$$

　　이를 통해 중국의 대외무역의존도를 살펴본 결과, 1979년 9.5%에 불과했던 대외무역의존도는 1990년 29.6%, 1995년 38.6%, WTO 가입 직전인 2000년 39.2%를 기록하였다. 그러나 WTO 가입 직후인 2002년 42.2%로 상승하였고 2003년에는 처음으로 50%를 초과하여 52.2%를 기록했다. 그 후, 중국의 대외무역의존도는 2004년 59.8%, 2005년 63.5%, 2006년 64.9%를 기록하여 최고치를 경신하였다(표 1-2 참조).

<표 1-2> 중국의 무역의존도 · 수출의존도 · 수입의존도 추이

년도	무역의존도 (%)	수출의존도 (%)	수입의존도 (%)	무역액 (억달러)	수출액 (억달러)	수입액 (억달러)	GDP (억달러)	달러대비 연평균 환율**
1978	9.5	4.5	5.0	206	98	109	2,165*	1.6840
1980	13.0	6.2	6.8	381	181	200	2,923*	1.5550
1985	22.7	8.9	13.8	696	274	423	3,070*	2.9366
1990	29.6	15.9	13.7	1,154	621	534	3,903*	4.7832
1995	38.6	20.4	18.1	2,809	1,488	1,321	7,280*	8.3510
2000	39.2	20.6	18.6	4,743	2,492	2,251	12,110	8.2784
2001	38.1	19.9	18.2	5,103	2,667	2,436	13,390	8.2770
2002	42.2	22.1	20.1	6,209	3,256	2,953	14,710	8.2770
2003	52.2	26.9	25.3	8,516	4,385	4,131	16,307	8.2770
2004	59.8	30.7	29.0	11,544	5,936	5,608	19,316	8.2768
2005	63.5	34.0	29.5	14,225	7,623	6,602	22,415	8.1917
2006	64.9	35.7	29.2	17,611	9,693	7,918	27,129	7.9718
2007	60.9	34.1	26.8	21,745	12,182	9,563	35,715	7.6040
2008	55.6	31.0	24.6	25,604	14,289	11,315	46,043	6.9451
2009	43.1	23.5	19.6	22,059	12,020	10,039	51,217	6.8310
2010	49.0	26.0	23.0	29,723	15,784	13,939	60,664	6.7695

2011	48.4	25.2	23.2	36,409	18,993	17,416	75,221	6.4588
2012	45.1	23.9	21.2	38,674	20,501	18,173	85,704	6.3125
2013	43.1	22.9	20.2	41,523	22,108	19,415	96,350	6.1932
2014	40.9	22.2	18.6	43,063	23,432	19,631	105,345	6.1428
2015	34.6	20.3	14.3	38,820	22,804	16,016	112,262	6.2284
2016	32.6	19.0	13.6	36,578	21,349	15,229	112,183	6.6423
2017	33.2	18.6	14.6	40,692	22,792	17,900	122,500	6.7520

주: * 1978~1995년 GDP(억 달러)는 GDP(억 위안)를 연평균 환율을 적용하여 계산한 것임.
    ** 1978년과 1980년 환율은 维基百科(zh.wikipedia.org/wiki/) 참조.
자료: GDP·무역액·수출액·수입액(억 달러)는 IMF (https://www.imf.org/external/datamapper/datasets);
    달러대비 연평균 환율은 중국 国家统计局 国家数据 (http://dat a.stats.gov.cn/easyquery.htm?cn=C01);
    무역·수출·수입의존도(%)는 저자 계산.

(단위: 억 달러, %)

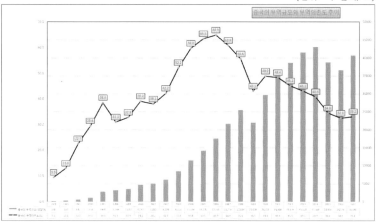

자료: IMF, *International Financial Statistics(IFS)*, http://data.imf. org/ (검색일: 2018.9.10.)

<그림 1-13> 중국의 무역 규모와 무역의존도 추이

세계 2위의 경제 대국이면서 국토면적이 세계 3위인 중국이 60%를 초과하는 대외무역의존도를 기록하고 있다는 것은 지나치게 높다고 볼 수 있다. 이는 곧 세계 경제의 파동에 따른 중국 국민경제에 대한 파급영향도 커질 수밖에 없는 이유가 되었다. 중국의 지나친

대외무역의존도의 가장 큰 원인은 수출 위주의 대외의존형 성장구조와 대내적인 내수부진에서 비롯되었다고 볼 수 있다.

이처럼 무역의존도가 높을수록 해외 경기의 순환변동에 따른 국민경제의 파급영향이 커지기 때문에 부정적인 영향을 받을 수 있어 수익성 및 채산성을 고려한 수출의 질적 향상을 도모해야 할 필요가 있다. 이에 따라, 중국 정부는 2006년부터 단순 가공무역 중심의 산업들에 대한 제한조치를 강화하였고 산업구조의 고도화를 위해 노력하고 있다. 이와 함께, 자동차, 전자 등의 산업을 중심으로 한 내수중심의 성장전략으로 전환하는 계기를 맞게 된다.

다시 말해, 과거와 같은 수출 위주의 대외의존형 성장구조에서 탈피하여 주민의 소득 증대, 도시화 등을 통해 내수를 확대하는 수요 측면의 성장전략으로 전환 중인 것이다. 이를 반영하듯, 중국의 대외무역의존도는 2007년부터 감소세로 접어들어 2008년 55.6%, 2010년 49.0%, 2012년 45.1%를 기록하였다. 이러한 감소 추세는 최근 들어 더욱 급격히 이루어져 2015년 34.6%, 2017년 33.2%까지 감소하였다. 이와 더불어 내수 위주의 성장전략은 2013년 출범한 시진핑(习近平)-리커창(李克强) 중심의 제5세대 지도부와 함께 더욱 과감한 패러다임 전환을 전개하고 있다.

이와 관련, 또 다른 중요한 점은 중국의 수출의존도와 수입의존도 간의 격차가 더욱 커짐에 따라 주요 무역상대국들과 심각한 무역마찰을 겪고 있어 최근 중국은 수입 규모에도 신경을 쓰기 시작해 2009년 이래 세계 2위의 수입 대국을 기록 중이다. 중국의 수출의존도는 중국이 WTO 가입하기 직전인 2000년 20.6%에 불과했으나, 대외무역의존도와 마찬가지로 지속 증가하여 2004년 30.7%, 2005년 34.0%, 2006년 35.7%를 보이며 최고치를 기록하였다. 그 후 감소세를 보이기 시작해 최근에는 10%대까지 감소하였다. 중국의 수출의존도는 2010년 26.0%, 2012년 23.9%, 2014년 22.2%가 되었고, 급기야 2016년 19.0%를 기록하여 10%대로 접어들었고 2017년에는 18.6%를 기록했다. 반면, 중국의 수입의존도는 수출의존도와는 달리 다소 완만한 증가세를 보여왔다. 2004년 29.0%, 2005년 29.5%를 기록하며 최고치를 보이더니 급격한 감소세를 보여 2010년 23.0%, 2012년 21.2%로 크게 감소하였고 2014년 18.6%를 기록하였다. 그 후 2015년 14.3%, 2016년 13.6%, 2017년 14.6%를 기록함으로써 10%대 중반의 수입의존도를 유지하고 있다(그림 1-14 참조). 다만, 수입액의 절대 규모는 여전히 높은 수준을 유지하고 있어 2009년 이래 세계 2위를 기록 중이다.

특히 1980년대 말부터 수출의존도가 수입의존도를 추월한 이후 두 지수 간의 격차(gap)는 좀처럼 좁혀지지 않는 상태이다. 수출의존도와 수입의존도 간의 격차는 2004년까지 1~2% 포인트대의 격차를 보였으나 2005년 4.6% 포인트, 2006년 6.5% 포인트, 2007년 7.3% 포인트, 2008년 6.5% 포인트를 기록함으로써 오히려 크게 증가하였다. 그 후, 전 세계적인 경기침체로 인해 감소세를 보이기 시작하여 2010년 3.0% 포인트, 2011년 2.1% 포인트까지 격차가 크게 감소하였다. 그러나 다시 증가하기 시작해 2015년 6.0% 포인트로 큰 폭의 증가세를 보였고 2016년 5.5% 포인트, 2017년 4.0%를 기록하고 있다.

(단위: %)

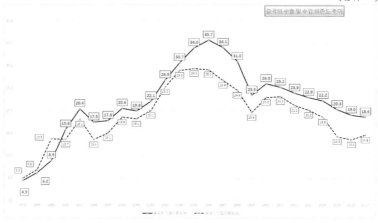

자료: IMF, *International Financial Statistics(IFS)*, http://data.imf. org/ (검색일: 2018.9.10.)

<그림 1-14> 중국의 수출 및 수입의존도 추이

(단위: 억 달러, % 포인트)

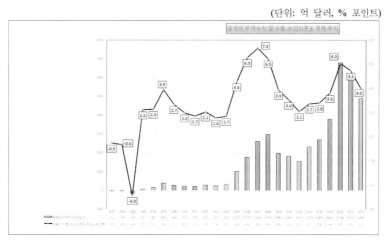

자료: IMF, *International Financial Statistics(IFS)*, http://data.imf. org/ (검색일: 2018.9.10.)

<그림 1-15> 중국의 무역수지와 수출-수입의존도 격차 추이

이처럼 수출의존도와 수입의존도 간의 격차는 무역수지 흑자로 이어진다. 중국은 대외무역에서 매년 엄청난 규모의 무역수지 흑자를 기록할 수 있었고, 이러한 대규모의 무역수지 흑자는 미국, EU, 일본 등으로부터 위안화 환율에 대한 강도 높은 평가절상 압력으로 작용하는 등 무역마찰을 발생시키는 주요 요인이 되고 있다.

(단위: 백만 달러)

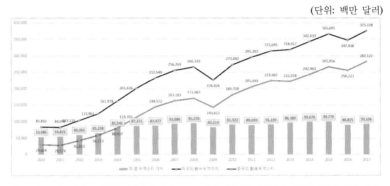

자료: 미국 상무부(미국의 對中무역수지 적자 규모) 및 중국해관총서(중국의 對美무역수지 흑자 규모) 통계자료를 중심으로 저자 작성.

<그림 1-16> 미-중 무역수지 격차 추이

특히 미국의 경우, 중국과의 무역에 따른 무역수지 적자 규모(미국 상무부 기준)는 WTO 가입 직후인 2001년 -830.5억 달러에 불과했으나 2002년 24.2% 증가한 -1,031.2억 달러를 기록하였고, 2003년 -1,239.6억 달러, 2004년 -1,619.8억 달러를 기록하였다. 2005년부터는 2천억 달러를 초과하여 -2,016.3억 달러를 기록하였고 -2,562.7억 달러를 기록한 2007년부터는 미국의 최대 수입국으로 중국이 되었다. 그 후 미국의 대(對)중국 무역적자는 더욱 급증하기 시작해 2012년 -3,151.0억 달러에 달해 처음으로 3천억 달러의 무역적

자를 기록하였다. 그 후, 2015년 -3,657.0억 달러, 2017년 -3,752.3
억 달러를 기록함으로써 4천억 달러에 근접하는 대규모 무역적자를
기록하게 된다.[15] 이러한 미국의 대(對)중국 무역적자 규모는 중국
상무부(zhs.mofcom.gov.cn) 통계자료와는 큰 격차가 존재함을 알 수
있다(그림 1-16 참조). 그러나 중국의 통계가 미국 정부의 통계와 차
이가 존재한다 할지라도 그 규모가 3천억 달러에 근접하고 있다는
점에서 미-중 통상분쟁이 왜 계속하여 발생하는지 알 수 있다.

(단위: 백만 유로)

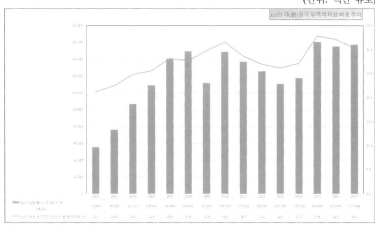

자료: 무역적자 규모는 Eurostat 기준; 비중은 저자 작성.

<그림 1-16> EU의 대(對)중국 무역적자 추이

또한, 중국의 수출은 EU지역에서도 강세를 기록함에 따라, EU의
대(저)중국 무역수지 적자 규모(Eurostat 기준)도 증가 추세이다.

---

15) 한국의 2017년 상품수출 규모가 5,773.8억 달러라는 점에서 미국의 대(對)중국 무역적자 규모가
    얼마나 큰 규모인지를 알 수 있다.

2003년과 2004년 각각 -558.0억 유로, -765.1억 유로에 불과했던 EU의 대(對)중국 무역적자는 2005년 -1,073.1억 유로를 기록하여 처음으로 1천억 유로를 초과한 이후 계속 증가하여 2007년 -1,609.0억 유로, 2008년 -1,698.7억 유로를 기록하여 최대 적자 규모를 기록하였다. 그 후, 글로벌 경기침체와 Euro 국가들의 재정위기 등으로 인해 중국으로부터의 수입 증가율이 주춤함에 따라 다소 감소하였다. 그러나 여전히 큰 폭의 무역적자를 기록 중이어서, 2010년 -1,693.0억 유로, 2012년 -1,462.6억 유로, 2014년 -1,381.4억 유로를 기록하였다. 그 후, 급증하기 다시 시작해 2015년 -1,808.2억 유로로 최대 무역적자를 기록하였고, 2016년 -1,754.4억 유로, 2017년 -1,778.2억 유로로 여전히 큰 규모의 무역적자 상태이다.

이러한 대(저)중국 무역적자 확대는 미국, EU, 일본 등으로부터 위안화 환율에 대한 강도 높은 평가절상 압력, 반덤핑 제소 강화 등 심각한 무역마찰을 야기하는 요인으로 작용함으로써 대외통상외교의 운용을 어렵게 만들고 있다. 이를 반영하듯, 중국의 대외무역의 존도는 2007년부터 감소세로 접어들어 2011년 48.4%, 2013년 43.1%, 2015년 34.6, 2017년 33.2%까지 하락하였다. 특히 중국의 수출의존도도 2006년 35.7%로 최대치를 기록한 이래 지속적인 감소 추세를 보여 2017년 20.3%까지 크게 감소했다.

이러한 감소 추세는 중국 정부의 수출구조 고도화, 즉 양적 수출구조에서 질적 수출구조로의 전환정책 추진과 내수 소비확대정책, 국제적인 경기침체 등에서 그 원인을 찾을 수 있을 것이다. 또한, 중국의 수출의존도와 수입의존도 간의 격차가 2007년 7.3% 포인트로서 최고치를 기록한 이후 계속 감소하여 2011~2013년 한때 2% 포인트대를 기록한 바 있다. 이는 중국 정부가 무역마찰을 줄이기 위

해 경기침체를 겪고 있는 미국, EU 등으로부터의 수입을 지속적으
로 증가하였기 때문으로 풀이된다. 그러나 2015~2017년 다시 4~
6% 포인트대의 격차를 보임에 따라 미국, EU 등 대(對)중국 무역적
자 규모가 큰 무역상대국들로부터 꾸준히 무역분쟁의 원인을 제공
하게 된다.

(단위: 위안)

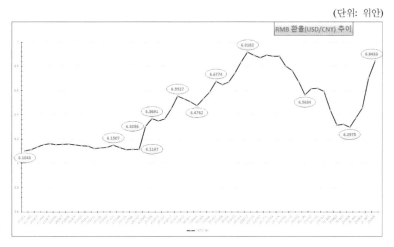

자료: 중국국가통계국.

<그림 1-18> 중국 위안화의 미국 달러 대비 환율 추이

3. 성장 패러다임의 전환과 내수확대 정책

중국 정부는 전반적인 기술력과 국내기업들의 국제경쟁력 제고를
통해 경제강국(*Made by China*)으로 도약하고자 다양한 노력을 전개
하고 있다. 중국 정부는 현재 기술개발과 산업역량 증진을 통한 고

부가가치 산업으로의 구조조정을 적극 추진하고 있으며, 그 중에서
도 특히 ICT(Information and Communication Technology) 산업을
중심으로 첨단산업의 경쟁력 제고를 위해 노력하고 있다.

<표 1-3> 중국경제 성장전략의 전환: 양적 성장에서 질적 성장으로의 전환

구분	양적(量的) 성장 (Quantitative growth)		질적(質的) 성장 (Qualitative growth)
목표	又快又好 (faster than better)	→	又好又快 (better than faster)
기간	1978.12~2006.2	→	2006.3~
국민경제	성장 (Growth-oriented)	→	분배 (Distribution-oriented)
FDI	인진라이 (引進來)	→	저우추취 (走出去)(後, 引進來)
무역	수출확대 지향 (내·외자 수출 우대)	→	수출구조 고도화 (국내기업 경쟁력)
경쟁력	Made-in China	→	Made-by China

자료: 서창배, "제3장 중국경제: Made-in China에서 Made-by China로의 전환," 서창배·공봉진 외, 『현
　　　대중국사회: 10개의 시선, 하나의 중국』, 세종출판사, 2009, p.93.

　　그러나 중국경제에 내재한 다양한 문제점들로 인해 중국 정부는
과거와 같은 성장 위주의 양적 성장(又快又好)정책에서 벗어나 질적
성장(又好又快)정책으로 전환함으로써 경제의 질적 성장을 도모하고
있다. 이를 위해 중국 정부는 에너지 과소비형 산업과 환경오염을
유발시키는 산업을 억제하고 있다. 또한, 자동차, 철강 등 공급 과잉
현상이 존재하는 산업들에 대한 구조조정을 적극적으로 추진 중이다.
그리고, 무역성장방식의 전환을 위해 2007년 8월까지 1,853개 품목
에 대한 가공무역 수출을 금지하는 등 과거와 같은 양적 수출주도형
무역방식에서 탈피하여 수출구조의 고도화를 꾀하고 있다. 또한, 중

국 정부는 과열경제의 연착륙을 위해 노력하는 동시에 '조화로운 사회' 건설을 통한 사회적 안정을 유지하기 위해 노력하고 있다.

따라서 시진핑 시대의 중국도 과거 어느 지도부보다도 다양한 변화가 예상된다. 현재 국내·외 기관들은 시진핑 정부가 해결해야 할 정치, 경제, 사회적 중점 과제를 대체로 공평과 정의의 실현, 양극화 문제 해결, 새로운 경제성장의 동력 구축 등으로 정리하고 있다. 그 중에서도 특히 사회적·경제적 문제점의 해결은 최우선과제가 될 것이라고 강조한다. 과거 투자와 수출 중심으로 이룩했던 중국경제가 "성장의 한계"에 직면하고 있고 권력 및 부(富)의 양극화 현상에 따른 사회적 갈등 심화는 중국의 불안정성을 더욱 커지게 하고 있기 때문이다. 소득분배 불평등 정도를 나타내는 지니계수(Gini's coefficient)의 경우, 중국은 2011년 0.5를 넘어선 것으로 보고되고 있다.[16) 이는 세계평균인 0.372는 물론 0.408인 미국보다도 높은 수치다. 중국 국가통계국 발표에서도 2008년 0.491로 최고치를 기록한 이후 감소 추세(2011년 0.481 → 2013년 0.473 → 2015년 0.462)이긴 하나 여전히 높은 수준이다. 더욱이 개혁·개방정책 초기인 1982년 0.249였던 중국의 지니계수가 2016년 0.465를 기록하고 있다는 점은 중국의 고도성장 이면에 존재하는 양극화 현상을 방증하는 보여주는 것이다. 또한, 전체 인구의 1%가 국가 전체 자산의 41.4%를 보유함으로써 미국(23.5%)보다도 심각한 부(富)의 편중 현상에 직면해 있다.

---

16) UN보고서, 2012. 4.

이탈리아의 통계학자 C. 지니(Gini)가 제시한 지니계수는 소득분배의 불평등 정도를 나타내는 수치이다. 지니계수는 인구분포와 소득분포 간의 관계를 나타내며, 0은 완전평등 상태를, 1은 완전불평등한 상태를 의미한다.

0에서 1까지 숫자로 표시하는 지니계수는 가계 간의 소득분포가 완전히 평등한 상태를 0으로 상정해 산출하는 지수로 1에 가까울수록 불평등 정도가 높아 '부익부 빈익빈' 현상이 심화됨을 의미한다. 0.4를 넘으면 상당히 불평등한 소득분배의 상태에 있다고 할 수 있다. 지니계수를 통해 근로소득이나 사업 소득 등 소득분배상황은 물론 부동산과 금융자산 등 자산분배상황도 살펴볼 수 있다.

자료: 사회복지학사전, 2009. 8. 15, Blue Fish; 네이버 지식백과에서 재인용.

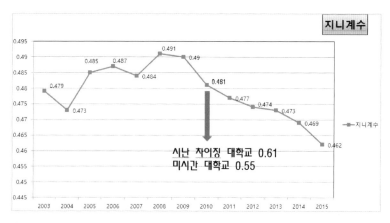

자료: 중국 국가통계국.

<그림 1-19> 중국의 지니계수(Gini's coefficient) 추이 (2003~2016)

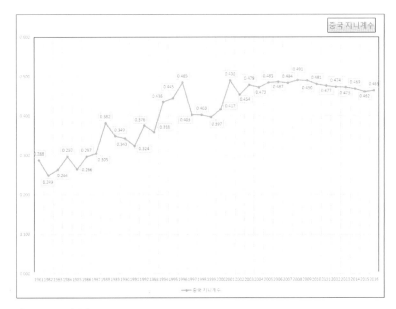

자료: 중국 국가통계국.

<그림 1-20> 중국의 지니계수(Gini's coefficient) 추이 (1981~2016)

　　이와 같은 양극화 현상은 사회적 갈등을 심화시켜 경제성장의 발목을 잡는 '중진국 함정'의 가장 큰 원인이 될 수 있다고 전문가들은 지적한다. 과거 30년간 고성장을 지속하면서 누적된 구조적 문제점이 해결되지 않고서는 지속적인 발전이 가능하지 않다는 상황 인식으로 인해 중국 5세대 지도부의 경제정책은 빈부격차 완화 또는 해소에 최우선적인 노력을 할 것으로 전망된다. 중국 정부는 2010년 2.7배인 도시-농촌 간의 소득 격차를 2015년 2.5배, 2020년 2.4배 수준으로 완화한다는 장기적인 목표를 세우고 저소득층을 위한 기초보장의 확대, 임금 및 복지 상향, 세금정책 개선 등의 정책을 강화하고 있다.

시진핑 중심의 5세대 지도부는 중국의 주요 정책 방향을 빈부격
차 해소를 통한 경제 및 사회 안정화 등 '개혁' 이슈에 두고 있다.
또한, 새로운 경제성장의 동력 역시 내수확대정책, 산업구조의 고도
화, 자원·에너지 절감과 친(親)환경정책, 서비스산업 집중 육성, 기
업의 경쟁력 강화 등 다각적인 '경제개혁' 이슈에서 비롯되고 있다.

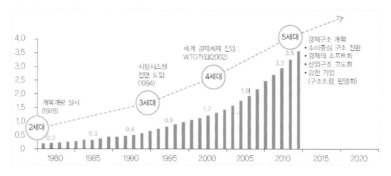

자료: POSRI, 2012.10

<그림 1-21> 중국 정치지도자별 경제정책과 경제성장과의 관계

이는 과거 정부의 사례에서도 알 수 있다. 덩샤오핑은 1978년 개
혁·개방정책의 추진을, 장쩌민은 1994년 전면적인 시장경제 시스
템의 도입을, 후진타오는 세계무역기구(WTO) 가입을 통한 세계 경
제 체제에의 본격적인 진입과정을 통해 중국경제의 새로운 모멘텀
을 찾았다. 이를 통해 집권 초기의 안정은 물론이고 장기적인 성장
의 기반을 마련했다는 점에서 시진핑 등 5세대 지도부도 이를 이어
받고 있다. 이를 중심으로 시진핑 시대의 경제구조 개혁은 다음과
같은 측면에서 이루어지고 있다.

첫째, 지속적인 산업구조의 고도화 추진이다. 중국 정부는 이미

새로운 전략산업을 차세대 핵심 산업으로 육성해 고부가가치 제조업·부품 산업에서 국산화를 실현하고 내수시장 확대의 기회를 선점한다는 전략을 추진하고 있다. 이를 위해 중국 정부는 <중국제조 2025(中国制造2025)[17]>(2015년 5월)를 추진 중이다. 한편으로는 중복투자로 이루어진 과잉설비 문제를 안고 있는 전통 제조업들에 대한 통합(M&A)과 구조조정을 추진하고 있다. 다른 한편으로는 ICT를 기반으로 한 제4차 산업혁명(4th Industrial Revolution)[18]과 관련한 새로운 산업군을 집중 육성하기 위해 중국 정부가 과감한 정책적 지원하고 있다.

※ 중국제조 2025 ※
(中国制造2025)

중국 정부는 13차 5개년 규획(2016~2020)에서 향후 제조 강국 건설을 위한 '중국제조 2025' 산업정책을 발표하고, 노동집약형 제조업 대국에서 기술집약형 스마트 제조업 강국으로의 도약을 위해 노력 중이다. 이와 관련하여, 중국 정부는 5대 프로젝트와 차세대 IT, 항공우주 장비 등 10대 전략산업을 발표하며 인터넷 융합화(互联网+) 사업과의 연계 등을 밝혔다. 이를 통해, 중국은 핵심기술 및 부품 소재 부문의 국산화율을 2020년까지 40%, 2025년까지 70%까지 달성하겠다는 목표를 밝혔다.

5대 프로젝트에는 국가제조업혁신센터, 스마트제조업육성 등이 포함된다. 향후 성장동력이 될 10대 전략산업에는 첨단의료기기, 바이오의약 기술 및 원료 소재, 로봇, 통신장비, 첨단 화학제품, 항공우주, 해양엔지니어링, 전기자동차, 반도체 등을 선정하여 전략적 산업으로 육성할 계획이다.

이러한 과정을 통해, 중국은 글로벌 제조업 경쟁력에서 현재의 3그룹(영국, 프랑스, 한국, 중국 등) 상태에서 벗어나 2025년까지 2그룹(독일, 일본 등) 진입, 2035년까지 제조업 강국(독일·일본 추월), 2045년까지 1그룹(미국)에 진입함으로써 혁신 강국으로 성장한다는 청사진(Road map)을 제시하였다.

---

17) 国务院印发 ≪中国制造2025≫, 2015.05.19.

18) Klaus Schwab, "The Fourth Industrial Revolution: what it means, how to respond," *World Economic Forum*, 14 January 2016, https://www.weforum.org/agenda/2016/ 01/the-fourth-industrial-revolution-what-it-means-and-how-to-respond/.
반면에, 『제3차 산업혁명(The Third Industrial Revolution)』을 저술한 제러미 리프킨(Jeremy Rifikin)은 현재 제3차 산업혁명이 진행 중이라고 말한다.

<표 1-4> [중국제조 2025] 3단계 전략 목표

구분	1단계	2단계	3단계
기간	2015~2025	2025~2035	2035~2049
주요 목표	· 2020년까지 제조업의 IT 경쟁력을 개선하고 핵심 경쟁력 보유 · 2025년까지 노동생산성 제고, IT와 제조업 융합의 새로운 도약 도모 · 2025년까지 제조 강국 진입 목표 (독일, 일본 수준으로 높여 세계제조업 2강국(强國) 대열 진입)	· 글로벌 제조 강국 중 간수준 도약 · 비교우위 산업에서 글로벌 시장 견인	· 주요산업에서 선진적인 경쟁력을 갖춰 세계제조업 1강(强) 진입 · 중국 건국 100주년(2049년) 제조 대국(大國) 공고화

※ 제4차 산업혁명 ※
(4h Industrial Revolution)

제4차 산업혁명(第四次 産業 革命; Fourth Industrial Revolution)은 클라우스 슈바프(Klaus Schwab)가 2016년 세계경제포럼(World Economic Forum, WEF)에서 주창한 용어로서, 정보통신기술(ICT)의 융합을 통해 18세기 초 산업혁명 이후 4번째로 중요한 산업 시대의 진입을 의미한다. 그 핵심은 빅 데이터 분석(Big Data Statistical Analysis), 인공지능(Artificial Intelligence; AI), 로봇공학(Robot Engineering), 사물인터넷(Internet of Thing; IoT), 무인(無人) 운송수단(무인 항공기, 무인 자동차, 자율주행 자동차), 3차원 인쇄(3D printing), 나노 기술(Nano Technology; NT) 등과 같은 6대 분야에서의 새로운 기술 혁신이다.

제4차 산업혁명은 물리적, 생물학적, 디지털적 세계를 빅 데이터에 입각해서 통합시키고 경제 및 산업 등 모든 분야에 영향을 미치는 다양한 신기술로 설명될 수 있다. 물리적인 세계와 디지털적인 세계의 통합은 O2O를 통해 수행되고, 생물학적 세계에서는 인체의 정보를 디지털 세계에 접목하는 기술인 스마트워치나 스마트 밴드를 이용하여 모바일 헬스케어를 구현할 수 있다. 가상현실(VR)과 증강현실(AR)도 물리적 세계와 디지털 세계의 접목에 해당될 수 있다.

자료: 위키백과 - 제4차 산업혁명, https://ko.wikipedia.org/wiki/제4차_산업혁명#cite_note-1

둘째, 소비중심 경제구조로의 전환을 통한 내수확대이다. 빈부격차의 개선, 노동임금의 상승, 복지정책의 확대 등으로 주민의 소득

수준이 제고됨으로써 구매력을 증가시킨다는 전략이다. 또한, 2020
년까지 도시 중산층 인구가 지속적으로 증가하고 농촌 지역에 대한
유통구조의 개선 및 증대를 통해 중국의 소비기반을 건설해나간다
는 것이다. 이처럼 도시 중산층 확대, 농촌 지역의 유통구조 개선 등
은 소비 붐(boom)으로 연결될 것이다. 이에 따라 GDP에서 소비가
차지하는 비중도 2010년 46%에서 2020년 60%까지 빠르게 증가할
것으로 중국 정부는 예상하고 있다.[19)

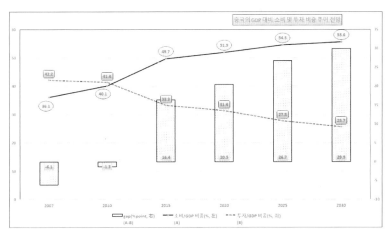

자료: 李善同, 『2030年中国经济』, 经济科学出版社, 2011; KIEP 북경사무소, "2030년 중국 경제발전과 성
     장 전망," 「KIEP 북경사무소 브리핑」, Vol.13 No.16, 2011.10.7, p.13쪽에서 재인용된 수치를 바탕
     으로 작성.

<그림 1-22> 중국의 소비 및 투자의 GDP 비중 전망

셋째, 서비스산업의 확충과 질적 제고 및 경제의 소프트화 전략이
다. 중국 정부는 이미 WTO 가입을 앞두고 서비스산업의 발전과 집

---

19) POSRI, 「친디아저널」, Vol.76, 2012.12, p.23

중적인 육성을 기대해왔다. 그 이유는 서비스산업이 고용효과가 매우 크기 때문에 경쟁력을 상실한 저부가가치 노동집약형 제조업의 인력을 흡수하는 대안이 될 수 있다고 믿었기 때문이다. 또한, 이러한 움직임은 소비기반 확충과도 연결될 것이기 때문에 그동안 중국 정부의 중요 정책 방향이 되었고 앞으로도 지속할 것으로 보인다. 특히 중국 정부는 자본시장의 개방과 위안화 국제화의 추진을 위해 각종 규제를 완화하면서 금융산업을 새로운 성장동력으로 삼겠다는 전략을 피력한 바 있다.

(단위: %)

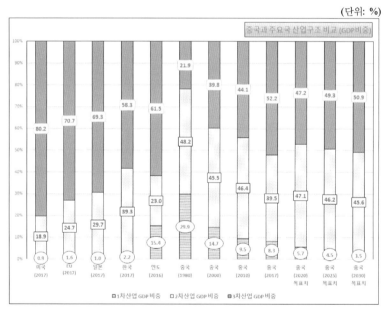

자료: 2016~2017년(주요국, 중국 포함)은 CIA, The World FactBook (https:// www.cia.gov/library/ publications/the-world-factbook/fields/2012.html#us); 1980~2010년(중국)은 중국 국가통계국 (http://www.stats.gov. cn/); 2020~2030년(중국) 목표치는 李善同, 『2030年中国经济』, 经济科学出版社, 2011.

<그림 1-23> 중국과 주요국 산업구조 비교 (GDP 비중)

넷째, 기업의 경쟁력 강화를 위한 각종 조치이다. 경제구조의 개혁과정에서 치열한 시장경쟁과 함께 자본, 기술, 규모에서 경쟁력을 갖춘 새로운 기업군이 출현할 것으로 보인다. 더욱이 중국 정부가 국유기업의 개혁과 민간자본 투자의 활성화를 위한 정책을 지속적으로 추진하고 있기 때문에 경쟁력 있는 대형 민영기업군의 성장도 예상된다. 특히 중국 정부가 한국의 재벌과 같은 대기업 그룹에 관심을 보인 바 있어 이러한 움직임과 육성정책도 일부 예상된다.

(단위: %, 천명)

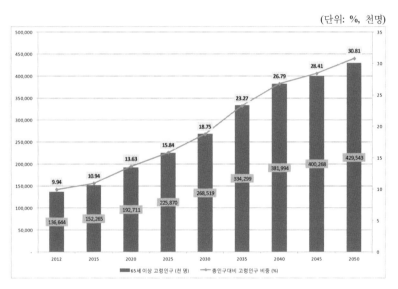

자료: UN, *World Population Prospects: The 2010 Revision Comprehensive Tables*, 2013.

<그림 1-24> 중국의 65세 이상 고령 인구 및 비중의 증가 추이

다섯째, 고령사회[20] 진입에 따른 각종 문제 해결이다. 중국은 현

---

20) UN의 기준에 따르면, 65세 이상 인구가 총인구를 차지하는 비율이 7% 이상을 고령화사회(Aging Society), 65세 이상 인구가 총인구를 차지하는 비율이 14% 이상을 고령사회(Aged Society)라고

재 빠른 속도로 고령화사회로 진입하고 있다. 중국의 65세 이상 고령 인구는 2012년 1.37억 명을 기록함으로써 중국 전체 인구의 9.94%를 차지하고 있다. 이러한 고령인구의 수는 의료기술의 발달에 따른 평균수명의 연장으로 더욱 빠르게 증가할 것으로 예상된다. 이에 따라, 중국의 65세 이상 고령 인구가 2020년 1.93억 명(13.63%), 2030년 2.69억 명(18.75%), 2040년 3.82억 명(26.79%), 2050년 4.30억 명(30.81%)이 될 것으로 전망되어 초고령사회로 진입할 것으로 보인다.[21] UN의 추계에 의하면, 2025년 65세 이상의

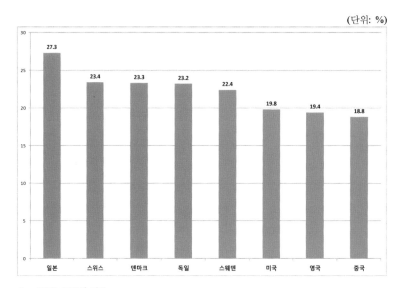

(단위: %)

주 : 중국은 2030년 기준.
자료: UN, *World Population Prospects: The 2010 Revision Comprehensive Tables*, 2013.

<그림 1-25> 주요국의 2025년 고령인구(65세 이상) 비율 비교

하고, 65세 이상 인구가 총인구를 차지하는 비율이 20% 이상을 후기고령사회(post-aged society) 혹은 초고령사회라고 한다. <두산백과사전(doopedia)>, http://terms.naver.com/entry.nhn?cid=200 000000& docId=1061549&mobile&categoryId=20000 0201.

21) UN, *World Population Prospects: The 2010 Revision Comprehensive Tables*, 2013.

인구가 총인구에서 차지하는 비중은 일본 27.3%, 스위스 23.4%, 덴마크 23.3%, 독일 23.2%, 스웨덴 22.4%, 미국 19.8%, 영국 19.4%로 예측된다.

고령 인구의 증가는 전반적인 사회·경제적 활력 저하 및 무기력증의 증가와 함께 정부 재정의 부담증가 등 많은 구조적 문제점을 동반한다는 것이 일반적인 견해이다. 이에 따라, 질병, 빈곤, 고독, 무직업 등에 대응하는 사회·경제적 대책이 고령화사회의 당면 과제가 되고 있다는 점에서 중국도 커다란 고민이 아닐 수 없다.

4. 시진핑 체제와 중국경제 3.0시대

중국은 지난 2006년 발표한 11.5규획(国民经济和社会发展第十一个五年规划)을 통해 양적 성장(又快又好)에서 질적 성장(又好又快)으로의 경제성장방식 전환을 추진 중에 있다. 이는 중국의 국제적 영향력 확대와도 연결되어 대내적 정책(引进来)에서 대외확대정책(走出去)으로의 전환을 의미하며 시진핑 정부 들어 신형대국관계(新型大国关系; new-type of major country relations)로 발전하였다. 시진핑(习近平)-리커창(李克强) 시대를 시작하며 중국 정부는 "중국의 꿈"(中國夢, China Dream)의 강조와 함께 성장과 분배의 문제를 핵심 국정 목표로 삼고 "개혁·개방 3.0 시대"를 위해 적극 노력 중이다. 2014년 3월 5일 전인대(全人大) 정부업무보고(政府工作報告)에서도 "성장과 개혁 그리고 분배" 문제를 핵심 키워드로 집중 조명하였다. 향후 중국의 10년은 신형(新型) 도시화 건설, 경제 및 산업 구조조정, 중산층

성장, 환경 문제 개선, 사회보장제도 확립 등을 위한 집중적인 투자
와 정책적인 노력이 예상된다. 개혁·개방정책이후 중국의 도전과
변화 추이를 살펴보면 다음과 같이 구분할 수 있다.

<표 1-5> 중국경제의 도전과 변화 추이

구분	기간	주요 내용	주요 국정철학	주요 정책사항
개혁·개방 1.0	1978 ~2000	· 덩샤오핑(邓小平) 주도 하의 소극적· 부분적·자의적 개혁·개방 시대	· 선부론 先富论) · 흑묘백묘론 黑猫白猫论)	· 경제특구 · 연해지역 개방 · 점→선→면
개혁·개방 2.0	2001 ~2012	· WTO 가입에 따른 적극적·전면적· 타의적 개혁·개방 시대	· 조화사회 和谐社会)	· 서비스시장 개방 · 사회주의 신(新)농 촌건설
개혁·개방 3.0	2013 ~현재	· 균형발전을 위한 성장·개혁·분배 중심의 개혁·개방 시대 · 중국경제의 국제화	· 중국의 꿈 (中国梦; China Dream)	· 신형(新型)도시화 · 스마트시티(Smart City) 건설 · 일대일로(一带一路; One Belt and One Road) 이니셔티브

자료: 저자 작성.

첫째, 개혁·개방 1.0(1978~2000)시대는 덩샤오핑(邓小平) 주도
하의 소극적·부분적·자의적 개혁·개방시대이다. 개혁·개방 1.0
시대의 중심사상은 선부론(先富论)과 흑묘백묘론(黑猫白猫论)으로 집
약될 수 있을 것이다. 일반적으로 중국의 정책 추진과정은 점→ 선
→ 면의 확대과정을 거치고 있는 것처럼, 개혁·개방 1.0시기도 5대
경제특구와 연해지역 개방을 중심으로 전면적인 개혁·개방을 위한
준비 작업을 이행하였다.

둘째, 개혁·개방 2.0(2001~2012)시대로서, 2001년 세계무역기
구(World Trade Organization; WTO) 가입이후 적극적·전면적·타

의적 개혁·개방 시대이다. 이 시기의 중심사상은 조화로운 사회(和諧社会) 건설로 집약된다. 개혁·개방 2.0시대의 핵심 국정과제로는 WTO 가입 이행에 따른 서비스시장의 개방과 산업으로서의 서비스 부문 발전 그리고 사회주의 신(新)농촌 건설 등이다.

셋째, 개혁·개방 3.0(2013~현재)시대이다. 동 시기는 시진핑·리커창을 중심으로 한 제5세대 지도부의 등장과 함께 균형발전을 위한 성장·개혁·분배 중심의 개혁·개방시대로서, 핵심 사상은 중국의 꿈(中国梦; China Dream), 신시대 중국특색 사회주의 사상 (Socialism with Chinese Characteristics for a New Era), 신형대국관계 등으로 집약된다.

중국은 2014년 3월 5일, 선인대(全国人民代表大会; 全人大) 정부업무보고에서도 "성장과 개혁 그리고 분배" 문제를 핵심 키워드로 집중 조명한 바 있다. 오는 2022년까지 중국은 신형(新型) 도시화와 스마트 도시(Smart City) 건설, 경제 및 산업 구조조정, 중산층 성장, 환경문제 개선, 사회보장제도 확립 등을 위한 집중적인 투자와 정책적인 노력이 예상된다. 이는 대내적으로 정보통신기술(Information and Communications Technologies; ICT)을 활용한 제4차 산업혁명을 주도하고 자본시장개방에 대비한 전면적인 서비스산업 발전으로 이어지고 있다.

대외적으로는 기존의 중국 정부와는 확연히 다른 특징을 보여주고 있다. 시진핑 정부는 출범과 함께 '중국의 꿈'을 강조함으로써 중화주의(中华主义)의 부흥[22]을 모색하고 있다. 동시에 시진핑 정부는 일대일로(一带一路; The Belt and Road Initiative; B&R), AIIB 출범,

---

22) 시진핑 총서기는 2017년 10월 18일 개막한 제19차 공산당 전국대표대회(당대회) 업무보고에서 '중국특색 사회주의'를 70번, '중화부흥'을 32번이나 강조하였다.

위안화(RMB) 국제화 등의 추진과 함께 중국의 국제적 영향력 확대에 따른 신형대국관계로의 발전을 모색하고 있다.

더욱이 시진핑 총서기는 2017년 10월 19차 중국공산당 대회에서 중국의 국제화 전략 로드맵을 발표하며 오는 2020년까지 전면적인 샤오캉사회(全面建成小康社会, Comprehensively build a well-off society) 구축, 2035년까지 기본적인 현대화국가(基本实现现代化), 2049년까지 현대화국가(现代化国家)로의 도약을 강조하였다.[23] 이는 곧 중국이 주도하는 국제질서, 즉 팍스 시니카(Pax-Sinica) 또는 팍스 차이나(Pax-China)를 위한 준비과정이라는 예상에 따라 향후 미-중 간의 갈등 증가와 본격적인 경쟁 관계로의 진입이 예상된다.

---

23) 중국 시진핑 정부는 중국공산당 설립 100년이 되는 2021년과 신중국 건국 100년이 되는 2049년을 '2개 100년'("两个一百年"奋斗目标——到中国共产党成立100年时(2021年)全面建成小康社会；到新中国成立100年时(2049年)建成富强、民主、文明、和谐的社会主义现代化国家)으로 강조하며 강한 중국의 건설을 위해 노력 중이다.

제 2 장

지역무역협정(RTAs)과
그 영향

1. 지역무역협정(RTAs)의 개념[24)]

오늘날 국제경제질서를 특징짓는 커다란 조류 중 하나는 자유무
역협정(FTA: Free Trade Agreement)으로 대표되는 지역경제통합
(regional economic integration) 추세일 것이다. 이러한 지역경제통합
움직임은 지역주의(regionalism)의 강화로 이어지고 있다. 1995년 1
월 세계무역기구(WTO: World Trade Organization)가 다자간무역체
제(multilateral trading system)의 강화를 목적으로 출범하였으나 오
히려 지역주의는 더욱 뚜렷한 증가 추세를 이어오고 있다.

---

24) 제2장 1~4 부분은 서창배, "자유무역협정(FTA)의 의미와 최근 동향," 『글로벌 이슈와 해결방안
Ⅲ』, 부산외국어대학교 출판부, 2012. pp. 121-164; 서창배, "한·중·일 FTA의 추진현황과 필요성
연구," 『China 연구』, 제10집, 2011 등의 내용을 중심으로 수정·보완하였다.

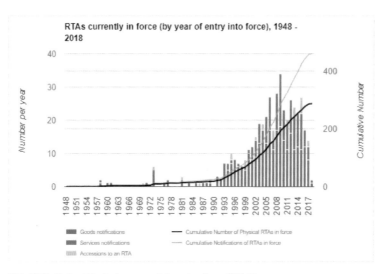

RTAs currently in force (by year of entry into force), 1948 - 2018

자료: WTO, *Regional Trade Agreements Information System(RTA-IS)*,
http://rtais.wto.org/UI/PublicMaintainRTAHome.aspx

<그림 2-1> WTO에 통보 및 발효된 RTAs 추이 (1948~2018)

　다시 말해, '관세 및 무역에 관한 일반협정'(GATT: General
Agreement on Tariff and Trade) 시대보다 WTO 출범 이후 지역무
역협정(RTAs: Regional Trade Agreements)의 수가 크게 증가한 것이
다. 1947년 창설되어 1994년까지 47년간 유지된 GATT에 통보된
RTAs는 124건에 불과했으나 WTO 출범이후 2018년 1월 9일까지
WTO 지역무역협정위원회(CRTA: Committee on Regional Trade
Agreements)에 통보되어 발효 중인 RTAs는 약 455건을 기록 중이
다. 즉 20여 년이라는 짧은 역사를 지닌 WTO 시대에 47년간의
GATT시대보다 약 3.6배 많은 RTAs가 존재하는 것이다.
　이러한 추세는 한국, 중국, 일본 등 동북아시아 주요국들에게도
예외가 아니며 최근 전 세계에서 가장 활발한 RTAs를 추진하고 있

는 국가가 되고 있다.

다자무역체제는 GATT와 이를 계승한 WTO 협정에 포함된 무역 관련 활동을 규정하고 있는 다자간 통상규범 체계를 의미한다. WTO 규범은 164개(2016년 7년 29일 기준) WTO 회원국 모두에게 동일하게 적용되며, 최혜국대우(MFN: Most-Favored Nation) 및 내국민대우(National Treatment)가 주요 원칙이 되고 있다. 이에 비해 RTAs로 대표되는 지역주의는 소수 회원국간 상호 특혜적 무역협정을 체결함으로써 참여 회원국에만 적용되는 규범체계를 지닌다. 이처럼 회원국간 특혜조치를 허용하는 RTAs는 다자무역체제의 최혜국대우 원칙과 상충되는 면이 있으나 WTO 체제에서도 RTAs는 특정 조건하에서 MFN의 예외로 인정되고 있다.

이러한 RTAs는 GATT/WTO 체제를 의미하는 다자무역체제와 대비된 개념으로 일반적으로 '지역주의'의 범주에 포함되기도 한다. WTO는 RTAs와 관련한 규정을 GATT 제24조 1~10항, Enabling Clause, GATS 제5조 등을 통해 규정하고 있다.[25)]

첫째, GATT 제24조 제8항(b)[26)]에서 제시하고 있는 정의에 따르

---

25) WTO Members are however permitted to enter into such arrangements under specific conditions which are spelled out in three sets of rules:
   • Paragraphs 4 to 10 of Article XXIV of GATT (as clarified in the Understanding on the Interpretation of Article XXIV of the GATT 1994) provide for the formation and operation of customs unions and free-trade areas covering trade in goods ;
   • the so-called Enabling Clause (i.e., the 1979 Decision on Differential and More Favorable Treatment, Reciprocity and Fuller Participation of Developing Countries) refers to preferential trade arrangements in trade in goods between developing country Members; and
   • Article V of GATS governs the conclusion of RTAs in the area of trade in services, for both developed and developing countries.

26) GATT 1994, Part III: Article XXIV: Territorial Application — Frontier Traffic — Customs Unions and Free-trade Areas, 8.(b) A free-trade area shall be understood to mean a group of two or more customs territories in which the duties and other restrictive regulations of commerce (except, where necessary, those permitted under Articles XI, XII, XIII, XIV, XV and XX) are eliminated on substantially all the trade between the constituent territories in products originating in such territories.

면, RTAs는 '체약국간에 체약국産 제품에 대해 관세와 기타 제한적인 무역규정들이 실질적으로 모든 교역(substantially all the trade)에서 제거되는 2개 이상의 관세지역 그룹'으로 정의되고 있다. 이는 상품교역에 한정하여 RTAs를 규정하고 있다.

둘째, 서비스교역과 관련된 RTAs의 경우, WTO 출범이후 WTO 규범에 포함된 서비스무역에 관한 일반협정(GATS: General Agreement on Trade-related Service) 제5조[27])에서 규정하고 있으며 서비스분야 경제통합에 관한 별도의 규정을 두고 있다. 한편, 1990년대 이후에 체결된 RTAs은 상품분야 외에도 서비스, 투자, 지적재산권, 정부조달, 경쟁정책, 환경 등을 대상으로 확장되는 추세이다.

셋째, 허용조항(Enabling Clause)은 GATT의 1979년 결정으로서 GATT 회원국들이 개도국에 대하여 차별적으로 보다 특혜적인 대우, 즉 개도국 우대조치를 할 수 있도록 허용한 것을 말한다. 동 조항은 일반특혜관세(GSP) 및 방콕협정 등의 근거가 되고 있다.[28])

2. RTAs의 종류 및 포괄범위

RTAs는 협정에 따라 협상의 범위가 매우 다양한 편이나, 무엇보다도 관세와 비관세장벽의 철폐로 기대되는 회원국간 시장접근의 확대가 가장 중요한 요소이다. 일반적으로 RTAs의 형태는 ① 회원국간 관세만을 철폐하는 자유무역협정(FTA),[29]) ② 회원국간 자유무

---

27) GATS, Article V: Economic Integration. 자세한 사항은 WTO 홈페이지의 WTO Legal Texts (http://www. wto.org/english/docs_e/legal_e/legal_e.htm) 참조.

28) 산업자원통상부 FTA 강국, KOREA 공식 홈페이지(fta.go.kr/main/) 참조.

역 외에도 역외국에 대해 공동관세율을 적용하는 관세동맹(Customs Union),30) ③ 관세동맹에다가 회원국간 생산요소의 자유로운 이동이 가능한 공동시장(Common Market),31) ④ 단일통화, 회원국의 공동의회 설치와 같은 정치·경제적 통합을 달성하는 완전경제통합 수준인 단일시장(Single Market)32) 등으로 구분할 수 있다.

지금까지 체결된 RTAs를 분석하여 보면, FTA가 관세동맹보다 더 활발하게 체결되었음을 알 수 있다. 그 이유는 FTA에서는 체약국 각자가 무역정책과 역외국에 대한 관세설정에 있어 재량권을 유지할 수 있기 때문으로 보인다. 예를 들어, 2000년 체결된 EU-멕시코 FTA에서도 멕시코는 EU 수준의 경제통합을 수용하기가 어렵기 때문에 무역에 대한 각종 제약만을 제거하는 FTA를 선택하였다고 볼 수 있다. 반면, 관세동맹은 대체로 경제발전단계가 비교적 유사한 국가끼리 체결되는 경향이 있다. 향후 경제통합 수준의 심화에 따라 점차적으로 관세동맹이 FTA보다는 유리하게 작용할 것으로 보이며 이러한 사례는 과거의 유럽의 통합과정을 통해 잘 알 수 있다.

---

29) 자유무역협정은 자유무역지대(free trade area), 자유무역지대협정(free trade area agreement) 등으로 혼용되고 있으나, 자유무역지대는 관세자유지대(customs free area)를 의미하는 경우도 있어 자유무역협정으로 표기하는 것이 바람직하다. FTA의 대표적인 사례는 북미자유무역지대(NAFTA), 한-미 FTA, 한-EU FTA 등이 있다.

30) 관세동맹의 대표적인 사례는 남미공동시장(MERCOSUR)이다.

31) 공동시장의 대표적인 사례는 현재의 유럽연합(EU: European Union)의 모체가 된 유럽공동시장(EEC: European Economic Community)이 있다. 이는 1951년 출범한 유럽석탄철강공동체(ECSC)가 1957년 공동시장 창설을 목적으로 확대 창설된 것으로서, 로마조약에 의거하여 창설되었으며 이후 유럽은 유럽공동체(EC), 유럽연합(EU)으로 발전하였다.

32) 완전경제통합 또는 단일시장의 대표적인 사례는 1993년 출범한 유럽연합(EU)이다. 일부에서는 완전경제통합의 전(前)단계로서 회원국간 금융, 재정정책 등에서 공동의 정책을 수행하는 경제공동체(Economic Community)를 구분하는 경우도 있으며, 그 대표적인 사례는 서유럽 국가들이 결성한 1960년대부터 1990년대 초반까지 서유럽국가들이 결성한 구주공동체(EC)이다.

STEP1
회원국간관세철폐중심
(예:NAFTA)

STEP2
역외국에 대해 공동관세율
을 적용 (예: MERCOSUR)

STEP3
회원국 간 생산요소의
자유로운 이동이 가능
(예: EEC)

STEP4
단일통화, 회원국의 공동의회
설치와 같은 정치,경제적 통합
(예: EU)

			초국가적기구 설치 · 운영
		역내생산요소 자유이동보장	역내공동경제정책수행
	역외공동관세부과	역외공동관세부과	역내생산요소 자유이동보장
역내관세철폐	역내관세철폐	역내관세철폐	역외공동관세부과
			역내관세철폐
자유무역협정 FTA	관세동맹 CUSTOMS UNION	공동시장 COMMON MARKET	완전경제통합 SINGLE MARKET

표1 단계별 경제통합단계

자료: 산업자원통상부 「FTA강국, KOREA」 공식 홈페이지 (http://fta.go.kr/main/situation/fta/term/).

<그림 2-2> 지역무역협정의 종류와 포괄범위

자유무역협정(FTA)은 지역무역협정(RTAs)의 하나의 종류에 불과하나 최근 체결된 대부분의 RTAs가 FTA 형태로 이루어지고 있는만큼 RTAs의 주류를 이루고 있다. FTA는 체결 당사국간 무역을 저해하는 모든 무역장벽을 제거함으로써 해당국간 자유로운 무역 활동을 보장하고 상호간 무역이 증대하는 효과가 발생하게 된다. 즉 특정 국가 간의 상호 무역증진을 위해 상품 또는 서비스의 이동을 자유화하는 협정으로서, 체결국 간의 제반 무역장벽을 완화하거나 철폐하여 무역자유화를 실현하기 위한 양국 간 또는 지역 간에 체결하는 특혜무역협정이다.

FTA는 일반적으로 회원국간 상품, 서비스, 투자, 지식재산권, 정부조달 등에 대한 관세 및 비관세장벽을 완화함으로써 상호간 교역증진을 도모하는 특혜무역협정을 의미한다. 특히 FTA는 관세철폐에 주요 초점이 맞춰져 있다. FTA는 RTAs의 주류를 이루고 있으며, 자유무역협정 → 관세동맹 → 공동시장 → 단일시장 등의 단계를 통해 경제통합으로 나아가는 첫 단계이기도 하다. FTA로 대표되는 지역주의는 세계화와 함께 오늘날 국제경제를 특징짓는 뚜렷한 조류가 되고 있음은 주지의 사실이다.[33]

1990년대 이전까지 체결된 협정은 주로 회원국간 무역자유화, 원산지규정, 통관절차 등과 관련된 내용들을 포함하였으나 1990년대 이후 많은 변화가 발생하였다. 1990년대 이후 체결된 FTA는 대부분 상품무역상의 장벽철폐 외에도 서비스, 투자, 무역규범 등이 포함된 포괄적인 협정으로 변화·발전한 것이다. 그렇다고 FTA가 반드시 모든 규범들을 포괄해야 할 필요는 없으며, 협정의 구체적 대상범위는 체약국간 입장에 따라 차이가 난다. 또한, 포괄범위 또는 대상국이 누구인가에 따라 FTA 체결에 따른 이익도 다른 양상을 보이게 된다.[34]

FTA의 대상범위는 체약국들이 누구냐에 따라 상당히 다른 양상을 보여주고 있다. NAFTA나 칠레가 체결한 협정들을 보면 포괄범위가 상당히 넓으나 개도국 또는 후진국간의 협정은 상품분야의 무역자유화 또는 관세인하에 중점을 두고 있다. 그러나 자유무역협정은 점차 대상범위를 확대하고 있으며, 일반적으로 상품, 서비스, 투자, 지적재산권 등을 기본내용으로 하고, 점차 정부조달, 경쟁정책, 환경, 노동기준 등으로 확대되고 있다. 예를 들어, 가장 대표적인 FTA인 NAFTA의 구성요소를 살펴보면, 관세 및 비관세장벽·원산지규정·통관절차 등으로 이루어진 상품무역 분야, 투자 및 서비스 교역 분야, 표준·정부조달·지적재산권·반덤핑·환경·노동 등

---

33) 산업자원통상부 FTA 강국, KOREA 공식 홈페이지(fta.go.kr/main/) 참조.
34) 산업자원통상부 FTA 강국, KOREA 공식 홈페이지(fta.go.kr/main/) 참조.

무역규범 분야, 분쟁해결절차·각종 협력 및 검토위원회 등 기타분야로 크게 나눌 수 있다.[35]

FTA 협상에서 타결이 가장 어려운 분야가 상품무역분야에 대한 관세인하 및 철폐이다. 주요 쟁점사항은 기본관세율 및 관세철폐 시기의 설정과 대상품목의 선정이다. 산업별로는 공산품에 비해 농업, 수산업 등 기초산업에 대한 시장개방 협상이 어려우며, 품목별 민감도에 따라 보통 협정발효 즉시 철폐, 5년 후 철폐, 10년 후 철폐, 15년 후 철폐, 극히 민감한 분야에 대한 예외 등으로 분류된다.

흔히 FTA가 체결되는 즉시 무역자유화가 이루어지면 취약한 역내 산업이 단기간에 큰 타격을 입는 것으로 알려져 있으나, 민감한 분야에 대해서는 보통 5~15년에 걸쳐 단계적인 자유화를 실시할 수 있다. 또한, 관세인하 이행기간 중에는 양자간 세이프가드(safeguard, 긴급수입제한조치)를 통해 상대방 체약국으로부터 수입이 급증한 품목에 한해서는 수입을 제한할 수 있는 조치도 일반적으로 포함하고 있다.

<표 2-1> FTA의 포괄범위

구 분	미국-이스라엘	NAFTA	미국-요르단	FTAA	캐나다-칠레	멕시코-칠레	EU-멕시코	ANZCERTAs
관세철폐	◉	◉	◉	◉	◉	◉	◉	◉
수량제한금지		◉		◉	◉	◉	◉	◉
세이프가드조치	◉	◉	◉	◉	◉	◉		◉
반덤핑·상계관세	◉	◉		◉	◉		◉	◉
원산지규정	◉	◉	◉	◉	◉	◉	◉	◉
관세평가·세관수속		◉	◉	◉	◉	◉	◉	◉

---

35) 정인교, 『FTA 시대에 어떻게 대처할 것인가』, 대외경제정책연구원, 2001, pp.43-44.

투자		◉		◉	◉	◉	◉	◉
서비스	◉	◉	◉	◉	◉	◉	◉	◉
기준·인증(MRA)		◉		◉		◉	◉	◉
위생·검역(SPS)	◉	◉		◉		◉	◉	◉
정부조달	◉	◉	◉	◉		◉	◉	◉
지식재산권	◉	◉	◉	◉		◉	◉	◉
경쟁		◉		◉	◉	◉	◉	◉
분쟁해결	◉	◉	◉	◉	◉	◉	◉	
국제수지조항	◉		◉				◉	
일반예외	◉	◉	◉		◉	◉	◉	◉
경제기술협력		◉					◉	
합동위원회	◉	◉		◉		◉	◉	
전자상거래		◉						
인적이동		◉	◉		◉	◉		
환경		▲	◉		▲			
노동		▲	◉		▲			

주 : ▲ NAFTA 및 캐나다-칠레 FTA의 환경과 노동관련 조항은 보완협정에 규정되어 있음.
　　ANZCERTAs는 호주-뉴질랜드 경제관계긴밀화협정의 약자임.
자료: 日本通商産業省, 『平成13年版通商白書總論』, 2001. 5; 정인교, 『FTA 시대에 어떻게 대처할 것인가?』, 대외경제정책연구원, 2001, p.45에서 재인용.

3. 전 세계적인 지역무역협정 동향 및 확대 원인

오늘날 국제경제 질서를 특징짓는 커다란 조류 중 하나는 자유무역협정(FTA)으로 대표되는 지역경제통합(Regional Economic Integration) 추세이며, 이는 지역주의(regionalism)의 강화로 이어지고 있다. WTO 자료에 따르면, 2018년 1월 9일 현재 전 세계적으로 455건 (누계기준)의 지역무역협정(RTAs; Regional Trade Agreements)이 WTO에 통보되어 발효 중이다. 이는 RTAs의 수가 GATT시대 47년 보다 WTO 출범 이후 약 20여년 사이 3.6배 증가한 것이며, 164개

WTO 회원국이 평균 2.8개의 RTAs에 참여하고 있음을 알 수 있다.

이러한 추세는 한국, 중국, 일본 등이 속한 환태평양지역(Trans-Pacific area)도 예외가 아니며 전 세계에서 가장 활발한 RTAs를 추진 중에 있다. 특히 중국의 FTA정책 추진은 아시아 · 태평양을 중심으로 한 지역경제통합에 많은 영향을 주고 있다는 점에서 논의의 핵심으로 떠오르고 있다. 더욱이 미국의 對아시아정책 강화와 중국의 국제화전략(The "Go globally" strategy)이 맞물리면서 아시아 · 태평양지역을 중심으로 한 지역경제통합 움직임은 더욱 활발해질 것으로 예상된다. 이를 반영하듯, 최근 미국 트럼프정부는 미국, 일본, 호주, 인도 등을 중심으로 한 다이아몬드 협력체를, 중국 시진핑정부는 일대일로(One Belt & Road; B&R) 이니셔티브, 아시아인프라투자은행(AIIB), 역내 포괄적 경제동반자협정(RCEP) 등을 추진 중이다.

그 중, 중국이 현재 적극적으로 추진 중인 RCEP은 아시아 · 태평양지역에 존재하는 ASEAN 10개국과 한-중-일 및 호주 · 뉴질랜드 · 인도 등 총 16개국을 하나의 자유무역지대로 통합하는 일명 'ASEAN+6' FTA를 의미한다. RCEP이 체결될 경우, 2016년 기준으로 전 세계 인구의 48.4%(35.3억 명), 명목 GDP의 31.6%(23.9조 달러), 무역규모의 30.0%(9.1조 달러)[36]를 차지하는 세계 최대 규모의 경제블록이 되어, EU, NAFTA(북미자유무역협정) 등과 함께 세계 3대 경제지대를 형성할 것으로 전망된다. 또한, 중국정부가 핵심 국정과제로 추진 중인 일대일로(B&R), 즉 新실크로드 이니셔티브는 육상실크로드의 복원은 물론이고 해양실크로드를 추진 중에 있어 아시아 · 태평양지역 해양경제협력에도 매우 큰 역할을 할 것으로

---

36) KOTRA, "RCEP 제20차 공식협상 이후 주요 참여국 동향 및 향후 전망," 「Global Issue Paper」, 2017.11.09, p.5.

예상된다.

세계무역기구(WTO: World Trade Organization) 자료에 따르면, 2018년 1월 9일 현재 전 세계적으로 455건(누계기준)의 지역무역협정(RTAs; Regional Trade Agreements)이 WTO에 통보되어 발효 중이다. 현재 발효 중인 455건의 RTAs를 체결 시기별로 살펴보면, '관세 및 무역에 관한 일반협정'(GATT: General Agreement on Tariff and Trade) 시절인 1948~1994년까지 99건에 불과했으나 WTO 출범이후인 1995~2017년 현재까지 356건이 체결되었다. 이는 RTAs의 수가 GATT시대 47년보다 WTO 출범 이후 약 20여년 사이 3.6배 증가한 것이다. 또한, 164개 WTO 회원국이 평균 2.8개의 RTAs에 참여하고 있음을 알 수 있다. 이는 최근 전 세계적으로 지역주의가 매우 광범위한 영향력을 미치고 있음을 방증하는 것이다. 이러한 RTAs 가입국들의 무역량이 전 세계 무역량의 50% 이상(2007년 기준)을 차지하는 것으로 추정되고 있다.

<표 2-2> 지역무역협정(RTAs) 현황 (중복 포함, 2018년 1월 9일 기준)

	Accessions	New RTAs	합 계	비 중 (%)
GATT 제24조 (FTA)	3	222	225	51.6
GATT 제24조 (CU)	10	10	20	4.4
Enabling Clause (PSA)	5	44	49	10.8
GATS 제5조 (EIA)	7	144	151	33.2
합 계	25	430	455	100.0

자료: WTO Website (rtais.wto.org/UI/publicsummarytable.aspx).

WTO에 통보된 RTAs를 WTO관련 규범을 기준으로 살펴보면, GATT 제24조에 의거한 자유무역협정(FTA: Free Trade Agreement)

이 235건으로 가장 많은 비중(51.6%)을 차지하고 있으며, GATT 제24조에 의거한 관세동맹(CU: Custom Union)[37]은 20건으로 4.4%를 차지하고 있다. 또한, 서비스무역에 관한 일반협정(GATS: General Agreement on Trade in Services) 제5조에 의거한 경제통합(EIA: Economic Integration Agreement)[38]이 151건(33.2%), 권능조항(Enabling Clause)에 의거한 개도국간 특혜협정(PSA: Partial Scope Agreement)[39]은 49건(10.8%)을 기록하였다.

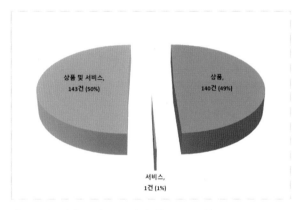

자료: WTO Website (rtais.wto.org/UI/publicsummarytable.aspx).

<그림 2-3> 발효 중인 RTAs의 포괄범위 비중
(중복 제외, 2018년 1월 9일 현재)

---

37) FTA보다 통합수준이 높으며 회원국 간의 자유무역 외에도 역외국에 대한 공동 관세를 적용함. 한국무역협회 국제무역연구원, 「전세계 지역무역협정(RTA) 현황」(okfta.kita.net/ ftaInfo.do?method=rtaStatus), 2012.10, p.1 참조.

38) 일반적으로 RTA 체결 시 서비스무역협정을 동시에 체결하는 경우가 최근 증가하고 있기 때문에 WTO는 상품 및 서비스 무역협정을 포괄하는 RTA에 대해 각각 상품무역협정과 서비스무역협정으로 중복 집계함. 예를 들어, 한-칠레 FTA의 경우도 실질적으로는 1건이나 WTO 통계에서는 상품무역협정 1건, 서비스협정 1건 등 총 2건으로 집계함. WTO website, *Some Figures on Regional Trade Agreements notified to the GATT/WTO and in force*, 2018.1.9 (http://rtais.wto.org/UI/publicsummarytable.aspx) 참조.

39) 방콕협정과 같은 개도국간 경제협력을 위한 지역협정으로서 GATT 24조 또는 GATS 5조의 조건, 즉 실질적으로 모든 무역 및 서비스의 자유화조건을 충족하지 않아도 되기 때문에 일부 품목에 대한 제한적 자유화도 가능함. 한국무역협회 국제무역연구원, 앞의 글, 2012.10, p.1 참조.

이를 다시 발효 중인 RTAs의 협정 유형별로 구분하면, 총 455건 중 FTA가 251건, 관세동맹이 30건, EIA가 151건, PSA가 23건을 기록함으로써 각각 55.2%, 6.6%, 33.2%, 5.1%를 차지하고 있다. 또한, 실질적으로 발효 중인 RTAs(physical RTAs in force)의 포괄 범위로 분류하면, 총 284건 가운데 상품(goods)만을 포괄하는 협정은 140건(49.3%)이고 서비스(services)만 포괄하는 협정은 1건(0.4%), 상품 및 서비스(goods and services)를 모두 포괄하는 협정은 143건 (50.4%)을 차지하고 있다.

4. 지역주의와 다자주의: 상호 보완관계인가, 상호 경쟁관계인가?

지역주의(regionalism)는 자유무역협정(RTAs)이 전 세계적으로 확대·심화되고 세계 주요 무역국들이 RTAs에 관심을 갖는 현상을 말한다. 이는 다자주의와 비교되는 개념이며 1990년대 이후 RTAs 추세 강화에 따라 지역주의와 다자주의에 대한 논의가 활발하게 전개되고 있다.

WTO, OECD, UNCTAD, APEC 등과 같은 국제기구들은 RTAs를 다자체제에 대해 긍정적인 것으로 평가하고 있다. RTAs의 체결에 따른 시장개방효과가 역내 무역자유화를 이끌고 이는 곧 세계무역 자유화에 기여한다고 보기 때문이다. 또한, 최근 체결된 RTAs가 과거와 달리 관세철폐 외에도 서비스, 투자, 표준 및 적합, 지식재산권(IPR) 등 다양한 무역규범을 포함한다는 점도 긍정적으로 평가받고 있다. 더욱이 RTAs는 체약국으로 하여금 협정문에 명시된 통상 규범을 이행하게 하여 국제규범에 쉽게 적응할 수 있는 학습효과를 발생시키고 협상과정에서 국제협상의 노하우를 배움으로써 다자간 협상에 대한 인식을 제고하기 때문이다.

EU, 미국, 일본 등 RTAs에 적극 참여해온 국가들도 RTAs에 대해 긍정적인 평가를 내리고 있다. 미국은 1997년 미 무역대표부(USTR) 보고서를 통해 RTAs가 세계무역 자유화에 기여할 수 있다는 점을 강조하였고 일본도 1999년과 2000년 통상백서를 통해 RTAs가 세계 경제 발전에 기여하고 있다고 평가하였다. 특히 미국은 1980년대 중반까지 RTAs가 다자무역체제를 저해한다고 평가했었으나 자국의 이익에 도움이 됨을 깨닫기 시작하면서부터 긍정적인 목소리에 힘을 불어넣고 있다.

한편, 프레드 버그스텐(C. Fred Bergsten)은 지금까지는 지역주의가 다자체제를 훼손했다기보다는 오히려 상호보완적인 관계로 작용했다고 밝히고, 범세계적인 자유무역을 촉진시킬 수 있도록 지역협정들을 통합하기 위한 '대협상'을 제안한 바 있다.[40]

반면에 RTAs가 다자체제를 저해한다는 주장과 함께 부정적인 시각도 존재한다. 폴 크루그먼(Paul Robin Krugman), 레스터 써로우(Lester Thurow), 자그디시 바그와티((Jagdish Bhagwati), 마크 레비(Marc A. Levy) 등은 RTAs가 다자주의를 지향하는 디딤돌(building block)이 되기보다는 오히려 지역주의를 공고화하고 다자주의를 방해하는 걸림돌(stumbling block)이 될 가능성이 크다고 결론짓고 있다.[41] 이는 RTAs에 따른 무역창출효과 또는 무역전환효과로 인해 수

---

40) 정인교, 『FTA 시대에 어떻게 대처할 것인가』(서울: 대외경제정책연구원, 2001), p.36.
41) 정인교, 앞의 책, p.36.

출업자들은 새로운 수출기회를 얻게 되고 배타적인 RTAs를 지지하는 세력이 되기 때문이다. 특히 무역창출효과와는 달리 무역전환효과에 의해 역내 수출기회를 확보한 수출업자들은 RTAs이 범세계적인 자유무역으로 확대·발전할 경우에 수출기회를 상실할 가능성이 있기 때문에 특혜무역협정을 적극적으로 지지하는 한편, RTAs와 같은 지역주의가 다자주의로 확대·발전하는 것을 반대하는 입장에 서게 된다.

현재로서는 RTAs와 다자체제의 관계를 명확하게 규명하기는 어려우나, 최근 다자무역체제의 한계를 보완하기 위해 RTAs에 적극 참여하고 있는 추세임은 분명한 것 같다. 이러한 현상은 1995년 WTO 출범 이후, 특히 제5차 WTO 각료회의(멕시코 칸쿤, 2003)[42]가 결렬된 이후 RTAs가 더욱 급증하는 사례에서도 쉽게 알 수 있다. RTAs의 급증은 다자무역체제의 중심인 WTO의 약화를 일정부분 초래하는 것도 사실이다.

RTAs는 우루과이라운드(UR: Uruguay Round) 타결이 불투명하던 1990년대 초반부터 증가하는 추세를 보였다. 당시 학자들은 UR이 타결되고 WTO가 출범하면 RTAs의 체결은 감소할 것으로 전망하였으나 WTO 출범 이후 RTAs는 오히려 확대·심화되는 추세를 보이고 있다. 특히 RTAs에 대해 부정적인 목소리를 제기했던 미국이 북미자유무역협정(NAFTA) 등 RTAs 체결에 적극적으로 참여하면서부터 전 세계 RTAs는 급증하기 시작했다. 이처럼 RTAs가 확대·심화된 것은 다음과 같은 원인에서 찾을 수 있을 것이다.

첫째, RTAs는 개별국들의 이익을 충족시키기 위해 추진된 것이다. 특히 WTO와 같은 다자체제를 통해서는 충족시킬 수 없거나 그 가능

---

42) 도하개발의제(DDA: Doha Development Agenda)의 진전을 위해 2003년 9월 10~14일 멕시코 칸쿤에서 개최된 제5차 WTO 각료회의는 선진국과 개도국간의 심각한 의견차이로 인해 결렬됨으로써 다자무역체제 및 그 중심인 WTO가 일정부분 힘을 잃게 되는 계기가 된 것으로 평가된다.

성이 적은 개별국가가 자국의 다양한 이해관계를 만족시키기 위해 RTAs를 추진하는 것으로 볼 수 있다. WTO가 출범한 1995년 직후에도 RTAs의 체결이 급증하였는데, 이 시기는 WTO가 국제경제질서의 새로운 중심축이 될 것이라는 기대감과 WTO로 인하여 개별국의 경제적 이익이 침해될지도 모른다는 우려감이 팽배했었던 시기였다. 따라서 이 시기에 RTAs의 체결이 증가한 것은 WTO를 통한 무역자유화 외에 이해관계가 크면서 "뜻이 통하는(likely-minded)" 국가끼리의 무역자유화에도 협정체결국들이 관심을 가진 것으로 볼 수 있다.[43]

둘째, RTAs는 다자무역체제의 한계에 대비한 일종의 '보험정책'이기 때문이다. 즉 RTAs는 WTO 체제하의 다자무역체제가 안고 있는 보편주의, 평균주의 등의 한계를 극복하는 동시에 도하개발의제(DDA) 협상이 실패할 경우를 대비하기 위해서라는 점이다. 이는 WTO 출범 직전 우루과이라운드(UR: Uruguay Round) 진행 중 UR의 실패에 대비해 RTAs가 증가하였던 사례를 통해서도 잘 알 수 있다. 1980년대 10년 동안 총 9개에 불과하며 잠시 주춤했던 RTAs의 체결이 UR이 한창 진행되던 1990~94년 5년 동안에만 무려 33개의 협정이 체결되었기 때문이다. 더욱이 DDA 협상의 진전을 위해 개최되었던 2003년 제5차 각료회의가 결렬된 이후 DDA 협상이 답보상태를 보이자 RTAs는 더욱 급증하는 추세를 보이고 있다.

셋째, RTAs가 각국이 전략적으로 추구하여 온 통상정책의 결과로 이해되어야 할 것으로 보인다. 당시 다수의 전문가들은 UR이 종료되고 WTO를 중심으로 다자무역체제가 자리 잡게 되면 각국은 RTAs보다는 다자체제에 더 의존하게 될 것으로 기대되었다. 그러나 WTO 출범 이후 RTAs가 더욱 급증하는 양상을 띠고 있다는 점에

---

43) 정인교, 앞의 책, p.25.

서 RTAs의 체결은 단순히 다자체제의 실패에 대비한 것이라고 보기 어렵다고 생각된다. 즉, 기존 RTAs 참여국들은 경제적 이익을 확대하기 위해 추가적으로 RTAs을 체결해 왔고 RTAs에 참여한 경험이 없는 국가들은 지역주의에 적절히 대응하는 동시에 하나의 지구촌 경제로의 통합이라는 세계화에 대한 준비작업의 일환으로 RTAs에 적극 참여한 것으로 판단된다.

넷째, 미국의 적극적인 참여가 전 세계적인 RTAs 확산 추세에 일조하였다고 생각한다. 그동안 다자체제의 최대 지지국가였던 미국이 1990년대 들어 RTAs에 참여하기 시작했고 이는 전 세계적인 RTAs의 확산을 부추겼기 때문이다. 자그다시 바그와티(Jagdish Bhagwati)는 미국이 주도적으로 추진한 NAFTA(1994년 1월 발효)으로 인해 세계의 주요 교역국들에게 장차 미국은 다자체제를 지지하는 동시에 RTAs의 체결도 적극적으로 추진할 것임을 암시함으로써 RTAs의 확산을 부추겼다고 주장하였다. 더욱이 미국이 당시 가장 폐쇄적인 지역으로 통하던 동아시아 시장개방을 위해 이들 국가와의 FTA 체결을 검토하자 한국, 대만, 싱가포르 등도 미국과의 FTA 체결을 검토할 정도였다. 그 당시는 유럽에서도 경제통합이 활발히 전개되고 있던 시점이어서 다수 국가들이 RTAs에 관심을 가지지 않을 수 없었을 것이다.

다섯째, RTAs에 대한 다자체제의 느슨한 규범이 RTAs의 확산을 초래하였다는 지적도 있다. 다자체제의 규범은 일단 채택되면 최소 10여년 이상 지속되기 때문에 수정되기 어려운 속성을 지니고 있다는 점에서 다양한 무역환경의 변화를 제대로 반영할 수 없다. RTAs 관련 규정인 GATT 제24조의 경우에도 1948년 GATT 출범 당시만 하더라도 극히 예외적인 경우로만 인식되었기 때문에 별다른 문제 없이 채택되었을 것이고, RTAs의 확산에도 불구하고 그동안 변함없이 유지되어 왔다. 그러나 RTAs의 확산으로 인해 다자체제가 효과적인 통제수단을 발휘할 수 없게 되자 UR에서 GATT 제24조의 개정문제가 거론되었으나, 별다른 협정의 개정 없이 WTO 지역무역협정위원회(CRTA)의 신설과 처리로 마무리된 바 있다. 더욱이 WTO CRTA에서는 회원국들이 통보한 RTAs를 거부한 사례가 전무하기 때문에 RTAs에 대한 효율적인 통제는 어려운 상태이다.

여섯째, 2000년 전후부터 현재까지 FTA가 크게 확산된 것은 WTO 체제하의 다자간 무역자유화협상(DDA: Doha Development Agenda)이 별다른 성과를 보이지 못하고 있기 때문으로 보인다. 이에 경제적 이해관계가 부합하는 국가 간의 양자간 무역협상 또는 경제블록 추진이 점차 확산되었고, 역외국들이 받게 될 반사적 피해를 피하려는 국가들이 이러한 흐름에 합류하면서 FTA 체결이 더욱 가속화되고 있는 것이다.

<표 2-3> 한국 및 주요국의 FTA 추진 현황 (2018년 8월 기준)

국가명	기체결	협상중	검토중
한국	(발효) 칠레FTA, 싱가포르FTA, EFTA FTA, ASEAN FTA, 인도 CEPA, EU FTA, 페루FTA, 미국 FTA, 호주FTA, 캐나다FTA, 터키 FTA, 중국 FTA, 뉴질랜드FTA, 베트남 FTA, 콜롬비아FTA (서명) 중미	(협상중) 한중일FTA, RCEP, 에콰도르 SECA, 이스라엘, ASEAN FTA(추가 자유화), 인도 CEPA(개선), 칠레FTA(개선), 미국FTA(개정), 중국 FTA(서비스·투자후속협상) (협상재개·개시 여건조성) GCC, 멕시코, MERCOSUR, EAEU	
일본	(발효) 싱가포르EPA, 멕시코EPA, 말레이시아 EPA, 칠레FTA, 태국 EPA, 인도네시아EPA, 브루나이 EPA, 필리핀EPA, ASEAN EPA, 스위스EPA, 베트남 EPA, 인도EPA, 페루EPA, 호주 EPA, 몽골EPA	(협상중) 캐나다EPA, 콜롬비아 EPA, 한중일FTA, RCEP, 터키EPA (협상재개·개시 여건조성)	FTAAP(아시아·태평양 자유무역지대), 뉴질랜드 FTA

국가명	기체결	협상중	검토중
중국	(타결) EU EPA (서명) CPTPP (발효) 태국FTA, 홍콩CEPA, 마카오 CEPA, ASEAN FTA, 칠레 FTA, 파키스탄FTA, 뉴질랜드 FTA, 싱가포르FTA, 페루 FTA, 코스타리카FTA, 대만 ECFA, 아이슬란드FTA, 스위스 FTA, 한국FTA, 호주FTA, 조지아 FTA (서명) 몰디브FTA	한국 FTA, GCC FTA, MERCOSUR TA GCC FTA, 노르웨이FTA, 한중일 FTA, RCEP, 스리랑카 FTA, 이스라엘FTA, 모리셔스 FTA, 몰도바FTA (개선협상) 뉴질랜드FTA, 싱가포르 FTA	 인도 RTA, 콜롬비아FTA, 네팔 FTA, 캐나다FTA, 몽골 FTA, 파나마FTA
대만	파나마 FTA, 과테말라FTA, 니카라과 FTA, 뉴질랜드ECA, 온드라스 · 엘살바도르 FTA, 싱가포르 ASTEP, 중국ECTA	(협상중) 도미니카공화국FTA, 파라과이 FTA (협상중단) EU FTA	인도 FTA, 말레이시아 FTA, 이스라엘 FTA, 필리핀FTA, TPP, 미국, 호주, EU, 인도네시아, ASEAN, FTAAP
ASEAN	(발효) 중국FTA, 일본EPA, 한국 FTA, 인도FTA, 호주 · 뉴질랜드 FTA (서명) 홍콩FTA	RCEP	캐나다 FTA, EAEU FTA
싱가 포르	(발효) ASEAN 전체차원(한국, 중국, 일본, 호주·뉴질랜드, 인도), AFTA, 뉴질랜드CEP, 일본FTA, EFTA FTA, 호주FTA, 미국FTA, 요르단 FTA, 인도CECA, 한국FTA, P4(뉴질랜드, 싱가포르, 브루나이, 칠레), 파나마FTA, 중국FTA, 페루 FTA, GCC FTA, 코스타리카 FTA, 대만ASTEP (타결) EU FTA, 터키FTA (서명) CPTPP	멕시코 FTA, 캐나다FTA, 파키스탄 FTA, 우크라이나FTA, RCEP	FTAAP, 이집트CECA, EAC, 콜롬비아, 모로 코, 스리랑카
인도네 시아	ASEAN 전체차원(한국, 중국, 일본, 호주 · 뉴질랜드, 인도), AFTA, 일본 EPA	EFTA CEPA, 호주CEPA, 한국 CEPA, 인도CECA, 칠레 FTA, RCEP, EU FTA	터키 FTA, 페루FTA, FTAAP, GCC, 이집트, 파키스탄, 미국, 튀니지
태국	(발효) ASEAN 전체차원(한국, 중국, 일본, 호주 · 뉴질랜드, 인도), AFTA, 중국FTA, 호주FTA, 뉴질랜드 CEP, 일본EPA, 페루 FTA, 칠레FTA	(협상중) 인도CECA, EFTA FTA, BIMST-EC FTA(벵갈만 경제협력체: 방글라데시, 미얀마 인도, 부탄, 네팔, 스리랑카, 태국), RCEP, 파키스탄FTA (협상중단) 미국FTA, EU FTA	캐나다 FTA, FTAAP, 터키 FTA, 남아공, 바 레인, 이스라엘, 한국, MERCOSUR, 폴란드, 바레인, UAE, TPP
베트남	(발효) ASEAN 전체차원(한국, 중국, 일본, 호주 · 뉴질랜드, 인도),	(협상중) EU FTA, RCEP, EFTA FTA	FTAAP, 우크라이나, 스리랑카, 터키

국가명	기체결	협상중	검토중
말레이시아	AFTA, 일본EPA, 칠레FTA, 한국 FTA, EAEU FTA (서명) CPTPP (발효) ASEAN 전체차원(한국, 중국, 일본, 호주·뉴질랜드, 인도), AFTA, 일본EPA, 파키스탄CEPA, 인도 CECA, 뉴질랜드FTA, 칠레 FTA, 호주FTA, 터키FTA (서명) CPTPP	(협상중) EU FTA, RCEP, EFTA FTA (협상중단) 미국FTA	한국 FTA, 대만FTA, FTAAP, 이집트FTA, GCC FTA, 시리아, 이집트, 방글라데시
인도	(발효) 스리랑카CEPA, SAFTA (남아시아특혜무역협정: 인도, 파키스탄, 스리랑카, 방글라데시, 네팔, 부탄, 몰디브), 싱가포르 CECA, 부탄FTA, ASEAN FTA, 한국CEPA, 일본 CEPA, 말레이시아CECA	(협상중) 태국CECA, BIMST-EC FTA, EU BTIA, EFTA FTA, 뉴질랜드CECA, 호주 CECA, 인도네시아CECA, RCEP, 캐나다CEPA, 이스라엘 FTA, EAEU FTA (협상중단) GCC FTA	페루 FTA, 러시아·벨라루스·카자흐스탄 관세동맹CECA, 파키스탄 TA, 중국RTA, 대만 FTA, 터키FTA, 우루과이, COMESA PTA(동남아프리카 공동시장), 칠레, 페루, 이집트,이란, 남아공, 모리셔스
미국	(발효) 이스라엘FTA, NAFTA(북미 자유무역지대: 캐나다, 미국, 멕시코), 요르단 FTA, 싱가포르FTA, 칠레 FTA, 호주FTA, 모로코FTA, 바레인 FTA, DR-CAFTA, 오만 FTA, 페루TPA, 한국FTA, 콜롬비아 TPA, 파나마TPA	SACU FTA, CAN FTA(안데안공동체: 볼리비아, 콜롬비아, 에콰도르, 페루), 에콰도르 FTA, FTAA, UAE FTA, 말레이시아 FTA, 태국FTA, NAFTA, 한국FTA (협상중) EU TTIP	FTAAP(아시아·태평양 자유무역지대)
캐나다	(발효) NAFTA, 이스라엘FTA, 칠레 FTA, 코스타리카FTA, EFTA FTA, 페루FTA, 콜롬비아FTA, 요르단 FTA, 파나마FTA, 온두라스 FTA, 한국FTA, EU CETA (서명) CPTPP	CARICOM FTA, CA4 FTA (중미4개국: 과테말라, 니카라과, 엘살바도르, 온두라스), 도미니카공화국 FTA, 인도 CEPA, 일본EPA, 모로코 FTA, 싱가포르FTA, 우크라이나 FTA, NAFTA, MERCOSUR FTA, 태평양동맹(PA) (협상중단) FTAA(미주자유무역지대: 쿠바를 제외한 미주 34개국)	CAN FTA, 터키FTA, 태국 FTA, FTAAP, 중국 FTA
멕시코	NAFTA, 코스타리카FTA, 볼리비아 FTA, G3(멕시코, 콜롬비아, 베네수엘라, &06년 베네수엘라탈퇴), 니카라과 FTA, 칠레FTA, 이스라엘 FTA, EU FTA, Northern Triangle FTA(과테말라, 엘살바도르, 온두라스), EFTA FTA, 우루과이FTA, 일본 EPA, 페루FTA, 파나마FTA,	(협상중) 터키FTA, 요르단 FTA, 파라과이FTA, NAFTA (협상재개 여건조성) 한국FTA, 싱가포르 FTA	에콰도르, FTAAP, 브라질 SEIA, 필리핀 FTA

국가명	기체결	협상중	검토중
	중미 FTA(엘살바도르, 니카라과, 온두라스, 코스타리카, 과테말라), 태평양동맹(PA)	(협상중단) FTAA, MERCOSUR FTA	
		(개선협상) EFTA FTA, EU FTA	
	(서명) CPTPP		
칠레	(발효) 캐나다FTA, 멕시코FTA, 중미 FTA, EU FTA, 미국FTA, 한국 FTA, EFTA FTA, P4, 중국 FTA, 일본EPA, 파나마FTA, 호주 FTA, 페루FTA, 콜롬비아FTA, 터키 FTA, 말레이시아FTA, 베트남FTA, 홍콩FTA, 태국FTA, 태평양동맹(PA)	(협상중) 인도네시아FTA	도미니카공화국 FTA, FTAAP, 러시아·벨라루스·카자흐스탄 관세동맹 FTA
	(서명) CPTPP	(협상중단) FTAA, 이스라엘FTA	
페루	(발효) CAN CU, MRCOSUR FTA, 미국 TPA, 칠레FTA, 싱가포르FTA, 캐나다 FTA, 중국FTA, EFTA FTA, 한국 FTA, 대국FTA, 멕시코FTA, 일본 EPA, 파나마FTA, EU AA, 코스타리카 FTA, 태평양동맹(PA)	(협상중) 터키FTA, Central America FTA(페루, 코스타리카, 엘살바도르, 과테말라, 온두라스, 파나마), 엘살바도르FTA, 터키 FTA	인도, 모로코, 인도네시아, 남아공, 러시아, 홍콩, CARICOM(카리브공동체: 카리브해 15개국), GCC, 이집트, 브라질, 러·벨·카관세동맹FTA
	(타결) 과테말라FTA, 온두라스FTA	(협상중단) FTAA	
	(서명) CPTPP		
콜롬비아	(발효) CAN CU, G3, MERCOSUR FTA, 칠레FTA, Northern Triangle FTA, EFTA FTA, 캐나다 FTA, 미국TPA, EU FTA, 한국 FTA, 코스타리카FTA, 태평양동맹(PA)	(협상중) 일본EPA, 터키 FTA, 우루과이FTA	중국 FTA
	(타결) 파나마FTA, 이스라엘FTA	(협상중단) FTAA	
MERCOSUR	(발효) CAN FTA, 볼리비아FTA, 콜롬비아 FTA, 에콰도르FTA, 베네수엘라 FTA, 페루FTA, 이스라엘 FTA, 이집트FTA	(협상중) EU FTA, SICA, 터키 FTA , EFTA FTA, 캐나다 FTA	모로코 FTA, 한국TA, 도미니카공화국 FTA, CARICOM, 요르단, 파나마, 태평양동맹, 일본TA, 싱가포르 FTA
	(타결) 팔레스타인자치정부FTA	(협상중단) FTAA, GCC FTA, 멕시코 FTA	
EU	(발효) OCTs FTA, EFTA FTA, 시리아 CA, 안도라CU, 산마리노CU, EEA(스위스 제외한EFTA 3개국과 EU 28개국), 터키CU, 이스라엘AA, 페로제도FTA, 팔레스타인 자치정부 AA,튀니지 AA, 남아공TDCA, 모로코AA, 마케도니아SAA, 요르단 AA, 칠레AA, 레바논AA,	(협상중) 태국FTA, 말레이시아 FTA, 인도BTIA, 인도네시아 FTA, 필리핀FTA, MERCOSUR FTA	아제르바이잔, 브루나이, 대만, 이란, 호주, 뉴질랜드

국가명	기체결	협상중	검토중
	이집트 AA, 알제리AA, 알바니아 SAA, 몬테네그로SAA, 보스니아·헤르체고비나 SAA, 세르비아SAA, 한국 FTA, 페루·콜롬비아AA, 중미 AA, 조지아AA, 몰도바AA, 우크라이나 FTA, 남아프리카5개국(보츠와나, 레소토, 나미비아, 남아프리카공화국, 스와질란드) EPA, 캐나다 CETA	(협상중단) 아제르바이잔AA, GCC FTA, 아르메니아AA, 리비아 FTA, ASEAN FTA, 미국 TTIP	
	(타결) 싱가포르FTA, 에콰도르AA, 베트남 FTA, 일본EPA	(개선협상) 멕시코FTA	
EFTA	EU FTA, 터키FTA, 이스라엘FTA, EEA, CEFTA(중부유럽자유무역협정: 알바니아, 보스니아헤르체고비나, 마케도니아, 몰도바, 몬테네그로, 세르비아, 코소보), 팔레스타인자치정부FTA, 모로코 FTA, 멕시코FTA, 크로아티아 FTA, 마케도니아FTA, 요르단FTA, 싱가포르FTA, 칠레FTA, 튀니지 FTA, 한국FTA, 레바논FTA, 이집트 FTA, SACU FTA, 캐나다 FTA, 알바니아FTA, 세르비아FTA, 콜롬비아 FTA, 페루FTA, 몬테네그로 FTA, 홍콩FTA, 우크라이나FTA, 보스니아·헤르체고비나 FTA, GCC FTA, 중미FTA	인도네시아 CEPA, 인도FTA, 말레이시아 FTA, 베트남FTA, MERCOSUR FTA	러·벨·카 관세동맹 FTA, 태국 FTA, 알제리FTA, 조지아, 모리셔스, 파키스탄, 몽골, 미얀마
	(타결) 과테말라FTA, 필리핀FTA		
호주	(발효) 뉴질랜드FTA, 싱가포르 FTA, 미국FTA, 태국FTA, 칠레 FTA, 뉴질랜드·ASEAN FTA, 말레이시아 FTA, 한국FTA, 일본 EPA, 중국FTA	(협상중) 인도네시아CEPA, RCEP, 인도CECA, 태평양동맹(PA)	FTAAP
	(정식서명) PACER Plus(호주, 뉴질랜드와 태평양제도포럼에속하는 14개 남태평양도서국가)		
	(서명) CPTPP		
	(타결) 페루FTA	(협상재개 여건조성) GCC FTA	
뉴질랜드	(발효) 호주FTA, 싱가포르CEP, 태국 CEP, PA, 중국FTA, 호주·홍콩 CEP, 말레이시아FTA, ASEAN FTA, 대만ECA, 한국FTA	(협상중) 인도FTA, RCEP, 페루 FTA, 태평양동맹(PA)	일본 FTA, FTAAP
	(서명) PACER Plus(호주, 뉴질랜드와 태평양제도포럼에속하는	(협상중단) 러·벨·카 관세동맹 FTA	

국가명	기체결	협상중	검토중
	14개 남태평양도서국가), CPTPP (타결) GCC FTA		
터키	(발효) EFTA FTA, EU CU, 이스라엘 FTA, 마케도니아FTA, 크로아티아 FTA, 보스니아·헤르체 고비나 FTA, 팔레스타인자치정부 FTA, 튀니지FTA, 모로코FTA, 시리아 AA, 이집트FTA, 알바니아 FTA, 조지아FTA, 몬테네그로 FTA, 세르비아FTA, 칠레 FTA, 요르단FTA, 한국FTA, 모리셔스 FTA, 말레이시아FTA (타결) 레바논FTA, 코소보FTA, 몰도바 FTA, Faroe Islands FTA, 가나 FTA, 싱가포르FTA	(협상중) 우크라이나FTA, 콜롬비아 FTA, 에콰도르FTA, 멕시코 FTA, 페루FTA, 일본 EPA, 리비아EPA, MERCOSUR FTA, 세이셸FTA, 카메룬 FTA (협상중단) GCC FTA, 콩고민주공화국 FTA	캐나다 FTA, 인도네시 아FTA, 태국 FTA, 카 타르EPA, 인도 FTA, 베트남, 알제리, 남아공, ECO(이란, 터키, 파키스 탄, 아프가니스탄, 아제 르바이잔,카자흐스탄, 키르기스스탄, 타지키 스탄, 투르크메니스탄, 우즈베키스탄), 중앙아 메리카, 미국, 러시아
GCC	(발효) GA FTA(범아랍자유무역지대), 레바논 FTA, 싱가포르FTA, EFTA FTA (타결) 뉴질랜드FTA	 (협상중단) EU FTA, 터키FTA, 파키스탄 FTA, 인도FTA, 일본 FTA, MERCOSUR FTA, 호주 FTA , 중국FTA, 한국FTA	말레이시아, ASEAN, 요르단, 이란, 페루, 아제르바이잔, 캄보디아, COMESA,UEMOA, 홍콩, 인도네시아, 페루, 필리핀, 태국, 우크라이나, 베트남
EAEU (유라 시아 경제 연합)	(발효) 베트남FTA (타결) 이란PTA	EFTA FTA, 뉴질랜드FTA, 이스라엘 FTA, 싱가포르FTA, 인도 FTA	이집트 FTA, EU FTA, 칠레 FTA, 터키FTA, 한국, ASEAN, 시리아, 페루, 세르비아, 이라크, 몽골

자료: 산업통상자원부, 「FTA 강국, KOREA: 전세계 FTA 체결현황」(http://fta.go.kr/main/) (검색일: 2019.1.5.)

중국의 FTA 정책

1. 중국의 FTA 추진 배경[44]

　중국 정부가 FTA 추진을 처음으로 공식 제기한 것은 ASEAN 국
가들로부터의 WTO 가입 지지를 이끌어내기 위한 정책적 수단이 필
요한 상황에서 시작되었다. 당시 ASEAN 국가들은 중국의 WTO 가
입을 앞두고 무역 및 외국인직접투자(FDI) 유치 등 경제적 손실을
예상하며 크게 우려하고 있는 상태였다.[45] 이에 주룽지(朱鎔基) 중국
총리는 2000년 11월 싱가포르에서 개최된 'ASEAN+3 정상회의'에서
FTA를 포함한 양자간 경제협력 강화방안의 검토를 제안하였다.[46]

---

44) 제3장 1~4 부분은 서창배, "중국의 FTA 정책에 담긴 정치・경제적 함의,"『한중사회과학연구』,
　　제9권, 2007; 서창배, "자유무역협정(FTA)의 의미와 최근 동향,"『글로벌 이슈와 해결방안 Ⅲ』,
　　부산외국어대학교 출판부, 2012. pp. 121-164; 서창배, "한·중·일 FTA의 추진현황과 필요성 연
　　구,"『China 연구』, 제10집, 2011 등의 내용을 중심으로 수정・보완하였다.

45) ASEAN 국가들은 중국에 대한 최혜국대우(MFN) 부여가 자국산 제품과의 치열한 경쟁을 야기하
　　는 동시에 중국의 통상제도 선진화를 통한 투자환경개선에 따른 대중(對中) FDI의 확대와 대
　　(對)ASEAN으로의 유입 감소를 우려하였다.

46) 당시 중국의 제안은 중국의 높은 무역장벽, 시장경제의 미정착, 낙후된 통상제도, 지역간 경제격차
　　등을 감안할 때, 매우 파격적인 것이었다. 1997년 금융위기 이후 동아시아지역 내 경제협력 강화
　　의 필요성을 느끼고 있던 대다수 동남아 국가들(특히 인도네시아, 말레이시아 등)도 중국의 제안을
　　선뜻 수용하지 못하는 분위기였다.

이를 통해 중국은 ASEAN으로부터 자국의 WTO 가입에 대한 지지를 이끌어낼 수 있었고, 1년 뒤인 2001년 11월 도하(Doha) WTO 각료회의에서 WTO 가입을 실현할 수 있었다. 주룽지 총리의 제안을 놓고 중국의 적극적인 지역주의 결정에 따른 것이라는 주장과 WTO 가입을 위한 즉흥적 제안이라는 논쟁이 있었을 만큼 당시 중국의 FTA 전략은 소극적인 시험단계에 불과했다.

그렇다면, 중국을 보다 적극적이고 공격적인 FTA 정책으로 선회하게 만든 계기는 무엇이었을까? 연구자는 그 직접적인 계기를 '칸쿤 WTO 각료회의의 결렬'에서 찾고자 한다.

중국은 마치 WTO 체제가 중국경제가 안고 있는 모든 문제점을 해결해주고 새로운 성장과 발전을 가져다 줄 것으로 크게 기대하였다.[47] 그러나, WTO 가입 이후 첫 번째 참가한 WTO 각료회의가 아무런 결과 없이 결렬되었다는 것은 큰 실망이 아닐 수 없었다. 선진국과 개도국간의 입장 차이로 인한 칸쿤회의(제5차 WTO 각료회의)의 결렬, 도하개발어젠다(DDA: Doha Development Agenda)협상의 정체, 미국중심의 미주자유무역지대(FTAA) 논의 등은 중국에게 다자무역체제가 지닌 한계점을 깊이 인식하도록 만들었다.

중국내 WTO 전문가인 청다웨이(程大为) 중국인민대학 교수는 "칸쿤회의의 결렬이 중국에 미친 직접적인 영향은 크지 않으나 다자무역체제의 위상 약화로 인해 15년에 걸친 중국의 노력이 물거품이 되었다"고 실망감을 표현한 바 있다.[48] 이러한 변화는 WTO에 가입한 중국으로서는 전혀 예측하지 못한 상황이었으며, FTA 추진에 소

---

47) 중국내에서는 WTO 가입이 개혁·개방정책 초기인 1986년 이후 전개된 통상외교정책의 결실로 크게 평가된다.

48) 程大为, "中国商务外交实践三年回眸: 博弈声里论短长," 「WTO 时代经贸」, 第12期(总第18期), 2004.12, p. 20.

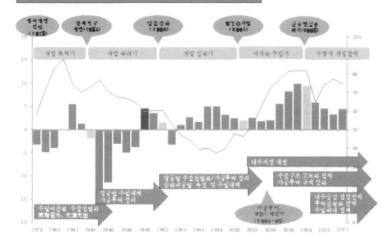

자료: 양평섭, "중국 新지도부의 대외경제정책 점검과 과제," 한중사회과학학회 2013 춘계학술대회, 2013.6.1.

<그림 3-1> 개혁·개방정책 이후 중국의 개방전략 추진 과정

극적이었던 중국정부에게 새로운 통상외교전략의 수립이라는 당면 과제를 안겨주었다. 즉, 다자무역체제로부터 벗어나 보다 긴밀한 양자간 협력관계, 즉 FTA 중심체제로 변화한 것이다. 그 후, 중국정부는 ASEAN 등 주변국들과의 경제협력을 급진전하게 되며, 여타 국가들과의 양자간 FTA를 적극 추진하게 된다.

2. 중국의 신(新)통상외교전략과 FTA 추진

1) 중국의 지역경제협력 참여 전략

중국 상무부 정책연구실은 2005년 7월 '지역경제협력 참여 전략'

을 내용으로 하는 연구보고서를 발표하였다.[49] 동 보고서에 따르면, 자유무역지대(FTA)를 중심으로 한 전세계적인 지역협력체제에 적극 참여하고 "주변국과의 협력, 시장개척, 주요 채널확보, 주요 자원·에너지 확보(面向大周边, 面向大市场, 面向主要门户和通道, 面向重要资源和能源)"의 원칙에 따라 전세계적인 통상협력을 강화해야 한다고 밝히고 있다. 특히 동 보고서는 중국정부가 종합적인 고려를 통해 다차원적인 지역경제협력 네트워크를 안정적으로 구축해야 한다고 강조하고 있다. 동 보고서에서 밝히고 있는 구체적인 지역별 경제협력 방안은 다음과 같다.

첫째, ASEAN과의 지역경제협력을 가속화하여 이를 중심으로 중국이 주도하는 아시아경제와의 전반적인 협력관계를 위한 환경을 마련한다. 특히, 2010년에는 미주 및 유럽지역과 대등한 동북아 중심의 지역경제협력지대를 형성한다. 또한, 홍콩, 마카오와의 보다 긴밀한 경제협력을 구축함으로써 '하나의 중국' 원칙을 제고한다. 우선적으로 중국-홍콩·마카오 등 '3개 경제권의 통일'을 실현하고, 이어서 중국과 대만간의 협력 방식 및 채널을 검토한다.

둘째, 반드시 동북아 지역경제협력을 추진하여 중국의 동북3성 노후공업기지 진흥전략을 촉진한다. 이를 통해 새로운 대외개방 환경을 마련한다.

셋째, 중국의 거대한 구매력 우위를 활용하여 러시아, 호주, 중동아시아, 중앙아시아, 아프리카, 남미지역 등과의 협력파트너관계 및 지역경제협력을 주도적으로 개척하고 심화시킨다. 이는 중국에게 있

---

49) "具备区域经济合作基础: 商务部初定中国策略," 新华网(http://www.GX.XINHUANET.com), 2005.7. 11. 동 보고서는 주요 내용이 일부 언론을 통해 공개되었을 뿐 전체 문건은 상무부가 아직까지도 비공개 원칙을 고수하고 있다.

어서 장기적으로 자원·에너지 공급원 확보와 중국제품의 새로운 수출시장 개척을 의미한다. 이를 통해 중국의 경제발전을 위한 새로운 추진력을 찾고 국제시장에서의 성장을 위한 발판을 마련할 수 있다.

넷째, 브라질, 인도, 멕시코, 남아프리카 등 개도국들과의 양자간 긴밀한 경제협력관계를 바탕으로 지역경제협력을 추진한다. 이를 통해, 개도국에 대한 중국의 경제적 영향력을 확대하고 전세계로 뻗어 나갈 수 있는 채널과 가교 역할을 구축한다.

다섯째, 미국시장과 유럽시장을 개척하기 위해 구체적인 제품과 특정 분야에 대한 특별한 고려를 생각해 볼 수 있다. 특히, 개별국가와의 FTA를 시작으로 하여 점차 확대하는 방법과 그 경험을 터득할 수 있다.

여섯째, 유럽과 일부 개도국이 체결한 로메협정(Lome Convention)[50]의 방식을 참고하여 최빈개도국과 천연자원이 풍부한 나라에 대해 일방적으로 1차산품에 대한 특혜 관세 등을 부여할 수 있다.

이를 토대로 중국은 아시아와 세계경제 성장의 엔진역할을 하게 되며 세계경제의 성장에도 더욱 큰 기여를 할 수 있을 것이라고 중국정부는 밝히고 있다. 동 전략은 지금까지 중국이 추진했거나 추진 중인 다양한 형태의 지역경제협력의 주요 근거가 되고 있다.

2) 중국의 FTA 발전단계[51]

전술한 바와 같이 중국은 FTA 추진 대상 선정기준으로 주변국가,

---

50) 로메협정(Lome Convention): 1975년 아프리카 토고 수도 로메에서 유럽경제공동체(EEC)와 아프리카·카리브해·태평양(ACP)그룹 회원국간에 체결한 경제발전 원조협정.

51) 동 부분은 KOTRA 해외시장뉴스: 국가·지역정보, http://news.kotra.or.kr/user/nation Info/kotranews/14/userNationBasicView.do?nationIdx=53를 기준으로 작성함.

자원부국, 신흥대국, 각 지역에서 중국과의 중대한 정치적 이익을 가진 국가 등의 기준을 마련해 경제적 효과, 외교·안보적인 목적, 자원확보 목적 등 여러 목표가 혼재된 FTA정책을 추진하고 있다. KOTRA 국가·지역정보[52])에 따르면, 현재까지 추진된 중국의 FTA 발전단계를 초기단계, 급속발전단계, 신(新)발전단계 등 크게 3단계로 구분하고 있다.

첫째, 초기단계(2001~2004년)이다. 중국은 2001년 ASEAN과의 FTA협상을 시작하는 것으로 FTA를 통한 양자·지역경제통합에 발을 내딛었다. 2004년 <대외무역법> 제5조가 수정됐으며, 이는 중국이 FTA를 체결하는 국내법적 근거가 됐다.

둘째, 급속발전단계(2005년~2010년)이다. 2005년과 2010년 사이 중국의 FTA 정책이 급속히 발전했다. 특히 2007년 제10차 전국인민대표대회는 "FTA 전략 실행을 통해 양자·다자간 무역협력 강화"를 지시했고, 이에 따라 중국정부는 FTA 체결에 박차를 가했다. 2009년 3월, 제11차 전국인민대표대회 제2차회의 정부업무보고서는 "자유무역지대전략의 더욱 가속화한 실시"를 재차 강조했다. 그러나 FTA 협상대상국 확대라는 외연적 확장에 치중했을 뿐 이 시기 중국의 FTA 협상은 개발도상국을 위주로 이루어졌으며 협정의 포괄범위도 그리 넓지 않았다.

셋째, 신(新)발전단계(2011년~현재)이다. 도하라운드(DDA)의 실패로 다자협상을 통한 무역자유화가 정체상태이고 전 세계적으로 수많은 양자·지역무역협정 또는 투자협정이 논의되는 추세가 중국에게는 기회이자 FTA 전략을 추진할 원동력이 된다. 전면적인 FTA

---

52) http://news.kotra.or.kr/user/nationInfo/kotranews/14/userNationBasicView.do?nationIdx=53.

전략이 실시되었으며 높은 수준의 무역자유화와 협상대상국과의 이익균형을 목표로 했다. 중국은 협상대상국을 확대할 뿐만 아니라, 범위와 규모를 확장시켜 동아시아 및 아시아·태평양 국가들과 FTA 협력 플랫폼을 구축한다는 전략을 내세웠다.

<표 3-1> 중국의 FTA 발전단계

구분	초기단계		급속발전단계		신(新)발전단계
기간	**2001~2004**		**2005~2010**		**2011~현재**
주요 내용	·FTA 진입단계 ·2001년, ASEAN과 FTA협상 시작 ·다자주의에서 탈피하여 FTA 등 지역 경제통합에 대한 인식 변화		·양적 팽창단계 ·2005~2010년 사이 급속한 발전 ·개도국 위주의 FTA 협상대상국 확대 등 외연적 확장에의 집중 ·협정의 포괄범위 상대적으로 낮은 수준		·질적 수준제고단계 ·주요 목표 -전면적인 FTA 전략 실시 -높은 수준의 무역자유화 -협상대상국과의 이익 균형 ·협상대상국 확대 ·협정의 범위와 규모 확장
주요 근거	·2004년, <대외무역법> 제5조 수정 ·중국 FTA협정 체결의 국내법적 근거로 작용		·2007년, 제10차 전인대, "FTA를 통한 양자·다자간 무역협력 강화" 지시 ·2009년 3월, 제11차 전인대 정부업무보고, "자유무역지대전략의 가속화 실시" 재차 강조		·DDA 실패에 따른 다자협상을 통한 무역자유화 정체 ·전 세계적 RTAs 및 투자협정 추세 ·동아시아 및 아·태 국가들과의 FTA협력 플랫폼 구축 전략

자료: KOTRA 국가·지역정보(중국)을 근거로 저자 작성.

초기 FTA의 협정내용에 비해 후기 FTA의 협정내용이 보다 구체적이고 포괄적이다. 중국의 초기 FTA 협정내용은 비교적 간단하고 자유무역의 원칙을 나열한 수준이었다. 상품무역, 서비스무역, 투자, 지적재산권보호, 경제협력, 분쟁해결절차 등 기본항목이 포함됐다. ASEAN, 파키스탄, 칠레와 체결한 FTA와 홍콩, 마카오와 초기단계의 CEPA 등을 예로 들 수 있다. 후기 FTA 협정은 보다 구체적이고 포괄적이며 무역자유화의 정도가 높다. FTA 협정의 기본적인 항목 외에 전자상거래, 무역과 환경, 경쟁정책 등 21세기의 경제·무역 의제를 포함하고 있다. 싱가포르, 뉴질랜드, 한국, 호주 등과 체결한 FTA가 이에 해당된다.

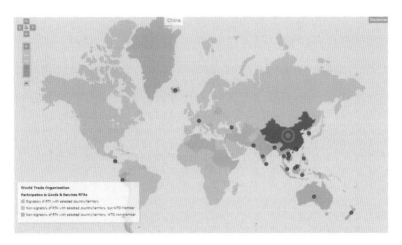

자료: WTO Website (https://www.wto.org/english/tratop_e/region_e/ rta_participation_map_e.htm)

<그림 3-2> 중국의 RTAs 분포도 (2018년 10월 기준)

3) 시진핑 시대의 FTA 전략[53]

시진핑 지도부 출범 후, FTA를 중국의 새로운 대외개방전략으로 삼고 FTA 전략을 적극적으로 실시하고 있다. 또한, FTA 체결을 국가전략 차원으로 격상시키고 FTA 전략을 가속화하고 있으며, 중국

---

53) 동 부분은 KOTRA 해외시장뉴스: 국가·지역정보, http://news.kotra.or.kr/user/nation Info/kotranews/ 14/userNationBasicView.do?nationIdx=53를 기준으로 작성함.

이 전통적으로 확보한 제조업에서의 우세를 공고히 하고 첨단산업에서 경쟁우위를 배양해 대외무역의 발전 영역을 넓히는 동시에 수입도 적극적으로 확대했다.

2017년 제19차 중국공산당대회 보고에서 시진핑 국가주석은 투자 개방 선언과 지역별 개방수준 제고 및 자유무역시범구에 보다 큰 개혁의 권한을 부여한다고 밝혔으며 자유무역항 건설 확대를 언급한 바 있다. 다시 말해, 중국이 자유무역시험구의 외자 진입 문턱을 더 낮추기로 한 것이다. 시진핑 주석의 2기 집권기에는 '일대일로'의 대대적 추진과 함께 FTA를 비롯한 양자 관계, TPP, AIIB, RCEP, 기후변화 등 다자관계에도 적극적으로 참여할 것으로 예상된다.

단기적으로는 현재 진행 중인 FTA협상을 가속화하고 일정한 조건이 충족되는 경우 기체결한 FTA의 자유화 수준을 상승시킨다는 목표를 세웠다. 주변 국가 및 주변 지역을 우선적으로 선정해 적극적으로 FTA 네트워크를 구축하고 전체 대외무역 중 FTA파트너와의 무역액이 차지하는 비중이 선진국이나 선진개도국의 수준과 비슷하거나 이를 더욱 초과하도록 만든다는 목표를 세웠다.

중장기적으로는 주변 국가 및 '일대일로'에 포함되는 국가 등과 광범위한 FTA를 체결해 중국이 중심이 된 글로벌 자유무역네트워크 형성을 목표로 한다. FTA 파트너와의 상호투자 자유화를 추진하고 무역원활화를 더욱 적극적으로 이루고자 한다.

시진핑 정부가 추진하는 FTA 전략을 각 분야별로 살펴보면 아래와 같다. 상품무역 분야에서는 개방 수준을 지속적으로 높이는 전략을 사용했다. FTA파트너와 공동으로 관세뿐만 아니라 비관세장벽을 인하 내지 철폐해 서로의 상품시장을 개방하고 공통의 이익을 실현하고자 한다.

서비스무역 분야에서는 서비스시장의 대외개방을 확대하는 전략을 추진한다. 이를 위해 금융, 교육, 문화, 의료 등의 영역을 순서대로 개방하고 서비스 분야에서 외국인투자를 제약하는 규정을 완화해 자국 서비스시장의 경쟁을 유도했다. FTA협상 과정에서 네거티브리스트 접근방식을 채택해 서비스시장의 개방을 확대했다. 또한 대대적으로 외국인투자제한을 완화하고 외자관리체제의 개혁을 추진했다. 외국인투자자에게 유리한 투자환경을 조성하고 FTA파트너와의 상호투자 진입장벽을 실질적으로 제거하며 통화협력을 강화하고 무역·투자 원활화 전략을 추진했다.

이외에도 국제통상규범 수립에 적극적으로 나섰다. 중국 국내의 수요에 부합하는 통상규범 수립을 목표로 FTA 규범협상에 적극적으로 참여했다. 국제적으로 통용되는 통상규범의 발전양상과 중국의 경제발전수준 및 거버넌스 능력을 종합적으로 고려해 지식재산권 보호, 환경보호, 전자상거래, 경쟁정책, 정부조달 등 새로운 통상의제를 FTA 협상과정에서 논의했다.

또한 무역원활화를 제고하기 위해 원산지 관리를 강화하고 세관 및 검역 등 국경조치 관리제도를 개혁했으며, 국제무역의 '단일창구' 플랫폼을 구축했다. FTA파트너와 통관·검역체계 및 국내규제정보를 공유해 통관·검역의 관리체계, 절차, 방법과 기술표준 등의 적절한 조화를 이루어 무역비용을 감소시키고 물류흐름의 효율성을 제고했다. 한편 FTA파트너와 다양한 분야의 협력을 강화하는 노력도 아끼지 않았다. 경제기술협력, 산업협력, 개발협력, 글로벌가치사슬을 강화한다는 전략을 세우고 FTA 파트너와 다양한 분야에서 실질적인 협력을 추진했다.

3. 중국 FTA 정책의 경제적 목적

중국의 FTA정책의 추진 목적을 경제적인 측면에서 살펴보면 대략 다음과 같다.

첫째, 중국경제의 세계화 전략과 개혁·개방의 지속적인 추진이다. 1978년 이후 연평균 10%대에 이르는 고도성장의 가장 큰 원동력이 지속적인 개혁·개방의 추진에서 비롯되었다는 점은 의심의 여지가 없다. 이에 따라, 중국정부는 WTO 가입으로 조성된 국내의 경제제도 개혁을 가속화하기 위한 수단으로 FTA를 활용하고, 향후 본격적인 구조조정에 따른 국내적인 문제점을 FTA 추진을 통해 해결하고자 한다. 즉, 중국경제의 개방화 및 선진화의 수단으로 WTO 가입과 FTA 추진을 적극 활용하고자 하는 것이다. 또한, 호주, 뉴질랜드, 아이슬란드, 칠레 등이 FTA 추진과 동시에 중국에 대한 시장경제 지위를 공식 승인하고 있다는 점도 중국에게 있어서는 큰 매력 요인이 되고 있다.

둘째, 지역주의 확산에의 대응과 경제협력을 통한 역내 경제의 안정화이다. 오늘날 세계경제는 범세계화와 지역주의가 양립하는 가운데, 자국의 경제적인 이해관계로 지역주의의 연계를 통한 경제통합이 급속히 진행되고 있으며, 그러한 추세는 더욱 확대·심화될 것이다. 2012년 12월까지 WTO에 통보된 352건의 지역무역협정이 전체 국제무역에서 차지하는 비중은 최소 50% 이상에 이르고 있다.[54] 따라서, FTA와 같은 지역무역협정[55]에 참여하지 않은 비회원국의 경

---

54) Jo-Ann Crawford and Roberto Z. Fiorentino, "The Changing Landscape of Regional Trade Agreements," WTO Discussion Paper, No.8, 2005.

55) 지역무역협정은 FTA, 관세동맹, 공동시장, 경제연합 등의 모든 협력체를 총칭하는 포괄적 개념임. 그러나, 전세계적으로 지역무역협정의 절대 다수는 FTA 형태로 존재한다.

제적 손실은 시간이 흐를수록 더욱 증가할 것이다. 중국이 세계화 전략을 검토하면서 다자체제와 더불어 세계통상질서 양대 축의 하나인 지역주의에 대한 대응책을 모색하지 않을 수 없는 이유도 바로 여기에 있다. 또한, 1997년 아시아 금융위기를 거치면서 중국은 동아시아지역내 경제협력의 중요성을 크게 인식하였으며, 역내 경제의 안정과 교역확대 등을 위해 FTA 등 다각적인 지역협력의 필요성을 크게 느끼고 있다.[56]

셋째, 안정적인 수출시장 확보의 목적이다. 중국이 ASEAN과의 FTA를 서둘러 체결한 가장 큰 이유도 對美 수출의존도를 감소시키고 지속적인 수출확대를 위한 안정적인 수출시장 확보에 있다. 특히 ASEAN지역은 중국의 상품 중 선진국에서는 경쟁력이 없는 중저가 제품에 대한 풍부한 수요를 가지고 있어 새로운 수출시장으로 적합하기 때문이다.

넷째, 자원·에너지 확보의 목적이다. 중국의 에너지소비증가율은 '제10차 5개년 계획(2000~2005년)' 기간 동안 연평균 11% 증가하여 경제성장률 9%를 크게 상회하였다. 향후 15년 후에는 에너지소비량이 현재보다 2배 증가할 것으로 전망되고 있어 안정적인 자원·에너지의 확보 여부가 중국의 경제발전에 있어 핵심적인 문제로 부각되고 있다.[57] 이에 중국정부는 '제11차 5개년 규획(2006~2010)'[58] 기간 동안 '국내외 에너지자원 확보 강화와 에너지 수입선의 다변화

---

56) 실제로, 금융위기 직후 당시 주룽지 중국 총리는 정부 관련부처에 아시아 국가와의 경제협력 방안의 연구를 지시한 것으로 알려지고 있다.

57) 2005년 중국의 원유수입량은 1.3억 톤에 달해 미국에 이어 세계 2위의 석유소비대국이다. 중국의 석유수입의존도는 (2002) 31% → (2003) 37.7% → (2004) 45.1% → (2005) 42.9%를 기록하였으며 중국경제의 발전과 더불어 더욱 증가하는 추세이다.

58) 중국정부는 '제11차 5개년 규획'부터 과거 사용해왔던 '계획(計劃)'이라는 표현 대신 '규획(規劃)'이라는 표현을 사용함으로써, 보다 친시장경제화하고 있는 중이다.

를 주요 정책으로 채택함으로써, 자원·에너지 외교를 강화하고 다자간 국제협력 네트워크 구축을 위해 노력하고 있다. 그러한 차원에서 중국은 현재 걸프협력기구(GCC: Gulf Cooperation Council)와 FTA 협상을 진행 중에 있으며, 이미 칠레, 호주, 뉴질랜드 등과는 FTA 협정을 체결한 상태이다.

다섯째, 국토의 균형발전전략을 위한 서부대개발 및 동북진흥사업과의 연계이다. 중국은 개혁·개방정책 이후 고도성장을 이룩하였으나, '선부론(先富论)'에 입각한 불균형 성장전략은 동부 연안지역과 서부내륙지역간의 경제적 격차를 더욱 확대시켰다. 따라서, 중국 정부는 다양한 FTA의 추진을 통해 투자환경 개선과 FDI 유입 확대에 기여하고자 한다. 특히 ASEAN과의 FTA는 태국, 라오스, 베트남 등과 지리적으로 인접한 윈난성(云南省) 등 중국의 서남부지역 개발에, 그리고 동북아 국가들과의 FTA 논의는 동북3성 진흥전략에 도움을 줄 것으로 기대하고 있다.

4. 중국 FTA 정책의 정치·외교적 목적

중국의 FTA 추진은 경제적인 측면 이외에도 정치·외교적인 목적도 적지 않은 것으로 보인다. 이를 다음과 같이 세부적으로 살펴보고자 한다.

첫째, 2001년 WTO 가입을 계기로 중국 경제력에 대한 자신감을 바탕으로 아시아에서 경제 이외에 정치 및 외교 분야에서도 주도권 장악 의도의 작용이다.[59] 이를 통해 중장기적으로 아시아 경제에서의 주도권을 확보하고자 한다. 특히 ASEAN과의 FTA를 바탕으로 중장기 목표인 '동아시아자유무역지대' 설립을 위한 협상시, 동아시아 경제통합의 구체적 기준 결정에 있어 영향력을 행사하는 등 주도권 확보가 가능할 것이다. ASEAN 국가는 중국과의 교역 증가 시 양자의 경제력에 비추어 볼 때 중국 의존도가 심화됨에 따라 중국의 영향권에 포함될 것으로 전망된다.

둘째, 지역 FTA를 주도함으로써 WTO 등과의 새로운 협상과정에서 '개발도상국 대표'로서의 영향력 행사가 가능할 것으로 보인다. 지금까지 WTO 다자협상 과정에서 브라질, 인도, 파키스탄 등이 미국, EU 등 선진국들의 논리에 맞서 개도국들의 입장을 대변해왔다. 그러나, DDA 협상부터는 경제규모 2위의 중국이 개도국들의 입장을 대변할 경우 그 힘은 배가될 것이다. 특히 중국이 DDA 협상과정에서 개도국들을 등에 업고 자국에게 유리한 협상논리를 펼칠 것은 자명한 이치일 것이다. 이러한 논리는 최근 중국 북경을 방문하여 美무역대표부(USTR) Susan C. Schwab 대표가 행한 연설을 통해서도 엿볼 수 있다. Schwab 대표는 "DDA협상의 성공적인 합의는 중국의 적극적이고 긍정적인 참여에 따라 가능하다"고 강조하며, 중국의 역할을 희망한 바 있다.[60]

셋째, 주변국과의 신뢰관계 구축을 통한 전략적 안보의 도모이다. 미국은 현재 한국, 태국, 말레이시아 등 아시아 국가들과의 FTA를 체결하였거나 체결을 위해 노력하고 있는데, 이러한 미국의 태도는

---

59) 정인교(인하대학교) 교수는 ASEAN과의 FTA 교섭에 참가하고 있는 중국 측 실무자로부터 미국의 헤게모니에 대항하는 한편 아시아 경제에서도 일본의 주도적 역할을 견제하려는 것이 FTA 추진의 중요한 목적 중 하나라는 비공식적인 발언을 들은 바 있다고 하였다.

60) Remarks by U.S. Trade Representative Susan C. Schwab at AmCham-China & US-China Business Council Event, August 29, 2006.

동 지역에 있어서 중국의 세력확대를 견제하기 위한 차원에서 진행 중이라고 볼 수 있다.[61] 이에 중국은 그러한 미국을 견제하기 위해 경제협력을 바탕으로 한 주변국과의 신뢰관계 형성이 필요한 상태이다. 현재 중국은 ASEAN과의 FTA체결 이외에도 아시아 각국들과 영유권 문제, 테러 협력 등 안전보장에 관한 협력을 강화하고 있다. 뿐만 아니라, 러시아와 중앙아시아 국가를 포괄하는 '상해협력기구'를 구성하여 적극 대응하고 있다. 특히 중동석유에 대한 의존도가 높은 현실을 고려하여 동남아시아와 인도양간의 교통로 확보가 석유 안보를 위해 매우 중요한 상태이다. 중국은 원유를 미얀마에서 운남성(云南省)까지 직접 수송하는 방안과 관련하여 메콩강 개발[62]에 큰 관심을 보이고 있다.

이러한 목적을 달성하기 위해 중국은 ASEAN을 향해 FTA를 먼저 제안하였으며, 전향적인 자세로 협상을 추진한 바 있다. 특히 정치 및 경제상황의 차이 등에 따른 ASEAN국가들의 중국위협론(中国威胁论)을 불식하기 위해 중국은 농업을 비롯하여 많은 부분에서 대폭적인 양보 입장을 취하고 있다. ASEAN이 경쟁력을 가진 농업분야의 자유화를 중국이 먼저 수용한 후 공업제품 자유화로 이행한다는 2단계 자유화원칙을 제시하고 ASEAN 후발국들에 대해서는 무역우대조치를 실시하고 있다. 중국의 이러한 전략은 FTAA(미주자유무역지대) 교섭에서 미국이 보여주었던 지나친 자국 우선주의와 대조되는 접근방식으로 평가되고 있다.

---

61) 미국은 아프가니스탄 및 중앙아시아 등의 군사기지 신설, 남지나해 주변기지 확대 등을 통해 군사적으로 중국을 견제하고 있다. 뿐만 아니라, 경제적으로도 한국, 태국, 말레이시아 등과의 FTA를 추진함으로써 전방위적인 대중(对中) 견제를 추진하고 있다.

62) 메콩강은 티벳고원에서 시작하여 중국 원난성(云南省)을 거쳐 미얀마, 태국, 라오스의 국경을 통해 캄보디아, 베트남을 경유하여 남지나해로 흐르는 전장 약 4,200km의 큰 강(大河)이다.

베트남, 라오스, 캄보디아 등 5개국의 300억 달러에 달하는 대중(对中) 채무를 감면하고 메콩강 유역 국가들에 자금 원조를 포함하여 포괄적으로 지원하기로 약속하였다. 2003년 8월 중국 운남성에서 열린 제5회 「ASEAN 메콩강 유역 개발협력회의」에서 중국은 ASEAN 메콩강 유역 개발협력의 적극적인 참가자이며 추진주체임을 강조하였다. 경제 이외의 면에서도 ASEAN 국가들과 영토분쟁이 이어지고 있는 남사군도(南沙群島) 문제와 관련하여 무력행사 포기 및 현상유지를 약속하고 분쟁예방을 위한 「남중국해(South China Sea) 행동 선언」에 조인하는 등 유화적인 입장을 표명하고 있다. 중국은 필리핀, 베트남, 말레이시아 등 각국이 이들 섬을 점유하고 있는 현실을 인정하고 영유권 문제의 평화적 해결에 합의함으로써 분쟁해소의 기틀을 마련하였다.

넷째, 중화경제권의 결속이다. 중국의 입장에서 볼 때, 홍콩과의 '경제·무역관계 긴밀화 협정(CEPA: Closer Economic Partnership Arrangement)'[63] 체결에 따른 경제적 실익은 크지 않음에도 불구하고 전략적인 입장에서 추진된 것으로 평가되고 있다. 즉, 세계 각국 및 화교(华侨)들의 중국에 대한 투자 및 물류창구 역할을 해 왔던 홍콩경제가 최근 침체를 거듭하며 그 위상이 저하되고 있음에 따른 조치로 보인다. 다시 말해, 중국은 홍콩이 국제자금조달 창구로서의 역할이 지속되기를 기대하는 한편, 장기적으로 중화경제권의 강화를 도모하기 위해 홍콩정부의 제안을 수용하였다.[64]

.

---

63) 포괄적 경제동반자협정(CEPA)은 무역자유화를 강조하는 일반적 개념의 FTA에 경제·기술협력 등 다양한 경제관계를 포함하고 있다.

64) CEPA의 형식을 채택한 이유는 홍콩이 중국의 일부이긴 하나 1국2체제 하에서 중국과 홍콩은 별개의 관세구역이라는 점 등이 고려되었기 때문이며 FTA보다 광범위한 내용으로 구성

5. 중국의 FTA 추진 현황

최근 중국은 통상협력 플랫폼인 FTA를 넘어 '소지역 협력'을 강화해 중층적 지역경제 중심전략을 구체화했다. 大메콩강, 중앙아시아, 大두만강 등 주요 변경지역을 중심으로 다수 국가가 참여하는 소지역 경제협력 통로를 적극 추진 중이며 통상협력 플랫폼인 FTA를 넘어 실질적인 협력과 지역공동개발을 포함하는 중층적 지역경제 중심전략을 강화하기 시작했다. 좁게는 동아시아, 넓게는 아시아 대륙을 상대로 중국을 중심으로 한 다자간 FTA, 양자 FTA, 소지역 협력이 동시에 진행되는 중층적 지역경제 중심전략이 구체화되고 있다.

중국의 통상협력전략은 기존 동부 중심에서 동서부 병행으로 전환 중이다. 한-중, 중-호주, 중-뉴질랜드, 중-아세안 등 양자, 다자 간 FTA를 통해 아·태지역 내 중국 중심의 역내경제일체화 실현을 도모했다. 2013년 일대일로 구상을 제기한 후 중국은 일대일로 연선국과의 FTA 협상을 적극 추진하며 중서부 아시아, 동유럽와의 연결을 강화 중이다. 2015년 '일대일로 공동 건설 비전과 액션'에서 일대일로 연선국과의 FTA 협상을 타개해야 한다고 제시했다. 최근 협상 타개에 합의한 중-이스라엘 FTA, 스리랑카, 몽골 등 국가와의 FTA 협상 검토 및 중-그루지아 FTA 체결 등은 모두 일대일로 구상을 실현하기 위함이었다. 2017년 12월 7일에 체결된 중-몰디브 FTA를 통해 서남아 지역에 해한 중국의 경제적 영향력이 확대됐으며, 몰디브는 일대일로 중 해상 실크로드 구축의 핵심 연선국가로 인도양 국가와 서남아 국가들과의 협력 관계 확대에 초석 역할을 할 것으로 기대된다. 또한, 2018년부터 시작된 한중 FTA 후속협상을 통해 양국 간의 서비스 무역이 더욱 활발해질 것으로 예상된다. 중국의 주요 FTA 추진 진행과정을 보다 구체적으로 살펴보면 다음과 같다.

1) ASEAN

중국은 2001년 WTO 가입을 위한 ASEAN과의 FTA 추진을 시작으로 FTA 정책을 추진 중이다. 특히 중국은 2005년 7월 상무부 정책연구실이 제시한 <지역경제협력 참여 전략>을 중심으로 장기적이고 전략적인 고려에 따라 RTAs 친화적인 정책을 적극 추진 중이다. 이에 앞서 중국은 2000년 4월 개도국간 특혜무역협정인 방콕협정(Bangkok Agreement)[65]에 서명하고 2002년 1월 1일 발효됨으로써 정식 회원국이 되었다. 이는 중국이 가입한 실질적인 특혜조치가 있는 최초의 지역협정이라고 볼 수 있다. 방콕협정의 공식 명칭은 '아시아·태평양 경제사회이사회(ESCAP: Economic and Social Commission for Asia and the Pacific) 개발도상국간 통상협정에 관한 제1차 협정(First Agreement on Trade Negotiations Among Developing Countries of ESCAP)'이며, 상호이익이 되는 조치들을 통해 ESCAP 내 개발도상 회원국 간의 무역을 확대하기 위한 것을 목적으로 하고 있다. 방콕협정의 핵심적인 내용과 목표는 상호간의 관세 및 비관세 양허를 제공함으로써 상호간 무역을 확대하고 회원국의 경제발전을 촉진하는 데 있다.

---

65) 방콕협정은 1975년 한국, 인도, 방글라데시, 스리랑카, 라오스 등 5개국에 의해 설립되었으며 1976년 발효되었다. 그 후, 회원국간 무역확대를 통한 유대관계 강화를 위해서 2006년 9월 1일 '아시아·태평양 무역협정'(Asia-pacific Trade Agreement)으로 명칭이 변경되어 발효되었다. 관세, 비관세 장벽 제거를 통해 '아시아 태평양 경제사회 위원회(ESCAP)' 관한 내 개발도상국간의 무역 확대를 목적으로 현재 회원국간에 특정 품목에 대하여 양허관세(關稅讓許)를 실시하고 있다.

중국의 초기 RTAs 추진은 주로 중화권 및 아시아 국가들을 중심으로 이루어졌으나 점차적으로 대상국가의 범위를 넓히고 있다. 중국은 지금까지 홍콩 및 마카오와의 CEPA(Closer Economic Partnership Agreement)를 비롯하여 ASEAN, 칠레, 파키스탄, 뉴질랜드, 싱가포르, 페루, 코스타리카와의 FTA를 발효 중이며, 대만과 ECFA(Economic Cooperation Framework Agreement)도 체결하였다. 이에 따라, 중국은 2018년 말까지 26개 경제영역과 총 17건의 RTAs를 체결한 상태이다.

그중, ASEAN과의 FTA는 중국이 제안하여 시작한 첫 번째 자유무역협정이다. 2002년 11월 4일, 중국과 ASEAN은 <중-ASEAN간 전면적인 경제협력 기본 협정>(이하 <기본협정>)을 체결함으로써 향후 자유무역지대 설립을 위한 기본적인 토대를 마련하였다. 양측은 <기본협정>에 따라, 2003년부터 상품무역과 관련한 협상을 시작하여 2004년 11월 상품무역 관세인하방식, 민감품목, 분쟁해결 메커니즘 등을 포함하는 <상품무역>과 <분쟁해결 메커니즘>에 관한 기본 협정에 서명하였다. 동 협정에 따라, 2005년 7월 1일부터 '상품무역협정'을 먼저 발효시키고, 2007년 7월 '서비스 협정'을, 2009년 8월에는 '투자협정'에 서명하였다. 2010년 1월 1일, 중-ASEAN FTA 상품협정을 바탕으로 중-ASEAN 자유무역지대(FTA: Free Trade Area)가 실질적으로 완성되었다. 이를 위해 조기수확 프로그램(EHP: Early Harvest Programme)이 실시되었고 교역액 기준으로 1.5%를 차지하고 있는 농산물 일부 품목의 관세를 조기에 철폐하였다. 또한, 각국이 제시한 400여 개의 민감 품목에 대해서도 점진적으로 관세인하를 단행하여 오는 2018년까지 5% 이하로 인하할 계획이다.

2) 한-중 FTA의 분야별 협상 결과[66]

▶ 상품 분야

<관세장벽 완화>

□ 양측은 1단계 협상시 합의('13.9월)한 모델리티 자유화율(품목수 기준 90%, 수입액 기준 85% 관세 철폐) 이상의 관세 철폐에 합의함

* 중국의 자유화율은 품목수 기준 90.7%, 수입액 기준 85%, 한국의 자유화율은 품목수 기준 92.1%, 수입액 기준 91.2%

○ (중국) 품목 수 71%(5,846개), 수입액 66%(1,105억 달러)에 해당하는 품목을 10년내 철폐, 품목 수 91%(7,428개), 수입액 85%(1,417억 달러)에 해당하는 품목을 20년내 철폐

○ (한국) 품목수 79%(9,690개), 수입액 77%(623억 달러)에 해당하는 품목을 10년내 철폐, 품목수 92%(11,272개), 수입액 91%(736억 달러)에 해당하는 품목을 20년내 철폐

□ 농수산물, 영세 중소제조업 등 민감 분야에 대한 보호와 함께, 중국 시장 진출 확대를 위한 주력·유망 수출 품목의 시장 접근 개선을 도모할 수 있는 균형 잡힌 양허 협상 결과 도출

○ (공세적 이익) 중국의 전체 품목 91%(수입액 85%)에 대한 관세가 단계적으로 철폐됨에 따라, 중국 내 주요 경쟁국인 일본, 대만, 미국, 독일 등에 비해 유리한 경쟁 조건 확보

- 철강(냉연·열연·도금강판 등)·석유화학(프로필렌·에틸렌

---

66) 한-중 FTA의 분야별 협상 결과 부분은 산업통상자원부(2014.11.10.) 발표자료의 내용을 요약·정리한 것임.

등) 등 일부 주력 소재 제품에 더하여, 패션(의류·악세사리 등), 영유아용품, 스포츠·레저용품, 건강·웰빙제품(의료기기 등), 고급 소형 생활 가전(밥솥·믹서 등) 등 기술력을 보유한 우리 중소기업 제품들이 對中 특혜 관세로 가격 경쟁력을 강화하여, 급성장하는 중국 내수 소비재 시장 진출 기회를 확대

◦ (민감성 보호) 우리 농수산물 및 영세 제조업의 민감성을 고려, 양허제외 및 관세 부분감축 등 다양한 예외수단을 활용하여 기 체결 FTA에 비해 광범위한 보호 장치를 확보

  - 농수산물의 경우, 총 614개 품목(수입액 30%)을 양허제외하고, 저율관세할당(TRQ), 관세 부분감축 등 예외적 수단을 확보하여 총 670개(수입액 60%) 품목을 관세철폐 대상에서 제외

  * 쌀, 양념 채소류(고추, 마늘, 양파 등), 배추, 오이, 우유, 계란, 인삼, 육고기(쇠고기, 돼지고기 등), 과실류(사과, 감귤, 배 등), 주요 어류(조기, 갈치, 오징어, 넙치 등) 등 양허 제외

  - 또한, 민감성이 큰 목재류 및 섬유, 수공구 등 영세 중소 제조업 품목 일부에 대해서도 양허제외, 관세 부분감축 등의 보호 장치를 활용하여 시장 개방 충격 최소화

<각종 비관세장벽 완화 >

▫ 중국내 각종 비관세장벽 및 한국기업의 애로사항('손톱밑 가시') 해소에 역점을 두어 한국 수출기업 및 현지 진출기업 보호를 위한 제도적 기반을 강화함

◦ 在中 주재원 최초 2년 이상 체류기간 및 복수비자 발급 부여, 700불 이하 물품 원산지증명서 면제, 48시간내 통관 원칙, 특송

화물 면세 서류 최소화, 세관집행의 일관성 증진, 중국 정부내 우리 기업 애로 해소 담당 직원 지정 등 우리 기업들의 실질적인 애로사항을 해소하는 동시에,

◦ 식품, 화장품 분야 시험검사기관 상호 인정 관련 협력 강화, 국제 공인 시험성적서 상호 수용, 시험·인증기관 설립 지원, 시험샘플 통관 원활화 등 기술장벽 및 시험·인증과 관련된 중국의 비관세장벽을 해소할 수 있는 방안들도 포함함

◦ 또한, 수입허가 관련 신규·수정 조치 공표 의무(미공표시 적용 제한), 비관세조치 시행 전 충분한 유예기간 확보를 통해 관련 규정 제·개정시 우리 기업의 법규 대응 어려움을 완화할 수 있는 법적 근거를 마련하였으며,

◦ 양국 정부가 비관세조치 해결 방안을 모색하기 위한 작업반을 설치하고, 각종 비관세조치 관련 분쟁을 보다 신속하고 효율적으로 해결하는 중개(mediation)* 절차를 도입하는 등 비관세장벽 문제 해소를 위한 제도적인 기반 마련에도 노력하였음

  * 양측은 중개인의 도움을 통하여 합리적 기간 내 신속한 방식으로 상호 동의할 만한 해결책을 모색해야 하며, 해결책 이행을 위한 조치 의무가 부여됨

▶ 상품 관련 규범 분야

▫ (원산지) 원산지 판정의 기본 원칙, 특혜관세 신청 절차, 관세위원회 등이 규정됨에 따라 상품 교역의 기초가 되는 원산지 규정 및 절차가 수립되어 시장접근 개선을 위한 제도적 틀이 마련

◦ 특히 원산지 증명서 제출 의무 면제($700 이내), 특혜관세 사후

신청 규정으로 인해 기업의 편의성이 제고되는 효과 기대

▫ (통관) 당사국의 관세법령이 전국적으로 일관성있게 이행되도록 보장하고, 비일관적인 문제 방지를 위한 적절한 조치 마련을 명문화함으로써, 한·중 양국에서 관세행정의 투명성, 예측 가능성이 제고될 것으로 기대되며, 이로 인해 우리 수출기업들이 흔히 겪는 통관 관련 애로해소에 도움이 될 전망

◦ 또한, 상품의 반출에 관해 전자적 서류 제출, '48시간내 통관' 원칙 및 '부두 직통관제'를 명시하고 특송화물에 대해서는 간소화된 별도절차가 적용되도록 함에 따라 통관 소요 시간이 단축되는 효과를 기대[67]

▫ (무역구제) 양자 세이프가드 제도를 마련하여 한·중 FTA 양허로 인한 국내기업 피해 구제가능성을 확보하고 상호 세이프가드 남용방지 조항을 통해 수출기업의 예기치 않는 피해를 방지

◦ (반덤핑·상계관세) 반덤핑 조사개시 전 통지시점(7일전)을 명확히 규정하여 상대국 반덤핑 조치에 대한 예측가능성을 확보하고, 가격 약속 고려 및 협의규정을 통해 최종 조치 판정에 이르지 않도록 상호 노력할 의무를 규정하여 무역보복 수단으로 악용되는 것을 사전에 방지함

 - 아울러, 반덤핑 조사시 덤핑률 책정에서 제로잉 관행 부존재를 확인함으로써 한국기업의 대중 수출 관련 리스크도 완화함

◦ (무역구제위원회) 별도의 논의 채널을 만들어 관련 분쟁 가능성을 미연에 방지하고 상호 협의를 통해 해결 기회를 제공

---

67) 산업통상자원부(2014.11.10).

□ (SPS) WTO/SPS 협정 적용 재확인, 위생검역 역량강화를 위한 기술협력, 협정 이행을 위한 위원회 설치 등 최소한의 내용 위주로 규정하고, 농업계의 우려가 컸던 지역화 조항 등이 불포함되어 WTO/SPS 협정 이상의 추가적인 의무부담 없이 타결

□ (TBT) 국제공인 성적서 상호수용 촉진(전기용품), 시험성적서 상호수용 협상개시(전기용품, 자동차 부품), 허가 신청 절차시 내국민 대우 부여(화장품, 의약품) 등을 통해 시험인증과 관련된 구조적 애로 해소에 성공하여 국내기업의 對중국 수출이 보다 용이해지는 계기가 마련된 것으로 평가

◦ 또한 기술규정 제·개정안에 대한 의견 제시 기간(60일)을 명확히 하고, 소비자 제품안전 보호강화와 국내 시험인증기관의 중국진출을 촉진할 수 있는 근거를 마련

▶ 서비스 및 투자 분야

□ (서비스·투자) 중국내 법규·제도 정비에 상당 시일이 소요된다는 점을 감안하여 한·중 FTA는 포지티브 자유화방식(개방분야 열거)에 따른 서비스 시장 개방 및 투자 보호를 우선 규정하고, 네거티브 자유화방식(원칙적 개방, 미개방분야 열거)*에 따라 후속협상을 진행키로 합의

* 중국 FTA 최초로 네거티브 방식을 도입키로 합의

◦ (서비스) ① 내국민 대우, ② 서비스 공급자의 수, 사업의 범위 및 사업자의 법적 형태 등을 제한하는 규제 금지, ③ 국가 정책목표 달성을 위한 서비스 규제는 가능하나 불필요한 장벽이 되지 않도록 노력할 의무, ④ 서비스 관련 조치 공표 의무화 등을

규정

◦ (서비스 양허) 중측은 법률(상하이 자유무역지대 내 중국 로펌과
합작), 건축·엔지니어링(한국 실적 인정), 건설(한국 실적 인정),
유통(취급금지품목 완화), 환경(하수처리서비스 개방), 엔터테인
먼트(한국기업 49% 지분 참여 허용) 분야를 우리측에 개방함
  * 영화 및 TV 드라마, 방송용 애니메이션, 공동제작은 부속서
    로 규정
  * 서비스, 금융 분야 양허는 연말까지 지속 협의 예정

◦ (투자) 투자자유화 요소는 후속협상에서 논의키로 합의되어 금
번 협상에서는 내국민대우, 대우의 최소원칙, 투자자-국가분쟁
(ISD) 등 투자보호 내용 중심으로 규정하였으며, 중국 진출 우리
기업 애로 해소를 위한 중국 정부내 담당 기관(contact points)을
중앙·성 단위로 지정하도록 함

▫ (금융) 중국으로서는 최초로 금융 별도 챕터를 수용하였으며,
금융 투명성 제고(금융 관련 규정 사전 공표, 이해당사자 의견
수렴 등), 금융 관련 ISD 제기시 금융 건전성 조치 여부 확인
을 위한 금융 당국간 사전 협의 근거 조항에 합의하고, 금융
서비스 위원회 설치를 통한 금융 당국간 별도 협의 채널도 확
보함

▫ (통신) 투명한 경쟁 보장 장치 확보(상대국의 망·서비스에 비
차별적 접근 보장), 중국 내 통신규제 관련 무역장벽 완화(비차
별적 상호접속 제공 의무, 교차 보조 금지 등)를 통해 양국간
통신서비스 시장 진출 기반이 조성되었으며, 중국이 통신을 별
도 챕터로 다룬 최초의 FTA라는 점도 의의

▢ (자연인의 이동) 상용방문자, 기업내 전근자, 계약서비스 공급
자의 일시 입국과 체류 허용 요건 등을 규정하였으며, 비자 원
활화 부속서를 채택하여 在中 주재원 최초 2년 주재(당초 1년)
로 확대하는 데 합의하는 등 중국내 우리 기업 활동 애로사항
을 상당 부분 해소함[68]

▶ 규범 및 협력 분야

▢ (경쟁) 투명성, 절차적 공정성, 비차별 원칙 등 경쟁법 집행 원
칙* 보장, 공기업 등에 대한 경쟁법 적용 의무 규정, 경쟁 당국
간 협력 의무 등을 규정
 * 관련법령, 조사절차 규칙 및 심리·의결의 공개, 의견진술
권·증거제출권·재심청구권 보장, 경쟁법 집행시 상대국 국
민에 대한 내국민 대우 준수
◦ 특히, 상대국 정부의 반독점행위 조사시 우리 기업에 대한 차별
적 법집행 방지 등 우리 기업 보호 장치를 마련하였고, 중국 국
유기업에 대해서도 경쟁법상 의무가 적용되도록 하여 중국 내
우리 기업과 중국 국유기업 간에도 공정 경쟁할 수 있는 법적
근거 강화

▢ (지재권) 실연자(performer)·음반제작자의 보상청구권을 규정
하고, 저작권과 저작인접권의 기술보호조치, 권리관리정보 보
호를 명문화했으며, 방송 보호기간을 20년에서 50년으로 연장
하고 그간 중국 법체계 미비로 반대해 왔던 방송사업자의 배

---

68) 산업통상자원부(2014.11.10).

타적 권리를 인정하는 등 '저작권과 저작인접권(음반·방송사
업자)'을 강화하여 중국내 한류 컨텐츠를 보호할 수 있는 기반
을 마련
◦ 외국의 유명 상표 보호 강화를 규정하여 중국기업의 악의적인
상표 선점이나 유사 상표 등록을 방지하고 상표 등록 및 이의
절차를 보장하는 등 우리기업의 상표권 보호 장치를 마련
◦ 실용신안권 분쟁시 근거자료를 제출하도록 하여 우리 기업에 대
한 중국 실용신안권자의 남소 등 권리 주장 남용을 방지하는 장
치를 마련
◦ 지재권 관련 판결, 법령 등을 공개하여 예측가능성을 제고하고
법정손해배상제도를 통해 손해액 입증 용이성 제고, 지재권 침
해물품의 압류·폐기 명문화 등 지재권 집행관련 규정강화를
통해 위조, 불법복제 등으로 인해 권리침해가 발생할 경우 신속
하고 효과적인 권리구제 장치를 확보
  * 디지털 기술 발달로 인한 권리 침해를 효과적으로 방지하기
    위해 일시적 복제권을 부여하고 기술적 보호조치 및 인터넷
    상 반복적 침해 방지 조항 도입

□ (환경) 높은 수준의 환경보호, 다자환경협약 준수, 환경법 집행
  (non-derogation* 포함) 등 핵심 의무 조항들을 규정하고, 환경
  협력 강화 약속 및 환경위원회 설치를 규정
  * 무역이나 투자 촉진을 위한 환경법, 조치상 보호수준 약화
    금지
◦ 특히 환경 챕터 적용 범위를 당사국(지방정부 포함)의 환경법,
  규정, 조치까지 광범위하게 규정하여, 중국 중앙정부뿐 아니라

지방정부의 환경법, 규정, 조치의 효과적 집행 및 다자환경협약 준수 등 측면에서 개선이 있을 것으로 기대

◦ 양국의 지리적 근접성 고려시 상호 협력이 필요한 '대기오염 예방 및 관리' 등 환경 문제에 있어서는 기존 한·중 환경 양해각서(MOU)에서 약속한 협력 강화 의무를 규정하여 양국의 협력 의지를 재확인

□ (전자상거래) 중국의 FTA 최초로 전자상거래를 독립 챕터로 설치했으며, 전자적 전송에 대한 무관세 관행 유지, 전자인증·서명, 개인정보보호, 종이없는 무역 등을 비강행 규정(실질적 권리·의무 미발생)으로 반영하여, 향후 양국간 디지털컨텐츠 교류 활성화 및 전자상거래 촉진 기반에 긍정적으로 작용할 것으로 전망

□ (경제협력) 양국의 관심분야를 고려, 다양한 협력*을 포괄하여 양국간 협력을 제도화하기로 했으며, 각 분야별로 협력의 근거를 마련함으로써 한·중 FTA를 토대로 구체적인 협력 사업 전개 등 향후 양국간 경제협력 강화 전망

  * ① 산업협력(철강, 중소기업, 정보통신, 섬유), ② 농수산협력, ③ 정부조달(추가협상 포함), ④ 기타협력(에너지자원, 과학기술, 해상운송, 관광, 문화(방송 포함), 의약품·의료기기·화장품, 지방협력) 등으로 구성

□ (분쟁해결) 분쟁해결의 모든 단계에서 구체적 시한을 규정하여, 신속한 분쟁해결 유도, 비관세조치에 대해서는 중개절차(Mediation) 제도를 도입하여 분쟁해결의 신속성과 효율성을

제고

* ▲제소국 협의요청시 피소국의 답변의무(10일 내), ▲최종 패
널위원 선정시부터 120일 내 중간보고서 제출, 중간보고서
제출시부터 45일 내 최종보고서 제출 의무 등[69]

3) 칠레, 뉴질랜드, 파키스탄

2001년 칠레정부의 제안으로 시작된 중-칠레 FTA는 2004년 4월
타당성 검토를 위한 공동 연구를 시작하여 2004년 10월 말에 완료
하였다. 동 연구결과에 따라, 2004년 11월 18일 정부간 협상을 개시
하여, 2005년 11월 양자간 FTA를 체결하였고 2006년 10월 발효되
었다.[70] 한편, 칠레정부는 정부간 협상을 진행함과 동시에 중국에
대해 시장경제지위를 부여하였다.

중-뉴질랜드 FTA는 중국이 체결한 선진국과의 유일한 FTA 사례라
고 볼 수 있다. 중국은 2004년 1월 뉴질랜드와 FTA 추진 의향서를,
그리고 6월 중순에는 기본 협정을 각각 교환하였다. 2004년 5월 공동
연구 종료 이후 11월 APEC 정상회담에서 후진타오(胡錦濤) 주석과
헬렌 클락 총리의 합의에 따라 2004년 12월 6일 '정부간 협상'을 개
시한 이래 총 15차례의 정부간 협상을 개최하였다.[71] 그 후, 중-뉴질
랜드 FTA 정부간협상은 2008년 1월 21일 공식 타결되었고, 2008년
4월 7일 공식 서명하였다. 그러나 중-뉴질랜드 FTA 협정은 중국산
제품의 덤핑 문제, 중국의 인권문제, 수입증가 등의 문제로 뉴질랜드

---

69) 산업통상자원부(2014.11.10).

70) 칠레는 중국보다 앞선 2004년 4월 한국과의 FTA를 발효시킨 바 있다.

71) 뉴질랜드는 중국의 WTO 가입관련 양자간 협상 및 중국의 시장경제지위를 선진국 중 가장 먼저
승인한 국가이다.

의회의 비준 동의에 어려움을 겪다가 2008년 7월 24일 의회를 통과함으로써 2008년 10월 1일부터 정식 발효되었다. 2004년 당시 중국과 뉴질랜드간의 무역규모는 18억 3,000만 달러로 전년대비 30.5%의 증가율을 기록했으며 중국과 대양주 전체 무역액에서 11.5%를 차지하고 있는 것으로 나타났다. FTA 체결에 따른 중국의 대(對)뉴질랜드 수출은 2007∼2027년 연평균 1.8∼2.8억 달러가 증가하여 총 247억 달러의 경제적 효과를 가져다 줄 것으로 전망한 바 있다.[72]

또한, 2004년 12월 파키스탄 수상의 중국 방문시 중국과 파키스탄 정부는 양국간 FTA와 관련한 타당성 검토를 위한 공동 연구와 '조기수확'에 따른 체결을 합의하였다. 그 후, 2005년 4월 중국 총리의 파키스탄 방문에서 양국은 정부간 협상의 개시를 공식 선언하고, 'early harvest에 관한 협정'을 체결하였다. 양국은 과일, 야채, 석재 및 양국 관심품목에 대한 무관세 또는 관세인하에 동의하였다.

중국이 현재 공식 협상을 진행 중인 RTAs는 GCC,[73] 노르웨이, 한·중·일, 역내 포괄적 경제동반자협정(RCEP: Regional Comprehensive Economic Partnership) 등 27개국, 13건에 이른다.

4) RCEP, 호주, 아이슬란드, 인도, 스위스

RCEP은 아시아·태평양 지역에 존재하는 동남아시아국가연합(ASEAN) 10개국과 한·중·일 3개국, 호주·뉴질랜드·인도 등 총 16개국을 하나의 자유무역지대로 통합하는 일명 '아세안+6' FTA를 의

---

72) 孟夏, "中國的自由貿易安排及其與WTO的關係," 南開大學(哲學社會科學版), 2006年 第4期, p.102.

73) GCC는 걸프협력회의(Gulf Cooperation Council)의 약자이며, 사우디아라비아, 쿠웨이트, 아랍에미리트, 카타르, 오만, 바레인 등 페르시아만 연안의 6개 산유국이 참여하여 1981년 5월 설립한 지역협력기구이다. 2003년 1월부터는 관세동맹을, 2008년 1월부터는 공동시장을 출범시킨 바 있다.

미하며, 2015년 타결을 목표로 협상이 진행 중에 있다. 아·태 지역 16개국 정상들은 2012년 11월 20일 캄보디아 프놈펜에서 열린 동아시아정상회의(EAS)에서 발표한 공동선언문을 통해 RCEP 협상을 2013년 개시해 2015년까지 타결한다는 데 합의했다. RCEP가 체결되면 역내 인구 34억 명, 무역규모 10조 1,310억 달러(약 1경 1,043조원), 명목 GDP 19조 7,640만 달러에 이르는 대규모 자유무역지대가 설립되는 것이다. 이는 명목 GDP 기준으로 북미자유무역협정(NAFTA, 18조 달러)과 유럽연합(EU, 17조 6,000억 달러)을 능가하는 세계 최대 규모의 경제블록이 될 것으로 전망되고 있다.

중-호주간 FTA는 2003년 중국을 방문한 호주 총리가 중국에 양국간 FTA건설 문제를 제안함으로써 시작되어 2003년 10월 양국은 '무역 및 경제에 관한 기본 협정'(The Austrailia-China Trade and Economic Framework Agreement)에 서명하였다. 그 후, 중국과 호주는 타당성 검토를 위한 공동 연구를 진행하였으며, 2005년 4월 정부간 협상을 공식적으로 개시한 이래 2012년 3월까지 총 18차례 정부간 협상을 진행하였다. 양국 정부는 FTA 협상이 교착 상태에 빠지자 2008년 11월 G-20 회의 후 후진타오 주석과 Kevin Rudd 호주 총리의 정상회담을 통해 양국간 FTA 협상을 가속화하기로 합의하기도 하였으나 여전히 답보상태를 보이고 있다. 한편, 호주정부도 뉴질랜드와 마찬가지로 정부간 협상의 개시와 동시에 중국에 대한 시장경제 지위를 승인하였다. 호주는 중국의 9번째 무역상대국이며 중국은 호주의 3대 무역상대국으로서, 중-호주간 FTA 체결은 중국의 대(對)호주 수출 증가에 많은 영향을 끼칠 것으로 예상된다. 중국 난카이대학(南開大學) 멍시아(孟夏) 교수는 양국간의 무역자유화가 2006년 또는 2006~2010년 중에 실현될 경우, 오는 2015년까지 중국의 대(對)호주 수출규모는 각각 8%, 7.3%씩 증가(약 20억 달러)할 것이며 전반적인 제조업에 미칠 영향은 8.5% 증가에 달할 것으로 전망한 바 있다. 특히 중-호주간의 FTA는 양국간의 무역규모 확대는 물론이고 중국기업의 대(對)호주 철광석 자원개발에의 참여와 호주의 대중(對中) 농·축산물 수출에도 유리하게 작용할 것으로 보인다.

한편, 중국은 여타 국가와의 자유무역협정 체결에도 적극적으로 임하고 있다. 먼저, 중국과 GCC는 2년간의 타당성 검토를 위한 연구를 마무리하고 2004년 7월 6일 <경제, 무역, 투자 및 기술협력에 관한 기본협정>을 체결하였고, 2005년 4월 1차 회담을 시작하여 2009년 6월까지 5차례의 정부간 협상을 진행하였다. 특히 2008년 12월 리커창(李克強) 당시 중국 부주석은 2009년 협상 타결이 임박했다고 밝힌바 있으나 아직까지 협상이 타결되었다는 소식은 전달되지 않고 있는 상태이다. 또한, 2004년 6월 중국은 SACU가 제안한 FTA 협상안을 수용하였다. 2013년에도 중국은 아이슬란드(2013.4.15), 스위스(2013.7.6)와 FTA를 체결하였다. 2005년 5월에는 아이슬란드 대통령의 중국방문시 양국은 타당성 검토를 위한 공동 연구에 합의하고 2007년까지 FTA와 관련한 기본협정을 체결하기로 결정한[74] 바 있다. 이에 따라, 중-아이슬란드는 2006년 7월 공동연구를 완료하고 2007년 4월 제1차 정부간 협상을 베이징에서 개최한 이래 2008년 4월까지 총 4차례 협상을 진행한 후, 2013년 4월 15일에 FTA를 체결하였다.

그 밖에 2003년 6월, 인도 수상의 중국 방문시 양국은 공동 연구

---

74) 아이슬란드도 FTA 논의와 동시에 중국에 대한 시장경제 지위를 공식 인정하였다.

팀의 설립에 합의한 이후, 2005년 4월 중국총리의 인도 방문에서 <중-인도간 전면적인 경제·무역협력 5개년 계획(안)>에 합의함으로써 양국간 FTA 가능성 검토를 위한 공동연구를 개시하였다. 또한, 러시아, 중앙아시아국가 등 상하이(上海)협력기구(SCO: Shanghai Corporate Organization)[75] 회원국들과도 최근 무역량 증가와 더불어 경제협력관계가 강화되면서 FTA 가능성이 제기되고 있다.

전반적으로 볼 때, 중국은 FTA를 중심으로 한 전 세계적인 지역협력체제에 적극 참여하고 "주변국과의 협력, 시장개척, 주요 채널확보, 주요 자원·에너지 확보(面向大周边, 面向大市场, 面向主要门户和通道, 面向重要资源和能源)"의 원칙에 따라 전 세계적인 통상협력을 강화해 나가는 중이다. 특히 중국정부는 종합적인 고려를 통해 다차원적인 지역경제협력 네트워크를 안정적으로 구축하고자 노력 중이다.

<표 3-2> 중국의 FTA 추진 현황(1) (체결 및 발효: 16건)

	대상국	협상 개시일자 및 타결일자	추진 현황
체결 및 발효 (16건)	ASEAN	- 개시: 2001. 11. 6. - 타결: 2002. 11. 4. - 발효: 2010. 1. 1.	○ 2005 년부터 공산품에 대한 관세인하 시행. 2010 년 까지 모든 공산품에 대한 관세를 철폐하기로 함. ○ 2005 년 7 월 아세안과 '상품무역협정'을 체결, 7,000 여 개 품목에 대해 영세율 적용 ○ 2007 년 1 월 14 일 아세안과 '서비스무역협정' 체결, 2007 년 7 월까지 아세안국가에 대해 건축, 환경, 운수, 상업 서비스, 체육 등 5 개 서비스 업종 개방 ○ 2009 년 8 월 15 일 아세안과 '투자

75) SCO는 중국과 중앙아시아 4개국(카자흐스탄, 키르기스탄, 타지키스탄, 우즈베키스탄) 및 러시아 등을 회원국으로 2001년 6월 발족하여 정치, 경제, 무역, 안전보장 등을 주제로 정기적인 정상회담을 개최하고 있다.

대상국	협상 개시일자 및 타결일자	추진 현황
		협정'체결
ASEAN ("10+1")	- 타결: 2015. 11.	○ 2014 년 8 월 26 일 한층 업그레이드 된 협의 체결(ASEAN "10+1") ○ 2015 년 11 월 23 일 업그레이드 의정서 서명
칠레	- 개시: 2004. 11. 18. - 타결: 2005. 10. 16. - 체결: 2005. 11. 18. - 상품 2006.10 발효 - 서비스 2010.8 발효	○ 2006 년 10 월 1 일부로 중국은 칠레의 7,550 개(HS코드 8 단위 기준) 품목에 대해, 칠레는 중국의 7,902 개 품목에 대해 10 년 내 관세 철폐 ○ 2016 년 11 월 23 일 업그레이드 협상 개시
파키스탄	- 개시: 2005. 4. 5. - 타결: 2006. 11. 10. - 체결: 2006. 11. 24. - 2007.7 상품/투자 발효 - 2009.10 서비스 발효	○ 2007 년 7 월 1 일부터 시작해 5 년 내 관세대상품목의 85% 에 대한 관세 인하, 이중 36% 제품에 대해 3 년 내 무관세화 ○ 중국의 관세 인하 대상 품목은 축산물, 수산물, 야채, 광산물, 방직품 등이고 파키스탄은 소, 양고기, 화학제품, 기계전력 설비 등 임. ○ 2015 년 10 월 20 일 업그레이드 협상 실시
아이슬란드	- 개시: 2007. 4. 12. - 체결: 2013. 4. 15. - 발효: 2014.7.1.	○ FTA 세율 인하 모델, 원산지 규정, SPS/TBT, 서비스 무역 등에 대한 협상
뉴질랜드	- 개시: 2004. 12. 6. - 체결: 2008. 4. 7. - 발효: 2008.10.1.	○ 주요 협상 내용은 상품무역, 서비스 무역, 투자, 지식재산권, 원산지규정, 동식물 검역(SPS) 등임. ○ 2016 년 11 월 21 일 업그레이드 협의 협상 ○ 2018 년 06 년 15 일 제 4 차 업그레이드 협의 실시
호주	- 개시: 2005. 4. 18. - 체결: 2014. 11. 17. - 발효: 2015.12.20.	○ 2005 년 4 월에 개시해 9 년만에 중국-호주 FTA 체결 ○ 2017 년 2 월 22 일 제 1 차 협의 개최

대상국	협상 개시일자 및 타결일자	추진 현황
싱가포르	- 개시: 2006. 10. 26. - 체결: 2008. 10. 23. - 발효: 2009.1.1.	○ 2008 년 10 월 23 일, 중국-싱가포르 FTA 1 차 협상 완료 ○ 2018 년 7 월 19 일 제 7 차 업그레이드 협의 실시
페루	- 개시: 2007. 9. 7. - 체결: 2009. 4. 28. - 발효: 2010. 3. 1.	○ 2007 년 11 월 12~13 일간 중-페루 FTA 자유무역 협상이 베이징에서 개최돼 향후 협상 주요 내용, 일정, 상품무역 관세인하 모델 등이 협의됨. ○ 2008 년 1 월 21~24 일간 제 1 차 협의 개최 ○ 2009 년 4 월 28 일 '중국-페루 FTA 의정서'에 서명 ○ 2016 년 11 월 22 일 협정 업그레이드 연합 연구
한국	- 개시: 2012. 5. 2. - 실질적 협상타결: 2014. 11. 10. - 타결: 2015.6.1 - 발효: 2015.12.20	○ 개시 이후 한-중 자유무역협정 1 단계 협상 타결 (2013.9.5.) ○ 2014 년 7 월 14 일~18 일 제 12 차 협의 ○ 2014 년 9 월 22 일~26 일 제 13 차 협의 ○ 2014 년 11 월 4 일~9 일 제 14 차 협의 ○ 2018 년 7 월 19 일 제 2 차 업그레이드 협상 실시
스위스	- 개시: 2011. 4. - 체결: 2013. 7. 6. - 발효: 2014. 7. 1.	○ 2011 년 1 월 협상 개시 선언 ○ 2011 년 4 월 제 1 차 협의 ○ 2011 년 7 월 제 2 차 협의 ○ 2011 년 11 월 제 3 차 협의 ○ 2012 년 2 월 제 4 차 협의 2013 년 7 월 6 일 자유무역협정 서닝 ○ 2009 년 1 월 양국 정상이 FTA 타당성 연구를 결정한 이후 2 차례의 준비회의를 거친 후, 2009 년 11 월 30 일 합동 연구단이 결성되어 연구를 진행(2010 년 8 월 13 일 연구완료) ○ 2017 년 5 월 23 일 제 1 차 업그레이드 연합 연구 회의 실시
몰디브	- 개시: 2015. 9. - 체결: 2017. 08.	○ 2015 년 9 월 10 일 협상 개시 ○ 2017 년 12 월 08 일 협상 체결

대상국		협상 개시일자 및 타결일자	추진 현황
코스타리카		- 개시: 2008. 11. - 체결: 2010. 04. - 발효: 2011. 08.	○ 2008 년 11 월 8 일 협상 개시 ○ 2010 년 4 월 8 일 협상 체결 ○ 2016 년 8 월 12 일 5 차 회의 논의
칠레 (업그레이드)		- 개시 : 2016. 11. - 체결: 2017. 11.	○ 2016 년 11 월 23 일 업그레이드 협상 개시 ○ 2017 년 11 월 13 일 업그레이드 의정서 서명
그루지아		- 개시: 2015. 12. - 체결: 2017. 5. - 발효: 2018. 1.	○ 2015 년 12 월 11 일 협상 개시 ○ 2017 년 5 월 15 일 협상 체결
중화권	CEPA	- 체결: 2015. 11. - 발효: 2016.6.	○ 2015 년 11 월 협상 서명 ○ 2016 년 6 월 협상 발효
	ECPA	- 체결: 2010. 6. - 발효: 2013. 2.	○ 2010 년 6 월 협상 서명 ○ 2013 년 2 월 1 일 협상 발효

자료: KOTRA 베이징 무역관, http://news.kotra.or.kr/user/nationInfo/ kotranews/14/userNationBasicView. do?nationIdx=53

<표 3-3> 중국의 FTA 추진 현황(2) (협상중: 13건 / 검토중: 10건)

대상국		협상 개시일자 및 타결일자	추진 현황
협상중 (13건)	GCC	- 개시: 2005.4	○ 2007 년 11 월 12~13 일간 중-페루 FTA 자유무역협상이 베이징에서 개최돼 향후 협상의 주요 내용과 일정, 상품무역 관세 인하 모델 등이 협의됨. ○ 2008 년 1 월 21~24 일간 제 1 차 협의 개최 ○ 2016 년 12 월 20 일 제 9 차 협의 실시 ○ 2016 년 12 월 22 일 제 9 차 협의 종료
	노르웨이	- 개사: 2008.9	○ 2007 년 6 월 19~20 일 중국-노르웨이 FTA 타당성 연구를 위한 제 1 차 회의 개최. 같은 해 9 월 13~19일 개최 된 타당성 연구 제 2 차 회의에서는 상품 무역, 서비스 무역, 투자에 대한 영향과 경제협력에 대한 의견교환 ○ 2010 년 9 월 14~16 일 오슬로에서 제 8 차 협의

		○ 2018 년 5 월 17 일 제 11 차 협의 실시
한국-중국-일본	- 개시: 2012. 11	○ 2013 년 3 월 26 일~28 일 서울에서 1 차 협상 개최 ○ 2012 년 11 월 21 일 협상개시 선언 ○ 2012 년 5 월 13 일 한중일 투자보장협정 체결 ○ 2018 년 3 월 23 일 제 13 차 협의 실시
RECP	- 개시: 2012. 11.	○ 2012 년 11 월 21 일 협상 개시 ○ 2018 년 5 월 9 일 22 차 협의 개시
스리랑카	- 개시: 2014. 9.	○ 2014 년 9 월 28 일 협상 개시 ○ 2017 년 1 월 20 일 제 5 차 협의 실시
이스라엘	- 개시: 2016. 3.	○ 2016 년 3 월 31 일 협상 개시 ○ 2017 년 12 월 4 일 제 3 차 협의 개시
싱가포르 (업그레이드 협 상 중)	- 개시: 2014.9	○ 2018 년 7 월 19 일 제 7 차 업그레이드 협의 실시
뉴질랜드 (업그레이드 협 상 중)	- 개시: 2017.4	○ 2016 년 11 월 21 일 업그레이드 협의 협상 ○ 2018 년 06 년 15 일 제 4 차 ○ 업그레이드 협의 실시
한국 (후속 협상)	- 개시: 2018.3	○ 2018 년 3 월 22 일 제 1 차 후속협상 실시 ○ 2018 년 7 월 17 일 제 2 차 후속 협상 협의 실시
파키스탄 (후속 협상)	- 개시: 2011.3	○ 2015 년 4 월 23 일 금융업 서비스 협상 체결 ○ 2015 년 11 월 11 일 금융업 서비스 협상 발효 ○ 2018 년 4 월 3 일 제 10 차 후속 협의 실시
모리셔스	- 개시: 2017. 12.	○ 2017 년 12 월 13 일 협상 개시 ○ 2018 년 7 월 2 일 제 2 협의 실시
몰도바	- 개시: 2017. 12.	○ 2017 년 12 월 28 일 협상 개시 ○ 2018 년 3 월 7 일 제 1 차 협의 개시
파나바	- 개시: 2018.6	○ 2018 년 7 월 17 일 제 1 차 협의 개시
검토 중 (10건)	콜롬비아, 피지, 네팔, 파푸아뉴기니, 캐나다, 방글라데시, 몽골, 팔레스타인, 페루(업그 레이드 검토 중), 스위스(업그레이드 검토 중)	

자료: KOTRA 베이징 무역관, http://news.kotra.or.kr/user/nationInfo/ kotranews/14/userNationBasicView. do?nationIdx=53

제 4 장

환태평양지역의 국가별
경제현황과 지역무역협정

1) 미국[76]

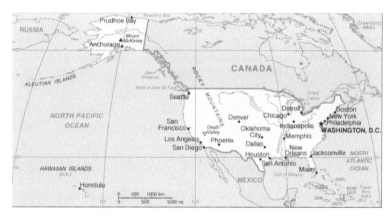

자료원: CIA

---

76) 동 부분은 KOTRA 해외시장뉴스: 국가·지역정보, http://news.kotra.or.kr/user/nation Info/kotranews/
14/userNationBasicView.do?nationIdx=52를 기준으로 작성함.

미국은 미주대륙 북부에 위치하여 서부해안이 태평양에 접해 있다. 인구는 2018년 7월 기준으로 약 3억 2,820만 명에 이른다.[77] 미국 GDP는 2018년 1분기 기준으로 19조 9,601억 달러이며, 1인당 GDP 는 51,337달러를 기록 중이다.[78] 자세한 경제지표는 아래 표와 같다.

<표 4-1> 미국의 주요 경제지표

연간 지표	단위	2017	2016	2015	2014	2013
실질 GDP증가율	%	2.27	1.49	2.86	2.57	1.68
명목GDP (달러)	백만달러	19,390,604	18,624,475	18,120,714	17,427,609	16,691,517
명목GDP (현지통화)	백만달러	19,386,801	18,624,475	18,120,714	17,427,609	16,691,517
실질GDP (달러)	백만달러	17,304,984	16,920,328	16,672,692	16,208,861	15,802,855
1인당 GDP	달러 (USD)	59,531.66	57,588.54	56,443.82	54,696.73	52,782.09
소비자물가 상승률	%	2.14	1.27	0.12	1.61	1.47
실업률	%	4.35	4.87	5.27	6.18	7.36
이자율	%	2.4101	2.4454	2.2694	2.1705	3.0360
수출실적	백만달러	2,331,600	2,208,071	2,263,907	2,375,904	2,293,454
수입실적	백만달러	2,900,039	2,712,865	2,764,353	2,866,238	2,755,329
무역수지	백만달러	-568,439	-504,794	-500,446	-490,334	-461,875
대외부채	백만달러	-	18,025,120	17,710,436	17,258,054	16,487,771
외환보유고	백만달러	451,285	405,942	383,728	434,416	448,509
투자유치액 (FDI)	백만달러	348,674	479,415	506,161	237,655	288,131
해외투자액 (ODI)	백만달러	-	299,003	303,177	292,283	303,432

자료: U.S. Bureau of Economic Analysis; U.S. Bureau of Labor Statistics Data; U.S. Department of the Treasury; U.S. Census Bureau, World Trade Atlas; http://poll.einfomax.co.kr/kotra.html#/country/UnitedStates; KOTRA에서 재인용.

---

77) U.S. Census Bureau (www.census.gov/popclock).

78) U.S. Bureau of Economic Analysis.

① 무역 동향

2017년 기준, 미국의 총 상품무역 규모는 전년 대비 6.9% 증가한 3조 8,882억 달러를 기록했다. 미국의 수출과 수입은 전년 대비 각각 6.6%, 7.1% 증가하였다. 이에 따라, 미국의 무역적자는 전년 대비 8.0% 증가한 7,957억 달러를 기록했다.

<표 4-2> 미국의 무역 규모 및 적자 추이

(단위: 백만 달러, %)

구분	2013년	2014년	2015년	2016년	2017년
무역규모	3,846,809	3,968,217	3,746,261	3,638,816	3,888,236
증감률	1.7	3.2	-5.6	-2.9	6.9
무역적자	-689,931	-727,153	-737,067	-736,794	-795,690
증감률	-5.5	5.4	1.4	-1.1	8.0

자료: World Trade Atlas

◆ 수출 동향

2016년 들어 미국의 상품 수출은 1조 4,510억 달러를 기록하며 전년 대비 3.6% 감소했지만, 2017년 들어 달러의 약세로 전년 대비 약 6.6% 증가한 1조 5,463억 달러를 기록했다. 미국의 2017년도 5대 수출품목 중 항공 및 우주 제품의 수출이 전년대비 2.7% 감소한 것을 제외하고는 나머지 4개 품목 수출은 전년대비 증가했다. 특히 유류 및 석유화학 제품의 수출이 전년대비 48.2%의 증가를 기록했으며 기계류(5.9%), 전기. 전자기기(4.4%), 자동차 및 부품(4.5%)도 증가했다.

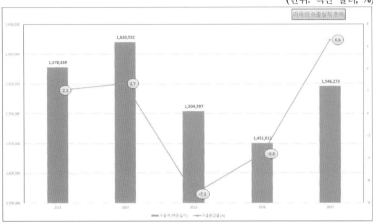

자료: World Trade Atlas

<그림 4-1> 미국의 수출실적 추이

<표 4-3> 2017년 미국 5대 수출품목

(단위: 백만 달러, %)

순위	품목	수출액			비중		2017/2016
		2015	2016	2017	2016	2017	증감률
1	기계류	205,821	190,634	202,036	13.1	13.1	5.9
2	전기·전자기기	169,755	167,123	174,424	11.5	11.3	4.4
3	유류 및 석유화학	106,143	93,701	139,025	6.5	9.0	48.2
4	항공 및 우주	131,091	134,769	131,144	9.3	8.5	-2.7
5	자동차 및 부품	127,114	124,564	130,179	8.6	8.4	4.5
	총 수출액	1,504,597	1,504,597	1,546,273	100.0	100.0	6.6

주 : 순위는 2017년 실적 순임.
자료: World Trade Atlas

미국의 2017년 주요 10대 국가에 대한 상품 수출실적은 아래와 같다. 2017년 전체 수출은 6.6% 증가했으며 캐나다, 멕시코, 중국을 포함한 주요 10대국으로의 수출은 모두 증가했다. 미국의 대(對)한 국 수출은 전년대비 14.2% 증가했다.

<표 4-4> 미국의 10대 수출 대상국 (2017)

(단위: 백만 달러, %)

순위	국가	수출액			비중 (2017)	2017/2016 증감률
		2015	2016	2017		
1	캐나다	280,017	266,797	282,265	18.3	5.8
2	멕시코	236,377	229,701	243,314	15.7	5.8
3	중국	116,186	115,602	129,894	8.4	12.4
4	일본	62,472	63,236	67,605	4.4	6.9
5	영국	56,353	55,288	56,258	3.6	2.0
6	독일	49,947	49,363	53,897	3.5	9.0
7	한국	40,076	42,309	48,326	3.1	14.2
8	네덜란드	43,499	39,690	41,510	2.7	4.8
9	홍콩	34,115	34,894	39,939	2.6	14.5
10	브라질	31,641	30,066	37,222	2.4	23.8
총 합계		1,504,597	1,451,010	1,546,273	100.0	6.6

주 : 순위는 2017년 실적 순임.
자료: World Trade Atlas

◆ 수입 동향

미국의 2017년 총 상품 수입액은 약 2조 3,420억 달러에 달하며 전년대비 7.1% 증가했다. 미국 경기가 회복세에 따라 수입 증가 추세도 당분간 지속될 것으로 전망된다. 2017년 미국의 용도별 (end-use) 수입 동향을 살펴보면, 식품 및 음료(6.0%), 산업소재 (14.4%), 자본재(8.6%), 자동차 및 부품(2.5%), 소비재(3.2%) 등의 기본 품목들이 전년대비 증가했다. 기타 품목도 5.1% 수입 증가했으며 전체 수입은 7.1% 증가했다.

(단위: 백만 달러, %)

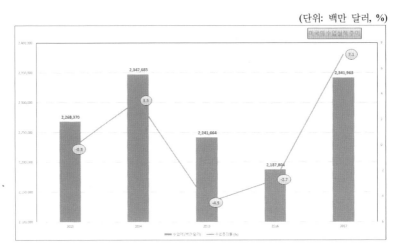

자료: World Trade Atlas

<그림 4-2> 미국의 수입액 및 수입증감률 추이

<표 4-5> 품목별 미국 수입 동향 (2017년 기준)

(단위: 백만 달러, %)

구분	총합계	식품 및 음료	산업소재	자본재	자동차 및 부품	소비재	기타
수입액	2,341,962	137,816	507,287	640,575	358,961	601,869	95,454
증감률	7.1	6.0	14.4	8.6	2.5	3.2	5.1

자료원: 미국 상무부 통계청(U.S. Department of Census)

2017년 기준, 미국의 총 상품 수입시장에서 자본재 27%, 소비재가 25%로 가장 큰 수입 품목 비중을 차지하였다. 그 다음으로 산업소재 22%, 자동차 및 부품 15%, 식품 및 음료 6%, 기타 4% 등이 차지하였다.

　이를 다시 수입품목별로 구분하여 살펴보면 다음과 같다. 2017년 기준으로, 미국의 최대 수입품목은 전기・전자기기(15.0%)와 기계류(14.6%)로 집계됐다. 그 외, 자동차 및 부품(12.4%), 유류 및 석유화학품(8.3%) 및 의약품(4.1%) 등이 상위 5대 수입품목으로 집계됐다. 기계류는 전년대비 10.6% 수입이 증가하여 가장 높은 수입 증감률을 보였으며 전기・전자기기는 6.2%, 자동차 및 부품은 3.3%, 유류 및 석유화학품은 26.7%가 각각 증가했다. 특히 2014년부터 미국 내 의약품 수입이 지속 증가하고 있으며 의약품(HS Code 30, Pharmaceutical Products) 수입은 2017년 전년대비 4.4% 수입 증가했다.

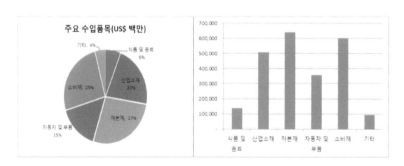

자료원: 미국 상무부 통계청(U.S. Department of Census)

<그림 4-3> 미국 품목별 수입 비중 및 증감률 (2017)

<표 4-6> 미국의 5대 수입품목 (2017)

(단위: 백만 달러, %)

순위	품목	수입액			비중 (2017)	2017/2016 증감률
		2015	2016	2017		
1	전기전자기기	327,638	330,875	351,291	15.0	6.2
2	기계류	322,174	308,888	341,690	14.6	10.6
3	자동차 및 부품	279,288	280,691	289,903	12.4	3.3
4	유류 및 석유 화학	191,068	153,891	194,869	8.3	26.7
5	의약품	85,568	92,040	96,055	4.1	4.4
	전체 수입액	2,241,664	2,187,804	2,341,963	100.0	7.1

주: 순위는 2017년 실적 순임.
자료원: World Trade Atlas

미국의 2017년도 주요 10대 국가로부터 상품 수입실적은 아래와 같다. 중국산 상품 수입이 21.5%로 가장 높은 비중을 차지하며 멕시코산 상품 수입은 13.5%, 캐나다산 수입은 12.8%에 달했다. 한국으로부터의 수입은 전년대비 2.2% 증가했으며 전체 수입의 3.1%를 차지했다.

<표 4-7> 미국의 10대 수입 대상국 (2017)

(단위: 백만 달러, %)

순위	국가	수입액		비중		2017/2016 증감률
		2016	2017	2016	2017	
1	중국	462,618	505,470	21.2	21.5	9.3
2	멕시코	294,055	314,267	13.4	13.5	6.9
3	캐나다	277,755	299,319	12.7	12.8	7.8
4	일본	132,046	136,481	6.0	5.8	3.4
5	독일	225,099	117,575	5.2	5.0	3.0
6	한국	69,881	71,444	3.1	3.1	2.2
7	영국	54,272	53,060	2.9	2.3	△2.2

8	이탈리아	45,527	49,918	2.0	2.1	10.2
9	프랑스	45,272	48,899	2.1	2.1	4.7
10	아일랜드	46,032	48,797	2.1	2.1	7.2
총 합계		2,187,600	2,341,963	100	100	7.1

주 : 순위는 2017년 실적 순임.
자료: World Trade Atlas; KOTRA에서 재인용 (http://news.kotra.or.kr/ user/nationInfo/kotranews/14/ userNationBasicView.do?nationIdx=52)

② 지역무역협정 참여 현황

미국은 1985년 이스라엘과의 FTA를 시작으로 NAFTA(캐나다-멕시코), 요르단, 싱가포르, 칠레, 호주, 모로코, 바레인, CAFTA-DR,[79] 오만, 페루, 한국, 콜롬비아, 파나마 등과 FTA를 체결한 상태이다. 이에 따라, 미국은 2012년 12월 현재 총 20개국과 14건의 FTA를 발효 중이다. 사실 미국이 절대적인 다자체제 중심의 통상정책에서 벗어나 1990년대부터 다수의 FTA 정책을 추진함에 따라 오늘날과 같은 전 세계적인 RTAs 추세가 확산되었다고 볼 수 있다.

그러나 2009년 버락 오바마(Barack Obama) 행정부가 들어선 이후 새롭게 추진된 신규 FTA 협상은 전무한 상태이다. 다만, 더 많은 국가들과 더 높은 수준의 지역협정을 체결하기 위해 TPP 확대 협상을 주도하고 있는 중이다. TPP 협상은 2012년 12월까지 15차 회의까지 개최하였다.[80] 그 밖에 미국은 ASEAN 회원국인 필리핀, 인도네시아를 비롯하여 이집트, 대만, 파키스탄, 조지아 등과의 FTA 추진을 검토 중인 것으로 알려지고 있다.

---

79) CAFTA-DR은 미국, 코스타리카, 엘살바도르, 과테말라, 온두라스, 니카라과, 도미니카공화국 등 7개국이 참여 중이다.

80) TPP(Comprehensive Trans-Pacific Strategic Economic Partnership, 범태평양동반자협정)는 기존 칠레, 브루나이, 뉴질랜드, 싱가포르 4개국(P4)에 미국, 호주, 페루, 베트남, 말레이시아가 합류하여 확대 협상이 진행 중이다.

전반적으로 볼 때, 미국은 NAFTA를 중심으로 다양한 국가들과의 FTA를 체결하고 있는 상태이다. 특히 미국과 경제적 유대관계가 깊거나 성장 잠재력이 높은 국가들과의 FTA에 적극적인 모습을 보이고 있다.

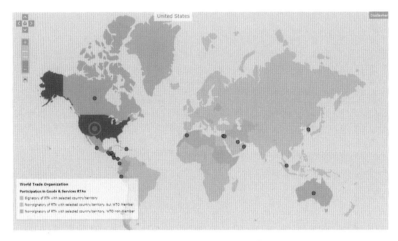

자료: WTO Website (https://www.wto.org/english/tratop_e/region_e/ rta_participation_map_e.htm)

<그림 4-4> 미국의 RTAs 체결 분포도 (2018년 10월 기준)

미국은 기존의 다자간협상의 큰 틀 안에서 지역 간 또는 양자 간 FTA 체결을 통해 통상 이익의 극대화 및 전략적·외교적 목적 달성을 추구하고 있다. 트럼프 대통령은 2017년 4월 29일 행정명령을 통해 WTO 협정을 포함한 미국이 체결한 모든 FTA의 재검토를 지시한 바 있다. 이에 따라 상무부와 무역대표부(USTR)는 180일 안에 규정 위반과 남용, 일자리 손실, 무역적자 등 FTA의 문제점을 밝히고 해결책을 권고하도록 예정돼 있다.

트럼프 대통령은 다자간 무역협정보다는 양자협상을 우선적으로 고려하겠다는 입장이다. 전 오바마 행정부에서 추진되었던 다자간 자유무역협정인 TPP와 TTIP의 협상을 중단하고 TTP 참가국이었던 일본과의 양자협정 가능성을 시사하기도 했다. 전문가들은 이를 두고 다자간협상 형식을 양자간협상 방식으로 전환함으로써 미국이 우위를 차지하고자 한다는 의도로 해석하고 있다.

<표 4-8> 미국의 RTAs 체결 현황 (2018.10.1. 기준)

국가명	기체결 사안	정부간 협상 중 사안	검토 중 사안
미국	**(발효)** 이스라엘 FTA, NAFTA(북미자유무역지대) → USMCA로 전환(2018.10.1. 합의), 요르단 FTA, 싱가포르 FTA, 칠레FTA, 호주 FTA, 모로코 FTA, 바레인 FTA, DR-CAFTA, 오만 FTA, 페루 TPA, 한국 FTA, 콜롬비아 TPA, 파나마 TPA	**(협상중)** SACU FTA, CAN FTA(안데안공동체: 볼리비아, 콜롬비아, 에콰노르, 페루), 에콰도르 FTA, FTAA, UAE FTA, 말레이시아 FTA, 태국 FTA, 한국 FTA **(협상중단)** EU TTIP	FTAAP(아시아 · 태평양 자유무역지대)

자료: 산업자원통상부-FTA 강국, KOREA website (http://fta.go.kr/main/ situation/fta/world/)

트럼프 대통령은 보호무역 옹호자로 2017년 1월 환태평양 경제무역협정 TPP의 탈퇴를 선언하고, NAFTA 재협상 등의 강경한 보호무역 기조의 정책 실행을 공언해왔다. 또한, 미국 우선주의 원칙에 기반해 교역상대국과의 무역수지 불균형을 해소에 주력하겠다는 의지를 꾸준히 보이고 있다. 미국의 통상정책을 담당하는 대통령 직속

기관인 무역대표부(USTR)에서 발간한 2017년 트럼프 대통령 무역
정책에 관한 의제 보고서에 따르면 트럼프 행정부는 통상에 있어 다
음과 같은 원칙을 내세웠다.

＜표-＞ 트럼프 행정부의 통상원칙

(1) WTO 규범보다 자국의 권익 우선,
(2) 불공정 무역행위에 엄격한 법 집행,
(3) 해외시장 개방을 위한 전방위적 레버리지 활용,
(4) 무역협정의 전면적 재검토 및 재협상

　트럼프 대통령은 이러한 통상정책의 실행을 위한 다수의 행정명
령을 발표했다. 2017년 3월 31일에는 미국의 무역적자 실태와 원인
분석에 관한 조사를 지시했으며 이어서 철강과 알루미늄의 수입에
대한 통상법 232조 적용 가능 여부에 대한 조사를 지시하여 현재 철
강에 25%, 알류미늄에 10%의 관세를 부과 중에 있다. 한국의 경우
FTA 재협상을 통해 이전 수입량의 70%까지만 수입을 허용하는 쿼
터제를 도입하였다. 이에 더하여 현재 미 정부는 자동차 및 자동차
부품에 대한 232조 적용 가능 여부를 조사 중이다.

＊통상법 232조＊

미국의 국가안보에 위협을 줄 수 있는 수입활동에 대해 수입량 제한 등 무역조정
(Trade Adjustment)조치로 대응할 수 있다.

또한, 미국 무역대표부(USTR)는 대(對)중국 무역법 301조 조사를 통해 중국이 기술 이전을 비롯하여 지적재산권 침해 등 불공정한 무역을 하고 있다고 밝히며, 중국산 수입품에 관세를 부과하겠다고 발표하였다. 이에 따라, 7월 6일부터 약 340억 달러 규모의 중국산 수입품에 대해 25%를 부과 중에 있으며, 7월 31일 이후 160억 달러 규모에 수입품에도 25%의 관세를 부과할 예정이다. 중국이 보복관세를 부과하며 대응하자, 트럼프 대통령은 추가로 2,000억 달러 규모의 중국산 수입품에 10% 관세를 부과할 수입품 리스트를 공개하며, 미-중 통상 갈등이 심화되었다.

```
┌─────────────────────────┐
│       *통상법 301조*       │
└─────────────────────────┘
외국의 불공정한 무역관행에 대응하여, 이에 대해 수정을 요구하고 받아들여지지 않을
경우 미국은 보복조치를 강구할 수 있다.
```

또한, 국제무역위원회(ICT)와 상무부의 반덤핑 및 상계관세 혐의에 대한 조사도 증가하고 있다. 2018년 상반기 8건의 신규 제소가 접수되었으며, 2018년 6월 기준으로 반덤핑 371건, 상계관세 117건, 세이프가드 2건이 조사 중이다. 당분간 이러한 추세기 지속될 것으로 예상된다.

2) 일본[81]

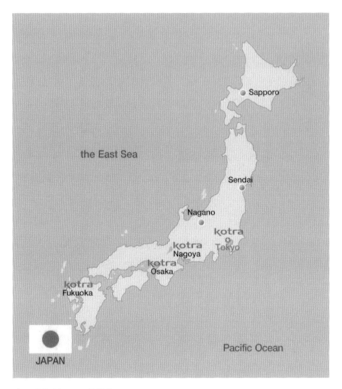

자료: KOTRA 도쿄 무역관

일본은 동북아시아 지역에 위치하며 4개의 주요 섬으로 구성되어 있다. 인구는 2017년 12월 기준으로 1억 2,669만 명에 이른다.[82] IMF에 따르면, 일본의 GDP는 2017년 기준으로 4조 8,721억 달러이며, 1인당 GDP는 38,439달러를 기록 중이다. 보다 자세한 경제지

---

81) 동 부분은 KOTRA 해외시장뉴스: 국가·지역정보, http://news.kotra.or.kr/user/nation Info/kotranews/14/userNationBasicView.do?nationIdx=51를 기준으로 작성함.

82) 일본 총무성 통계국 2017년 12월 1일(확정치), 2018년 5월 10일 발표.

표는 아래 표와 같다.

<표 4-9> 일본의 주요 경제지표

연간 지표	단위	2017	2016	2015	2014	2013
실질 GDP증가률	%	1.71	0.94	1.35	0.38	2.00
명목GDP (달러)	백만 달러	4,872,137	4,949,273	4,394,978	4,850,414	5,155,717
명목GDP (현지통화)	백만 엔화	-	536,965,300	529,953,600	513,698,000	503,175,600
실질GDP (달러)	백만 달러	6,156,329	6,052,672	5,996,414	5,916,317	5,894,231
1인당 GDP	달러 (USD)	38,428.10	38,972.34	34,567.75	38,109.41	40,454.45
소비자물가 상승률	%	0.47	-0.11	0.79	2.76	0.34
실업률	%	2.88	3.12	3.38	3.58	4.01
이자율	%	0.0488	0.0434	0.2653	0.3276	0.7315
환율	-	112.17	108.79	121.04	105.94	97.60
수출실적	백만 달러	875,292	811,524	784,711	862,974	830,338
수입실적	백만 달러	837,572	771,080	807,987	991,579	955,467
무역수지	백만 달러	37,719.70	40,443.85	-23,275.91	-128,605	-125,128
대외부채	백만 달러	-	3,411,515	2,945,062	2,726,517	2,803,153
외환보유고	백만 달러	1,264,141	1,216,519	1,233,098	1,260,680	1,266,851
투자유치액 (FDI)	백만 달러	18,837.52	39,323.37	5,252.22	19,752.25	10,648.44
해외투자액 (ODI)	백만 달러	-	145,242	128,654	129,038	135,749

자료: 일본 재무성; 일본은행; IMF; JETRO(일본무역진흥기구); http://poll.einfomax.co.kr/ kotra.html#/ country/Japan

① 무역 동향

일본 JETRO가 발표한 무역통계에 따르면, 2017년 일본의 대(對)세계 수출은 전년대비 8.2% 증가한 6,972억 달러를 기록하며 2년여 증가세를 나타냈다. 그 주요 원인은 대(對)한국 반도체 등 제조장치와 대(對)미국 자동차 등의 수출 증가 호조세에서 찾을 수 있다. 한편, 수입액도 3년 만에 증가하였는데, 원유와 석탄 가격상승 등의 영향으로 수입액이 전년 대비 10.5% 증가한 6,701억 달러를 기록했다. 이에 2017년 일본의 무역수지는 271억 달러 흑자를 기록했다.

<표 4-10> 일본의 수출 및 수입 추이

(단위: 백만 달러, %)

연도	수출액	증감률	수입액	증감률	무역수지
2013년	719,229	-10.2	838,889	-5.6	-119,660
2014년	694,270	-3.5	817,103	-2.6	-122,832
2015년	625,068	-10.0	648,343	-20.7	-23,275
2016년	644,579	3.1	607,020	-6.4	37,559
2017년	697,221	8.2	670,079	10.5	26,250

자료: JETRO 무역통계

◆ 수출 · 입 동향

일본의 수출을 국가별로 살펴보면(표 4-11 참조), 대미(對美) 수출액 흑자가 자동차 수출 증가 등의 영향으로 3.0% 증가한 7조 232억 엔을 기록함으로써 가장 큰 비중(19.3%)을 차지했으며 다음으로 중국(19.0%)이 차지했다. 특이한 점은 대(對)영국 자동차 수출 증가로 10위에 올라섰다는 점이다(표 4-11 참조).

<표 4-11> 일본의 주요 수출 대상국 비중

(단위: %)

순위	2014년		2015년		2016년		2017년	
	국가	비중	국가	비중	국가	비중	국가	비중
1위	미국	18.6	미국	20.1	미국	20.2	미국	19.3
2위	중국	18.3	중국	17.5	중국	17.7	중국	19.0
3위	한국	7.5	한국	7.1	한국	7.2	한국	7.6
4위	대만	5.8	대만	5.9	대만	6.1	대만	5.8
5위	홍콩	5.5	홍콩	5.6	홍콩	5.2	홍콩	5.1
6위	태국	4.6	태국	4.5	태국	4.3	태국	4.2
7위	싱가포르	3.0	싱가포르	3.2	싱가포르	3.1	싱가포르	3.2
8위	독일	2.8	독일	2.6	독일	2.7	독일	2.7
9위	인도네시아	2.1	호주	2.1	호주	2.2	호주	2.3
10위	호주	2.1	베트남	2.0	영국	2.1	영국	2.2

자료: JETRO 무역통계 (2018년 7월 기준)

반면에 수입 측면에서는 대(對)중국 수입이 24.5%로 지속적인 1위를 차지하고 있으며, 다음으로 미국이 10.7%의 비중을 차지하고 있다. 또한, 호주(5.8%)로부터의 석탄 수입과 사우디아라비아(4.1%)로부터의 원유 수입 증가의 영향이 크게 작용한 것으로 나타났다. 또한, EU로부터의 수입은 대(對)독일(3.5%) 수입 증가로 전체적으로 968억 엔의 사상 최고치 무역적자를 기록했다.

<표 4-12> 일본의 주요 수입 대상국 비중

(단위: %)

순위	2014년		2015년		2016년		2017년	
	국가	비중	국가	비중	국가	비중	국가	비중
1위	중국	22.3	중국	24.8	중국	25.8	중국	24.5
2위	미국	8.8	미국	10.3	미국	11.1	미국	10.7
3위	호주	5.9	호주	5.5	호주	5.0	호주	5.8
4위	사우디아라비아	5.9	한국	4.1	한국	4.1	한국	4.2
5위	UAE	5.1	사우디아라비아	3.9	대만	3.8	사우디아라비아	4.1

6위	카타르	4.1	UAE	3.6	독일	3.6	대만	3.8
7위	한국	4.1	대만	3.6	태국	3.3	독일	3.5
8위	말레이시아	3.6	말레이시아	3.3	사우디 아라비아	3.2	태국	3.4
9위	인도네시아	3.2	태국	3.2	인도네시아	3.0	UAE	3.1
10위	대만	3.1	독일	3.1	UAE	2.9	인도네시아	3.0

자료: JETRO 무역통계(2018년 7월 기준)

일본의 주요 수출품목(표 4-13 참조)을 살펴보면, 2017년 일본의 수출에서 15.1% 비중을 차지한 자동차가 차지했으나 전년 대비 0.9% 증가에 그쳤다. 다음으로 반도체 등 전자부품이 전년 대비 7.7% 증가하며 5.1%의 비중을 차지했다. 또한, 전년 대비 8.8%의 가장 높은 증가율을 기록한 자동차 부품이 5.0%의 비중을 차지했다. 이를 놓고 볼 때, 반도체 등 전자부품과 자동차 부품의 수출 증가가 2017년 일본의 수출에의 기여가 컸던 것으로 나타났다.

<표 4-13> 일본의 주요 수출품목 (2017)

(단위: 백만 달러, %)

순위	품목	금액	성장률 (%)	성장기여율 (%)	수출 비중 (%)
-	총액	697,221	8.2	100.0	100.0
1	자동차	105,317	0.9	1.8	15.1
2	반도체 등 전자부품	35,830	7.7	4.9	5.1
3	자동차 부품	34,706	8.8	5.3	5.0
4	철 강	29,240	-13.8	4.1	4.2
5	원동기	22,232	3.7	3.5	3.5
6	반도체 등 제조장치	20,915	3.5	3.2	3.3
7	플라스틱	18,849	-4.0	2.9	3.2
8	광학기기	16,354	6.7	2.5	3.1
9	전자회로 등의 기기	15,418	-11.9	2.4	2.6
10	유기화합물	13,026	7.3	2.0	2.5

자료: JETRO 무역통계(2018년 7월 기준)

일본의 주요 수입품목(표 4-14 참조)을 살펴보면, 2017년 일본의 수입은 전년 대비 24.9% 증가한 원유가 9.5%의 수입 비중을 차지함으로써 가장 큰 비중을 기록했다. 또한, 석탄이 전년 대비 49.5%의 큰 폭의 증가율을 기록함으로써 3.4%의 수입 비중을 차지했다. 이를 놓고 볼 때, 2017년 일본의 수입은 원유와 석탄 등 가격상승에 따른 증가가 두드러졌음을 알 수 있다.

<표 4-14> 일본의 주요 수입품목 (2017)

(단위: 백만 달러, %)

순위	품목	금액	성장률 (%)	성장기여율 (%)	수입 비중 (%)
-	총액	670,971	10.5	100.0	100.0
1	원유 및 조유	63,635	24.9	19.9	9.5
2	액화천연가스	34,843	16.1	7.6	5.2
3	의류·동 부속품	27,683	0.3	0.1	4.1
4	통신기기	27,635	10.0	3.9	4.1
5	반도체 등 전자부품	24,901	7.8	2.8	3.7
6	의약품	23,559	-7.8	-3.1	3.5
7	석탄	22,871	49.5	11.8	3.4
8	전산기기류 (주변기기 포함)	17,495	10.8	2.7	2.6
9	비철금속	15,459	25.0	4.8	2.3
10	광학기기	15,332	7.1	1.6	2.3

자료: JETRO 무역통계 (2018년 7월 기준)

② 지역무역협정 참여 현황

한국, 중국, 일본 중 가장 먼저 RTAs 협상에 뛰어들었던 일본은 2012년 12월 현재 싱가포르, 멕시코, 칠레, 말레이시아, 태국, 인도네시아, 브루나이, 필리핀, ASEAN, 스위스, 베트남, 인도, 페루 등과의 EPA(Economic Partnership Agreement) 형태의 RTAs를 체결하였다. 일본이 체결하였거나 추진 중인 RTAs의 가장 큰 특징은 상품과 서비스 중심의 FTA보다 투자, 인적교류 확대 등을 포함하는 EPA를 적극적으로 추진 중이라는 점이다. ASEAN의 개별 회원국과도 EPA를 별도로 체결한 상태이다. 이에 따라, 일본은 2012년 현재 22개국과 총 13건의 RTAs를 체결한 상태이다.

현재 일본이 협상을 추진 중인 국가는 GCC, 몽골, 호주, 캐나다, 콜롬비아, 한-중-일, RCEP, 등이다. 한국과의 FTA는 제조업과 농산물시장 개방에 대한 의견 차이로 인해 2004년 11월 6차 협상을 끝으로 잠정 중단된 상태이다. 그 후, 2008년 4월 이명박(李明博) 대통령과 후쿠다 야스오(福田康夫) 일본 총리간 정상회담에서 실무협의의 재개에 합의하였고 2009년까지 4차례의 실무협의를, 2012년 6월까지 2차례의 국장급 협의와 3차에 걸친 과장급 실무협의를 진행한 바 있다. 한-일 FTA협상의 최대 이견(異見)은 대략 다음과 같이 정리할 수 있다. 한국은 2004년 11월 협상 중단 당시 쟁점이었던 일본의 농수산물 시장 개방, 비관세장벽 해소 등에 대해 절충점을 찾은 후에 협상을 재개하자는 주장이다. 반면에 일본은 협상의 구체적인 내용은 일단 협상재개이후 검토해야 한다는 입장을 보이고 있다.

한편, 일본은 EU 및 터키와의 협상 개시를 위한 예비교섭 단계를 밟고 있는 중이다. 미국이 포함된 TPP(Trans-Pacific Partnership) 협상은 2011년 3월 동일본대지진 여파 및 국내 농업부문의 반대로 인해 불확실한 상황이다.

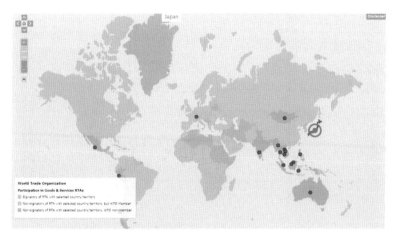

자료: WTO Website (https://www.wto.org/english/tratop_e/region_e/rta_ participation_map_e.htm).

<그림 4-5> 일본의 RTAs 체결 분포도 (2018년 10월 기준)

일본은 일반적으로 최근 EPA(경제연계협정)의 확대를 통해 대(對) 세계 및 아시아와의 경제·통상외교를 전개하고 있다. 일반적으로 FTA(자유무역협정)가 특정 국가 간의 품목 간 관세철폐를 통한 무역확대를 주목적으로 하나, EPA는 FTA에 더해서 투자 자유화나 노동력의 교류, 지식재산권 보호 제도 등의 상호 작성 등 산업협력을 전반적으로 도모한다. 그러나 일본의 경우, 자국 농업 품목 등의 보호를 위한 불완전한 관세철폐로 인해 완전한 의미의 FTA가 되지 않는 외국과의 협정을 EPA로 칭하며 추진하고 있다.

일본의 첫 번째 지역무역협정(RTA)인 일본-싱가폴 EPA(2002년 11월, 발효; 2007년 9월, 개정 협의 발효)는 농산물과 석유화학품을 제외한 투자·경쟁·상호인정·금융 분야에 대해 합의한 바 있다. 또한, 2002년 11월, 일본은 캄보디아 프놈펜에서 체결된 일본 -ASEAN CEP(Comprehensive Economic Partnership)를 통해 무역·투자 자유화를 비롯해 금융·정보·커뮤니케이션 기술·과학기술·인력개발·관광·에너지·식량 문제 등에 관한 협의를 포함한 바 있다.

특히 일본은 인도네시아, ASEAN 등과의 FTA 체결에 중점을 두고 활발히 협상한 결과 2009년 2월에 최종적으로 EPA를 발효하게 된다. 이는 2005년 7월 중국-ASEAN FTA 타결에 따른 아시아지역에서의 중국 영향력 확대에 위협을 느꼈기 때문으로 보인다.

```
┌─────────────────────────────────────────────┐
│            ※ CEP 또는 CEPA ※                   │
└─────────────────────────────────────────────┘
```

CEP 또는 CEPA는 Comprehensive Economic Partnership Agreement의 약자이며, '포괄적 경제동반자관계 기본 합의' 또는 '포괄적 경제동반자관계협정'을 의미한다(산업자원통상부 FTA 공식 웹사이트). CEP는 상품의 관세인하, 비관세장벽 제거 등 요소를 포함하면서 무역원활화 및 여타 협력 분야 등에 중점을 두고 있는 협정이며 그 내용에 있어서 기본적으로 자유무역협정으로 볼 수 있다. 대표적으로, 일본-ASEAN CEP(2002.11)와 인도-ASEAN CEP를 들 수 있다. 일본-ASEAN CEP는 무역·투자자유화·금융·정보·커뮤니케이션 기술·과학기술·인력개발·관광·에너지·식량 문제 등에 관한 협의를 포함한다. 인도-ASEAN CEP는 무역장벽의 최소화 또는 제거, 역내 무역·투자 증진, 경제효율성 제고, 국가간 발전격차 해소 등에 대해 합의하였다.

2009년에 발족한 새로운 민주당 정권의 하토야마 정부, 2010년 6월에 발족한 간 나오토 정부에 이어 2012년 12월에 출범한 현 아베 정권에 이르기까지 최근 일본 정부는 FTA 추진에 적극적인 모습을 보여주고 있다. 일본이 최근 체결 및 발효한 지역무역협정(RTA), 즉 EPA 국가로는 인도(2011년 8월), 페루(2012년 3월), 호주(2015년 1월), 몽골(2016년 6월) 등이 있다. 2018년 7월에는 EU와의 EPA 정식 타결을 선언한 바 있다. 이에 따라, EU지역에 수출 중인 한국 자동차 기업들의 큰 타격이 우려되고 있다.

2017년 3월 발표된 「경제협력 협정의 효과 및 무역투자 동향」에 따르면, 일본의 EPA 협정발효 중(2016년 기준)인 국가 및 지역이 일본의 총 무역액에서 차지하는 비중은 39.5%를 차지하는 것으로 나타났다. 이는 18.7%를 차지했던 5년 전과 비교하여 2배 이상 증가한 것이다. 이를 다시 현재 협상 중인 국가 또는 지역(터키, GCC, EU, 콜롬비아, 한국, 중국)까지 포함할 경우 일본의 총 무역에서 차지하는 비중은 85%에 달한다.

<표 4-15> 일본의 RTAs 체결현황 (2018.8월 기준)

국가명	기체결 사안	정부간 협상 중 사안	검토 중 사안
일본	(발효) 싱가포르 EPA, 멕시코 EPA, 말레이시아 EPA, 칠레 FTA, 태국 EPA, 인도네시아 EPA, 브루나이 EPA, 필리핀 EPA, ASEAN EPA, 스위스 EPA, 베트남 EPA, 인도 EPA, 페루 EPA, 호주 EPA, 몽골 EPA	(협상중) 캐나다 EPA, 콜롬비아 EPA, 한중일 FTA, RCEP, 터키 EPA	FTAAP(아시아·태평양자유무역지대), 뉴질랜드 FTA
	(서명) CPTPP (타결) EU EPA	(협상재개·개시 여건조성) 한국 FTA, GCC FTA, MERCOSUR FTA	

자료: 산업자원통상부-FTA 강국, KOREA website (http://fta.go.kr/main/ situation/fta/world/)

3) 한국의 지역무역협정 참여

1999년 12월 칠레와의 FTA 협상 개시와 함께 본격적인 FTA 정책을 추진하기 시작한 한국은 현재 거대 선진경제권인 미국, EU 등과의 FTA를 포함하여 총 8건을 발효 중이다. 또한, 2012년 6월에는 한-콜롬비아 FTA를 타결하였고, 같은 해 8월에는 한-터키 FTA 기본협정 및 상품무역협정에 정식 서명하였다. 이에 따라 한국은 2012년 현재 47개국과 총 10건의 RTAs를 체결한 상태이다.

한국이 현재 FTA 협상을 진행 중인 국가는 캐나다, 멕시코, GCC(걸프협력회의), 호주, 뉴질랜드, 인도네시아, 중국, 베트남, 한-

중-일, RCEP 등이며, 협상 준비 또는 공동연구를 진행 중인 국가는 MERCOSUR, 이스라엘, 몽골, 중미, 말레이시아 등이다. 2004년 중단된 일본과의 FTA는 현재 협상 재개를 위한 실무협의가 진행되고 있다.[83] 한-중 FTA는 2004년 9월 한-중 통상장관회담에서 민간공동연구 추진에 합의하면서 논의되기 시작해 2007년 3월에서 2010년 5월까지 산·관·학 공동연구가 이루어졌으며, 2012년 5월 공식협상이 개시되었다. 한-중 FTA 체결을 위한 정부간협상은 2012년 10월 경주에서 개최한 4차 협상까지 진행된 상태이다. 한-중 FTA 정부간협상은 양국 간 양허 교환 등이 이루어질 것으로 보이는 2013년부터 본격화될 것으로 보인다.

전반적으로 볼 때, 한국의 RTAs 추진은 거대경제권, 자원부국 및 주요 거점지역 등과의 FTA를 전략적으로 추진하고 있는 상태이다.

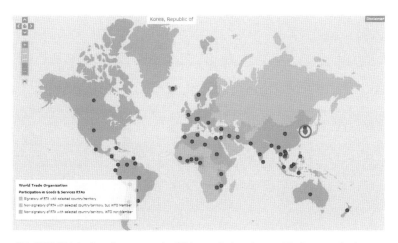

자료: WTO Website (https://www.wto.org/english/tratop_e/region_e/ rta_participation_map_e.htm).

<그림 4-6> 한국의 RTAs 체결 분포도 (2018년 10월 기준)

83) MERCOSUR 정회원국은 아르헨티나, 브라질, 파라과이, 우루과이이고, 한국과의 FTA 공동연구에 참여한 중미 5개국은 파나마, 코스타리카, 과테말라, 온두라스, 도미니카공화국임.

이를 통해 한국경제의 취약점을 극복하는 한편 상호보완적인 FTA 네트워크를 구축함에 목적을 두고 있는 것으로 보인다.

4) 캐나다[84)]

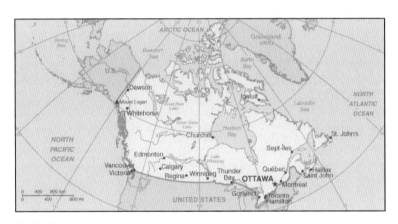

자료원: CIA

캐나다는 미주대륙 북부에 위치하여 서부해안이 태평양에 접해 있다. 캐나다의 국토면적은 998.5만 km²에 달해 한반도의 약 46배, 남한의 101배 정도 큰 규모이나, 인구는 약 3,704만 명(2018년 4월 기준)에 불과하다. 캐나다의 GDP는 2017년 기준으로 1조 6,520억 달러이며, 1인당 GDP는 45,070달러를 기록 중이다. 보다 자세한 경제지표는 아래 표와 같다.

84) 동 부분은 KOTRA 해외시장뉴스: 국가·지역정보, http://news.kotra.or.kr/user/ nationInfo/kotranews/ 14/userNationBasicView.do?nationIdx=163를 기준으로 작성함.

<표 4-16> 캐나다의 주요 경제지표

연간 지표	단위	2017	2016	2015	2014	2013
실질 GDP증가율	%	-	1.41	1.00	2.86	2.48
명목GDP (달러)	백만 달러	1,653,043	1,535,768	1,559,623	1,799,269	1,842,628
명목GDP (현지통화)	백만 캐나다 달러	-	2,026,833	1,985,654	1,976,228	1,879,478
실질GDP (달러)	백만 달러	1,883,708	1,828,002	1,802,513	1,784,651	1,735,101
1인당 GDP	달러 (USD)	45,032.12	42,348.95	43,525.37	50,633.21	52,418.32
소비자물가 상승률	%	1.61	1.42	1.12	1.92	0.93
실업률	%	-	6.98	6.90	6.93	7.10
이자율	%	2.0438	1.7267	1.3985	1.7874	2.7674
환율	-	1.30	1.33	1.28	1.11	1.03
수출실적	백만 달러	510,777	475,842	492,112	567,620	555,777
수입실적	백만 달러	548,493	513,165	530,857	585,300	586,154
무역수지	백만 달러	-37,716.35	-37,322.61	-38,745.06	-17,679.19	-30,377.44
대외부채	백만 달러	-	1,755,927	1,590,860	1,574,937	1,491,395
외환보유고	백만 달러	86,677.71	82,718.10	79,753.52	74,700.00	71,937.09
투자유치액 (FDI)	백만 달러	27,525.63	34,612.04	61,642.19	64,100.01	67,047.60
해외투자액 (ODI)	백만 달러	-	66,402.60	67,036.98	60,465.60	57,381.04

자료: http://poll.einfomax.co.kr/kotra.html#/country/Canada

① 무역 동향

캐나다는 수출이 GDP의 약 1/3을 차지한다는 점에서 해외 경기 변동과 수출 여건 변화에 매우 민감한 편이다. 캐나다의 무역 비중에서 미국은 캐나다 수출의 약 70%, 수입의 약 50% 이상을 차지하는 최대 무역상대국이라는 점에서 미국의 경기 흐름에 따라 캐나다의 수출·입과 경기 흐름도 큰 영향을 받는 구조이다.

2017년 기준, 캐나다의 무역액은 8,531억 달러를 기록했다. 그 중, 캐나다의 수출은 전년 대비 약 7.9% 증가한 4,210억 달러를 기록했는데, 주요 원인은 석유, 원유, 유연탄 등 에너지산업의 회복세에 따른 것으로 보인다. 반면에 농수산물, 식료품, 의약품 등의 수출은 감소하였다. 한편, 캐나다의 수입은 전년 대비 7.4% 증가한 4,321억 달러를 기록했다. 캐나다의 수입 증가의 주요 원인은 중국산 IT기기 및 가전제품과 일본산 자동차, 중동산 원유 등의 확대에서 찾을 수 있다.

<표 4-17> 캐나다의 수출·입 및 무역수지 추이

(단위: 백만 달러)

구 분	2012	2013	2014	2015	2016	2017
수출	455,398	458,260	476,940	409,820	390,319	421,035
수입	462,303	461,867	463,746	419,271	402,455	432,114
무역수지	-6,905	-3,606	13,194	-9,451	-12,136	-11,079

자료: 캐나다 통계청

캐나다의 주요 수출상대국은 미국, 중국, 영국, 일본, 멕시코, 한국, 인도 등의 순으로 되어 있다. 그러나 2017년 기준, 캐나다 전체 수출의 약 75.8%를 미국이 차지하고 있어 실제로는 대(對)미국 수출에 집중된 구조이다. 이를 놓고 볼 때, 캐나다 정부의 수출 다변화 노력에도 불구하고 캐나다의 대(對)미국 수출의존도가 높은 수준에서 유지되고 있음을 방증하는 것이다.

<표 4-18> 캐나다의 10대 수출상대국 추이

(단위: 백만 달러)

순위	구 분	2013	2014	2015	2016	2017
1	미국	347,535	366,425	314,498	297,732	319,411
2	중국	19,897	17,470	15,781	15,831	18,181
3	영국	13,555	13,782	12,475	12,906	13,627
4	일본	10,324	9,742	7,646	8,091	9,111
5	멕시코	5,277	5,118	5,193	5,761	6,048
6	한국	3,399	3,781	3,143	3,305	4,086
7	인도	2,719	2,918	3,383	3,006	3,294
8	독일	3,331	2,826	2,825	3,069	3,186
9	벨기에	2,477	3,192	2,444	2,426	2,707
10	프랑스	3,052	2,999	2,445	2,569	2,626
	기타	46,694	48,687	39,987	35,623	38,758
총 수출액		458,260	476,940	409,820	390,319	421,035

자료: 캐나다 통계청

반면에, 캐나다의 주요 수입상대국은 미국, 중국, 멕시코, 일본, 독일, 영국, 한국 등의 순서로 되어 있다. 2017년 기준으로, 미국은 캐나다 수입시장의 51.3%를 차지함으로써, 수출과 마찬가지로 캐나다 수입시장에서 가장 큰 비중을 차지하는 것으로 나타났다. 특히 주요 수입품목인 자동차, 부품, 타이어, 트럭, 헬리콥터 등 운송기기의 수입이 증가하면서 미국, EU 국가 등의 수입 비중이 증가한 것으로 나타났다.

<표 4-19> 캐나다의 10대 수입상대국 추이

(단위: 백만 달러, %)

순위	구 분	2013	2014	2015	2016	2017
1	미국	240,610	252,129	223,345	210,042	221,810
2	중국	51,208	53,093	51,273	48,598	54,623
3	멕시코	25,953	26,090	24,403	25,046	27,332
4	독일	14,954	14,467	13,574	13,013	13,816
5	일본	13,341	12,059	11,578	11,927	13,493
6	영국	8,183	8,327	7,218	6,233	6,848
7	한국	7,125	6,561	6,173	8,003	6,710
8	이탈리아	5,661	5,818	5,767	5,691	6,278
9	프랑스	5,229	5,390	5,314	4,512	4,761
10	대만	4,578	4,190	4,272	3,834	4,191
	기타	85,025	75,622	66,354	65,556	72,252
수입 총액		461,867	463,746	419,271	402,455	432,114

자료: 캐나다 통계청

이를 품목별로 살펴보면 다음과 같다. 먼저, 캐나다의 주요 수출
품목이다. 통상적으로 캐나다의 주요 수출품은 원유, 금, 정제유, 천
연가스, 원목, 알루미늄, 원목 등의 에너지·자원과 산업용 원재료가
주요 품목을 구성하고 있다. 또한, 밀, 유채꽃 유지성분 등 농산물도
높은 비중을 차지하고 있다. 이와 함께, 자동차 부품부터 완성차에
이르는 자동차산업제품들이 캐나다의 수출에 중요한 비중을 차지하
고 있다.

특히 캐나다의 최대 수출품목인 원유는 2017년 기준으로 전체 수
출액의 12.8%를 차지하였다. 캐나다의 원유 전체 수출량의 97%는
미국으로 수출된다. 더욱이, 베네수엘라 원유생산 감소로 캐나다산
중질유가 미국 텍사스주 정유시장으로의 수출을 확대하고 있다. 캐
나다 서부의 오일샌드에서 추출되는 원유는 텍사스 중질유(WT)보

다 약 10~20% 저렴한 가격에 판매되어 수요가 많은 편이다. 앞으로 에너지 기업들이 캐나다 서부지역에서 오일 및 가스 생산량을 대폭 확대할 전망이어서 향후 대(對)미국 원유 수출은 더욱 증가할 것으로 예상된다. 전체 수출비중에서 11.0%를 차지하는 수출품목 2위인 승용차는 주로 미국으로 수출되고 있으며 중국, 멕시코, 독일 등으로 일부 수출되고 있다.

<표 4-20> 캐나다의 10대 주요 수출품목 추이

(단위: 백만 달러, %)

순위	품목명 (HS Code)	2013	2014	2015	2016	2017
1	원유 (2709)	79,362	88,230	50,161	39,516	53,998
2	승용차 (8703)	45,187	44,933	44,821	48,825	46,457
3	금 (7108)	15,715	14,992	12,411	12,458	13,203
4	정제유 (2710)	18,453	15,204	11,427	8,143	11,329
5	자동차부품 (8708)	10,402	11,057	10,917	10,604	10,502
6	천연가스 (2711)	12,952	17,021	9,204	7,790	10,174
7	원목 (4407)	7,438	7,825	6,922	7,794	8,335
8	알루미늄 (7601)	5,659	5,767	5,148	5,040	6,327
9	항공기 (8802)	6,501	8,159	8,288	6,202	6,078
10	터보 제트·프로펠러 (8411)	4,349	4,924	4,777	5,208	5,896
총 수출액 (기타 포함)		458,260	476,940	409,820	390,319	421,035

자료: 캐나다 통계청

한편, 캐나다의 주요 수입품목은 다음과 같은 특징이 존재한다. 자동차와 원유가 캐나다 수출입 구조에서 상위 수출품목인 동시에 수입품목이라는 점이 매우 특이한 부분이다. 다만, 두 품목의 수출과 수입 규모를 비교할 때 수출 규모가 더 크다는 점에서 순수출 품목이라는 것을 알 수 있다.

자동차의 경우, 통상적으로 캐나다 국내 생산량의 약 80% 이상이 대(對)미국 수출용으로 제작되고 있으며, 내수용으로는 약 20%만이 판매된다. 캐나다 내에 생산기지를 두고 있는 GM, Ford, Chrysler, Toyota, Honda와 같은 업체는 자동차 부품을 캐나다 국내에서 조달하기도 하지만 미국, 일본 등에서 상당 부분을 수입하고 있다. 이러한 자동차산업의 구조적인 특징으로 인해 완성차와 자동차 부품은 수출과 수입품목에서 항상 상위권을 유지하고 있다.

원유도 매우 흥미로운 수출·입 구조를 보인다. 캐나다의 경우, 원유가 수출과 수입 모두에서 상위권을 차지하고 있기 때문이다. 원유가 수입 상위권에 속하는 제품인 까닭은 캐나다 제조업의 중심지인 동부에서는 수입된 원유를 이용하기 때문이다. 비록 캐나다 서부에서 원유가 생산되고 있으나, 서부와 동부를 잇는 파이프라인이 아직 존재하지 않고 육로 운송에는 운송비가 더욱 소요되기 때문에 북해 또는 중동에서 생산된 원유가 주로 수입되어 동부지역의 제조업에 활용되고 있다.

그 외에도 금(金)도 원유·자동차와 같이 캐나다의 주요 수출품인 동시에 수입품을 차지하고 있다. 그 이유는 국내 생산 외에 중남미에서 활동을 벌이는 캐나다 기업이 캐나다로 역(逆)수입 후 내수용과 수출용으로 재판매하는 산업 특성에 비롯되고 있다.

<표 4-21> 캐나다의 10대 주요 수입품목 추이

(단위: 백만 달러, %)

순위	품목명 (HS Code)	2013	2014	2015	2016	2017
1	승용차 (8703)	26,335	27,043	26,272	26,410	28,608
2	자동차부품 (8708)	21,551	20,586	19,885	20,545	20,511
3	트럭 (8704)	13,189	12,793	11,877	12,992	15,739
4	원유 (2709)	26,236	21,541	13,119	10,881	12,759
5	정제유 (2710)	17,375	18,428	11,920	11,047	12,289
6	휴대전화 (8517)	9,411	9,125	9,579	9,000	10,176
7	자동자료처리기계 및 단위기기 (8471)	8,957	8,915	7,893	7,793	8,553
8	의약품 (3004)	8,436	8,624	7,545	7,209	7,201
9	금 (7108)	9,281	8,010	6,538	5,589	5,479
10	엔진 (8407)	4,701	4,142	4,074	4,905	4,910
총 수입액 (기타 포함)		461,867	463,746	419,271	402,455	432,114

자료: 캐나다 통계청

② 지역무역협정 참여 현황

캐나다의 FTA 정책 기조는 전통적으로 다자간 무역협정을 중시하는 통상정책을 유지해 왔으나 NAFTA 체결 이후에는 세계적 FTA 체결 조류에 부응하고 적극적으로 FTA를 체결해 자국의 무역이익을 극대화하는 전략을 추구하고 있다. 캐나다가 체결하였거나 추진 중인 RTAs를 지역별로 살펴보면 다음과 같다.

첫째, 중남미 지역의 경우, 파나마(2013년 4월 1일 발효), 콜롬비

아(2011년 8월 15일 발효), 페루(2009년 8월 1일 발효), 코스타리카
(2002년 11월 1일 발효), 칠레(1997년 7월 5일 발효) 등과 FTA 관
계를 구축하고 있다. 이를 통해, 중남미 주요 국가 또는 경제블록에
대한 진출을 강화하는 추세이다.

둘째, 중동지역의 경우, 이스라엘(1997년 1월 1일 발효), 요르단
(2012년 10월 1일 발효) 등과의 FTA 체결을 통해 중동국가 진출을
위한 기반을 마련했다. 또한, 터키와는 2010년 10월 FTA 검토를 위
한 사전 예비작업에 착수한 상태이다.

셋째, 유럽지역의 경우, EFTA(스위스, 노르웨이, 아이슬란드, 리
히텐슈타인)와의 FTA를 발효(2009년 7월 1일)한 상태이며, EU와는
포괄적경제무역협정(CETA)을 체결하고 2017년 9월 21일부터 잠정
발효한 상태이다. CETA는 앞으로 캐나다 및 EU 회원국 의회의 비
준을 거쳐 정식 발효될 예정이다.

넷째, 아시아지역의 경우, 동북아경제권 부상에 따라 한국과의
FTA는 이미 발효(2015년 1월 1일)된 상태이며, 일본·싱가포르와는
FTA 체결을 위한 정부간 협상을 진행 중이다. 또한, 최근 들어 주요
소비시장으로 급부상하고 있는 중국과는 FTA 추진을 위한 사전 타
당성 검토를 진행 중이며, 인도와는 정부간 협상을 진행 중이다.

근래 들어 캐나다의 RTAs 추진 방향의 핵심은 대미(對美) 무역의
존도에서 탈피하는 동시에 새로운 시장개척을 통해 무역구조를 개
선함에 목표를 두고 있는 것으로 보인다. 캐나다의 무역 규모는
Auto Pact(1966년; 2001년 폐지), CUSFTA(1989년), NAFTA(1994
년) 등 전체 교역량의 70%를 차지하는 미국과의 협력을 통해 급성
장했다. 그러나, 최근에는 대미(對美) 의존적인 형태에서 탈피하고
글로벌 경제 활성화 추세에 맞추어 다수의 국가 및 지역들과의

RTAs를 추진 중이다. 이에 따라, 아시아지역 시장진출을 위해 한국과는 이미 FTA를 발효하였고 일본, 인도, 싱가포르 등과 RTAs 협상을 진행 중이다. 또한, 2018년 3월 아시아·태평양 지역 11개국의 다자간 자유무역협정인 포괄적·점진적 환태평양경제동반자협정(Comprehensive and Progress Agreement for Trans-Pacific Partnership; CPTPP)을 타결함으로써 조만간 발효될 예정이다.

이처럼 캐나다는 RTAs 체결 효과를 극대화하기 위해 상품 분야에서의 관세철폐뿐만 아니라 서비스, 투자, 정부조달, 지식재산권 등을 포함하는 포괄적인 범위의 FTA를 지향하고 있다. 또한, WTO의 상품과 서비스 관련 규범과 일치하는 높은 수준의 FTA 추진을 지향함으로써 다자주의를 보완하고 FTA를 통한 국내 제도개선 및 선진화를 도모하고 있는 것으로 알려지고 있다.

<표 4-22> 캐나다의 FTA 체결현황 (2018.8월 기준)

국가명	기체결 사안	정부간 협상 중 사안	검토 중 사안
캐나다	(발효) NAFTA(북미자유무역지대) → USMCA로 전환(2018.10.1. 합의) 이스라엘 FTA, 칠레 FTA, 코스타리카 FTA, EFTA FTA, 페루 FTA, 콜롬비아 FTA, 요르단 FTA, 파나마 FTA, 온두라스 FTA, 한국 FTA, EU CETA	CARICOM FTA, CA4 FTA (중미 4개국: 과테말라, 니카라과, 엘살바도르, 온두라스), 도미니카공화국 FTA, 인도 CEPA, 일본 EPA, 모로코 FTA, 싱가포르 FTA, 우크라이나 FTA, MERCOSUR FTA, 태평양동맹(PA)	CAN FTA, 터키 FTA, 태국 FTA, FTAAP, 중국 FTA
	(서명) CPTPP	(협상중단) FTAA(미주자유무역지대: 쿠바를 제외한 미주 34개국)	

자료: 산업자원통상부-FTA 강국, KOREA website (http://fta.go.kr/main/ situation/fta/world/)

5) 호주[85)]

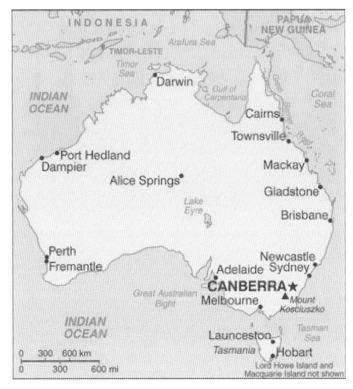

자료원: CIA

호주는 오세아니아에 위치하며 태평양과 인도양 사이에 존재하고
있다. 호주의 국토면적은 768만 ㎢에 달해 한반도의 약 35배, 남한
의 약 80배 정도로 큰 규모이나, 인구는 약 2,497만 명(2018년 6월
기준)에 불과하다. 호주의 명목 GDP는 2017년 기준으로 1조 3,234

---

85) 동 부분은 KOTRA 해외시장뉴스 국가 · 지역정보, http://news.kotra.or.kr/user/nation Info/kotranews/
14/userNationBasicView.do?nationIdx=111를 기준으로 작성함.

억 달러이며, 1인당 GDP는 53,800달러를 기록 중이다. 보다 자세한
경제지표는 아래 표와 같다.

<표 4-23> 호주의 주요 경제지표

연간 지표	단위	2017	2016	2015	2014	2013
실질 GDP증가율	%	2.27	2.65	2.47	2.62	2.16
명목GDP (달러)	백만 달러	1,323,421	1,208,039	1,349,034	1,464,955	1,573,697
명목GDP (현지통화)	백만 호주 달러	-	1,692,555	1,634,255	1,605,776	1,558,920
실질GDP (달러)	백만 달러	1,375,718	1,349,305	1,312,204	1,282,061	1,250,080
1인당 GDP	달러 (USD)	53,799.94	49,896.68	56,561.41	62,327.56	67,990.29
소비자물가 상승률	%	1.97	1.25	1.51	2.51	2.45
실업률	%	5.60	5.71	6.06	6.07	5.66
이자율	%	2.6431	2.7650	2.8248	2.7439	4.2451
환율	-	1.30	1.35	1.33	1.11	1.04
수출실적	백만 달러	297,270	248,404	237,376	294,725	307,258
수입실적	백만 달러	288,475	257,931	264,864	302,696	314,679
무역수지	백만 달러	8,794.91	-9,526.61	-27,487.62	-7,971.20	-7,420.88
대외부채	백만 달러	-	1,466,033	1,410,000	1,404,000	1,374,000
외환보유고	백만 달러	66,597.72	53,555.79	45,712.03	53,910.35	52,837.03
투자유치액 (FDI)	백만 달러	48,752.33	42,579.99	37,419.46	45,978.80	53,997.30
해외투자액 (ODI)	백만 달러	-	6,011.70	-1,671.56	306.48	1,441.34

자료: http://poll.einfomax.co.kr/kotra.html#/country/Australia

① 무역 동향

2017년 기준, 호주의 무역 규모는 지난 5년간 감소세에서 벗어나 회복세로 전환하고 있음을 알 수 있다. 2017년 기준으로, 호주의 총 무역액은 4,524억 달러로 전년 대비 약 18.5% 증가함으로써 그동안 의 마이너스(-) 성장에서 탈피하였다. 호주의 주요 무역상대국은 중국, 일본, 미국, 한국 등의 순서를 기록 중이다.

<표 4-24> 호주의 무역 규모

(단위: 백만 달러, %)

연도	수출		수입		무역수지
	금액	증감률	금액	증감률	
2013	253,547	-1.5	256,062	-7.1	-2,515
2014	240,639	-5.1	250,538	-2.2	-9,899
2015	188,631	-21.6	220,983	-11.8	-32,352
2016	192,489	2.0	189,291	-14.3	3,198
2017	231,050	20.0	221,332	16.9	9,718

자료: IMF (http://data.imf.org/regular.aspx?key=61545870).

특히 수출의 경우, 2016년 상반기까지 지난 4년간 수출이 지속 하락했으나 2016년 말부터 플러스(+) 성장세로 전환하였다. 2017년 들어 전년 대비 약 20% 증가하는 높은 증가세를 기록하였다. 호주 수출 증가의 주요 원인은 2016년 말부터 국제 유가 및 원자재가격 이 회복세에 접어들었기 때문으로 풀이된다.

<표 4-25> 호주의 수출 및 주요 수출상대국 추이

(단위: 억 달러, %)

순위	국가	2014		2015		2016		2017	
		금액	증감률	금액	증감률	금액	증감률	금액	증감률
-	전체	2,400	-5.1	1,877	-21.8	1,925	2.6	2,312	20.1
1	중국	754	-10.4	566	-24.1	609	-7.8	764	25.5
2	일본	430	-5.3	298	-30.7	265	-11.2	338	27.8
3	한국	179	-3.7	133	-25.7	129	-3.3	156	21.1
4	인도	80	-13.9	78	-2.5	84	8.1	126	43.9
5	홍콩	89	-14.0	68	-24.0	75	9.9	92	23.8

자료: Global Trade Atlas

호주의 수입액도 2012년을 정점으로 감소세를 보여왔으나 2017
년에는 17% 가량 상승한 2,214달러의 수입액을 기록했다. 특히 한
국으로부터의 수입은 99% 대폭 증가했는데 이는 LNG 해양플랜트
(3척) 및 선박제품의 수입이 크게 증가에 기인한 것으로 판단된다.

<표 4-26> 호주의 수입 및 주요 수입상대국 추이

(단위: 억 달러, %)

순위	국가	2014		2015		2016		2017	
		금액	증감률	금액	증감률	금액	증감률	금액	증감률
-	전체	2,281	-2.0	2,006	-12.1	1,893	-5.6	2,214	17.0
1	중국	468	3.1	463	-1.5	442	-4.5	491	11.2
2	미국	239	0.5	223	-6.8	215	-3.6	228	6.3
3	일본	156	-15.2	148	-4.8	147	-1.7	161	10.3
4	한국	112	9.0	114	2.5	109	6.7	161	98.8
5	기타	62	41.3	52	-15.3	19	-65.1	117	544.5

자료: Global Trade Atlas

품목별 수출 동향을 보면, 2017년에는 환율 약세 및 FTA 체결 국
가들과의 안정적 교역활동으로 일부 귀금속류 및 핵반응 기계를 제
외한 대부분 품목의 수출이 증가했으며 총 수출규모는 전년 대비
38.7% 늘어났다. 2017년 이후 지속된 세계적 원자재가격 회복으로
2018년에도 호주의 광물성 연료(유연탄, 철강석) 등의 수출금액이
증가할 것으로 전망된다.

<표 4-27> 호주의 주요 수출품목

(단위: 억 달러, %)

순위	품목	2016		2017		2018	
		금액	증감률	금액	증감률	금액	증감률
1	광물성 연료	504	7.7	699	38.7	270	26.7
2	광물	500	3.5	594	19.7	201	-3.8
3	귀금속류	159	25.4	154	-3.0	60	24.9
4	육류	82	-16.6	90	10.2	30	15.7
5	곡류	51	-21.6	66	28.5	20	-26.6
6	무기화학물 및 희토류	46	-6.5	62	34.8	24	21.4
7	핵반응기계	48	-16.7	46	-4.8	15	10.0
8	특수지정상품	45	0.6	45	-2.2	13	-12.1
9	알루미늄	29	-15.0	32	7.9	13	40.8
10	광학 및 의료기구	27	4.2	31	16.2	10	7.6

자료: Global Trade Atlas

2017년에는 LNG 등 광물성 연료 수입이 30% 증가했으며 자동
차 수입 역시 꾸준히 증가해 전년 대비 12% 이상 상승했다. 호주
자동차 제조 공장의 폐쇄(2016년)와 FTA 발효의 영향으로 2018년
에도 자동차 및 관련 부품(Aftermarket) 등 수입은 늘어날 것으로 전

망된다. 2017년 선박, 보트 및 해양구조물의 수입 증가는 한국으로
부터 2017년 4월 인도된 LNG 해양플랜트(prelude) 및 선박 인도로
인한 일시적 증가이다.

<표 4-28> 호주의 주요 수입품목

(단위: 억 달러, %)

순위	품 목	2016		2017		2018	
		금액	증감률	금액	증감률	금액	증감률
1	자동차	263	5.5	295	12.3	103	17.6
2	핵반응 기계	273	-14.8	289	5.9	103	20.8
3	광물성 연료	176	-19.2	229	30.0	94	21.2
4	전자기기	202	-1.8	229	13.3	79	20.4
5	특수지정상품	19	-65.1	118	545.4	16	153.8
6	의약품	78	7.6	79	1.3	28	10.6
7	광학 및 의료기구	78	1.3	79	0.4	27	8.5
8	선박, 보트 및 해양구조물	7	2.5	70	884.2	2	-36.3
9	귀금속류	77	43.7	67	-13.2	24	-0.4
10	플라스틱류	54	-1.1	59	8.3	20	11.4

자료: Global Trade Atlas

② 지역무역협정 참여 현황

호주의 RTAs 정책 기조는 보호무역주의가 강화되는 진 세계적인
추세와 달리 오히려 수입규제 품목이 감소하는 등 자유무역주의 형
태를 보이며 다양한 형태의 지역무역협정에 참여하고 있다. 이를 반
영하듯, 런던에서 개최된 G20 정상회담 이전에도 호주는 주요 선진
국들의 보호무역주의 움직임은 반드시 철폐되어야 한다는 내용의
제안서를 보냈으며 미국의 무역장벽 강화로 자국 철강산업의 위기

가 예상되자 이를 크게 비판하기도 했다. 그 배경에는 호주가 자국 제조업 경쟁력이 날로 위축되면서 관세 및 비관세장벽으로 제조업을 보호하기보다는 오히려 서비스부문을 포함한 전체 교역 장벽을 낮춰 자국이 강점을 지닌 서비스부문의 해외진출을 확대하기 위한 것으로 분석된다. 이를 놓고 볼 때, 호주는 앞으로도 RCEP 등 지역무역협정을 통해 자국 산업의 해외 진출을 적극 지원할 것으로 예상된다. 호주의 RTAs 체결 현황은 아래 표와 같다.

<표 4-29> 호주의 RTAs 체결현황 (2018.8월 기준)

국가명	기체결 사안	정부간 협상 중 사안	검토 중 사안
호주	(발효) 뉴질랜드 FTA, 싱가포르 FTA, 미국 FTA, 태국 FTA, 칠레 FTA, 뉴질랜드·ASEAN FTA, 말레이시아 FTA, 한국 FTA, 일본 EPA, 중국 FTA	(협상중) 인도네시아 CEPA, 인도 CECA, RCEP, 태평양동맹(PA)	FTAAP
	(정식서명) PACER Plus(호주, 뉴질랜드와 태평양제도포럼에 속하는 14개 남태평양 도서국가)	(협상재개 여건조성) GCC FTA	
	(서명) CPTPP		
	(타결) 페루 FTA		

자료: 산업자원통상부-FTA 강국, KOREA website (http://fta.go.kr/main/ situation/fta/world/)

6) 뉴질랜드[86]

<표 4-30> 뉴질랜드의 주요 경제 지표

연간지표	단위	2017	2016	2015	2014	2013
실질GDP증가율	%	3.04	4.15	4.17	3.17	2.19
명목GDP(달러)	백만달러	205,853	189,286	177,621	200,955	190,785
명목GDP (현지통화)	백만, 현지통화, SA	-	265,905	251,005	240,523	227,880
실질GDP(달러)	백만달러	181,463	176,129	170,219	162,992	157,412
1인당 GDP	달러 (USD)	42,940.58	40,331.96	38,649.38	44,560.64	42,949.33
소비자물가상승률	%	1.85	0.64	0.31	1.22	1.13
실업률	%	4.70	5.10	5.38	5.35	5.75
환율	-	1.41	1.44	1.43	1.21	1.22
수출실적	백만달러	54,334.79	48,534.69	48,944.80	56,380.16	53,217.38
수입실적	백만달러	52,694.96	47,515.46	47,501.48	54,192.73	51,324.86
무역수지	백만달러	1,639.82	1,019.23	1,443.32	2,187.43	1,892.52
대외부채	백만달러	-	183,105	171,428	190,631	191,122
외환보유고	백만달러	20,683.74	17,808.38	14,699.80	15,861.08	16,317.77
투자유치액 (FDI)	백만달러	3,346.68	1,934.89	-9.81	3,249.06	-69.52
해외투자액 (ODI)	백만달러	-	-43.86	89.96	471.06	529.76

자료: http://poll.einfomax.co.kr/kotra.html#/country/NewZealand

---

86) 동 부분은 KOTRA 해외시장뉴스: 국가·지역정보, http://news.kotra.or.kr/user/nation Info/kotranews/
14/userNationBasicView.do?nationIdx=153를 기준으로 작성함.

① 무역 동향

<표 4-31> 뉴질랜드의 연도별 수출입 실적

(단위: 백만 달러, %)

구분	2014	2015	2016	2017
수출(증감률)	41,617(-5.51)	34,364(-17.43)	33,756(-1.76)	38,075(12.80)
수입(증감률)	42,507(-7.23)	36,571(-13.96)	36,079(-1.31)	38,342(11.43)
교역량(증감률)	84,124(-6.37)	70,935(-15.68)	69,835(1.51)	76,417(12.11)
무역수지	-890	-2,199	-2,323	-266

자료원: World Trade Atlas(2018년 7월 확인 가능 최신 통계)

<표 4-32> 뉴질랜드의 주요 수출 대상국

(단위: 백만 달러, %)

국가명	2016		2017		
	금액	증감률	금액	증감률	비중
전체	33,756	-1.76	38,075	12.80	100.00
중국	6,573	9.01	8,578	30.49	22.53
호주	5,779	-0.70	6,263	8.38	16.45
미국	3,680	-9.27	3,782	2.77	9.93
일본	2,074	0.22	2,278	9.83	5.98
한국	1,038	-5.33	1,060	2.08	2.78
영국	1,015	-13.63	1,029	1.35	2.70
싱가폴	776	-1.80	808	4.11	2.12
대만	757	-3.50	802	5.96	2.11
홍콩	525	5.42	781	40.78	2.05
말레이시아	554	-16.64	722	30.36	1.90

자료원: World Trade Atlas(2018년 7월 확인 가능 최신 통계)

2017년 10대 수출국이 전체 수출의 69%를 차지하고 있으며 낙농품, 육류, 곡물 및 의약품 수출 증가에 힘입어 중국 등 아시아지역 수출이 큰 폭으로 증가했다.

<표 4-33> 뉴질랜드의 주요 수입대상국

(단위: 백만 달러, %)

국가명	2016		2017		
	금액	증감률	금액	증감률	비중
전체	36,079	-1.31	38,342	11.43	100.00
중국	7,205	1.10	7,487	7.61	19.53
호주	4,534	4.65	4,722	8.70	12.31
미국	4,085	-4.63	4,087	4.56	10.66
일본	2,558	6.69	2,746	16.12	7.16
독일	1,750	2.34	2,049	22.81	5.34
태국	1,624	7.20	1,819	16.50	4.74
아랍에미리트	775	141.91	1,358	86.63	3.54
한국	1,532	12.96	1,354	-7.30	3.53
싱가포르	1,001	-21.08	1,318	37.14	3.44
말레이시아	897	-28.57	1,201	33.92	3.13

자료원: World Trade Atlas(2018년 7월 확인 가능 최신 통계)

2017년 10대 수입국이 전체 수입의 75%를 차지하고 있는 가운데, 가격경쟁력이 높은 중국의 전기전자 제품의 수입이 증가하면서 한국의 관련 제품 수입이 영향을 받고 있다.

<표 4-34> 뉴질랜드의 주요 수출품목(2017년)

(단위: 백만 달러, %)

순위	HS Code	상품명	수출금액	비중
1	04	낙농제품	10,184	27.35
2	02	육류	4,693	14.80
3	44	목재	3,297	14.97
4	08	과일, 견과류	1,898	-0.70
5	22	음료, 주류	1,398	8.21
6	84	기계류	1,168	12.42

7	03	수산물	1,143	3.20
8	19	곡물, 제과류	1,069	1.34
9	21	조제식품	894	26.13
10	35	단백질	885	6.93

자료원: World Trade Atlas(2017년 7월 확인 가능 최신 통계)

2017년 국제 유가 가격이 안정세를 되찾고 중국의 수요 증가에 따라 유제품 수출이 전년동기대비 26.75% 증가하였다. 육류 수출은 12.32% 증가하면서 2016년 부진했던 뉴질랜드 1차산업 수출이 회복하고 있으며 중국의 수출량이 전년 동기대비 30% 이상 증가하면서 중국의 수출의존도가 증가하고 있는 추세이다.

<표 4-35> 뉴질랜드의 주요 수입품목(2017년)

(단위: 백만 달러, %)

순위	HS Code	상품명	수입금액	비중
1	87	자동차	5,975	15.58
2	84	기계	5,975	14.63
3	27	광물에너지	3,606	9.40
4	85	전기전자	3,238	8.45
5	39	플라스틱	1,475	3.85
6	90	광학, 의료기	1,171	3.05
7	30	의약품	921	2.40
8	94	가구	782	2.04
9	73	철강	739	1.93
10	48	종이, 펄프	713	1.86

자료: World Trade Atlas(2018년 7월 확인 가능 최신 통계)

2017년 자동차 수입이 18% 증가하였으며, 이민자 증가 및 호주 이민자의 역이민 등에 의한 인구증가로 인한 것으로 분석된다. 또한 관광업계의 성장세 또한 상업용 자동차 수요 증가를 불러일으키고 있으며 신차 및 중고차 시장은 2018년에도 지속적으로 성장할 것으로 보인다.

② 지역무역협정 참여 현황

뉴질랜드는 2018년 7월 기준으로 모두 21개국과 FTA 및 다자간 무역협정을 발효시켜 놓았으며 CEP, RCEP과 같은 다자 FTA 협상에도 참여하고 있다. 이 중 CEP(Closer Economic Partnership)는 홍콩, 호주, 싱가포르, 태국 등 4개국과의 무역 장벽을 넘어선 효율적 교류를 목표로 한다.

한편, 뉴질랜드는 FTA를 교역 확대에 적극 활용하면서 전체 교역에서 FTA 체결국과의 역내교역이 차지하는 비중도 약 46%에 이르고 있다. 또한 협상이 타결된 GCC 회원국과의 FTA가 발효되면 그 비중이 50%를 웃돌 전망이며, 협상이 진행 중인 FTA들이 모두 발효되면 역내교역 비중이 70%까지 증가할 것으로 전망된다.

뉴질랜드가 이처럼 적극적으로 FTA를 추진하는 이유는 무역상대국의 관세장벽을 낮춰 주력 수출품목인 원자재, 농축산물의 수출을 확대하고, 상대적으로 열세에 있는 제조기반 품목들의 수입가 하락을 통해 물가안정을 도모하려는 의도인 것으로 보인다.

2008년 뉴질랜드와 중국 간의 FTA 협정 이후 뉴질랜드의 중국 수출은 4배 이상 성장했고 양국 간의 무역협력에 새로운 동력을 불어넣고 전략동반자 관계를 강화하기 위해 2016년 뉴질랜드 전 총리인 존 키 총리와(John Key) 중국 시진핑 주석이 FTA 확대를 위한 추가 협상에 협의했다. 이에 따라 2017년 4월 부터 현재까지 총 4차례에 걸쳐 협상을 진행하고 있으며 주된 협상 의제는 기술무역장벽,

통관절차, 무역 편의성 제고, 원산지 규정, 서비스무역, 투자, 경쟁정책, 전자상거래, 농업협력, 환경, 정부조달 등에 중점을 두고 FTA 확대를 위한 협상을 진행하고 있다. 뉴질랜드-중국 FTA 개정안은 2020년까지 양국의 무역 300억 달러를 목표로 하고 있으며 뉴질랜드 내 중국의 영향력은 점차 높아질 전망이다.

<표 4-36> 뉴질랜드의 FTA 체결현황 (2018.8월 기준)

국가명	기체결 사안	정부간 협상 중 사안	검토 중 사안
뉴질 랜드	(발효) 호주 FTA, 싱가포르 CEP, 태국 CEP, PA, 중국 FTA, 호주·홍콩 CEP, ASEAN FTA, 말레이시아 FTA, 대만 ECA, 한국 FTA	(협상중) 인도 FTA, RCEP, 페루 FTA, 태평양동맹 (PA)	일본 FTA, FTAAP
	(서명) PACER Plus(호주, 뉴질랜드와 태평양제도포럼에 속하는 14개 남태평양도서국가), CPTPP	(협상중단) 러·벨·카 관세동맹 FTA	
	(타결) GCC FTA		

자료: 산업자원통상부-FTA 강국, KOREA website (http://fta.go.kr/main/ situation/fta/world/)

7) 대만[87]

자료원: CIA

<표 4-37> 대만의 주요 경제 지표

연간 지표	단위	2017	2016	2015	2014	2013
실질GDP증가율	%	-	1.41	0.81	4.02	2.20
명목GDP (현지통화)	백만, 현지통화	-	17,152.09	16,770.67	16,111.87	15,230.74
소비자물가상승률	%	0.62	1.39	-0.31	1.20	0.79
실업률	%	3.76	3.92	3.78	3.96	4.18
해외투자액 (ODI)	백만달러	-	17,843.00	14,709.00	12,711.00	14,285.00

자료 : http://poll.einfomax.co.kr/kotra.html#/country/Taiwan

---

87) 동 부분은 KOTRA 해외시장뉴스: 국가·지역정보, http://news.kotra.or.kr/user/nation Info/kotranews/ 14/userNationBasicView.do?nationIdx=81를 기준으로 작성함.

① 무역 동향

2017년 수출은 3,172억 달러, 수입은 2,593억 달러로 전년동기대비 각각 13.2%, 12.4% 증가했다.

<표 4-38> 대만의 수출입 증감 추세

(단위: 억 달러, %)

연도	수출		수입	
	금액	증감률	금액	증감률
2014	3,137	2.7	2,740	1.5
2015	2,804	-20.6	2,286	-6.6
2016	2,803	-0.0	2,306	0.9
2017	3,172	13.2	2,593	12.4
2018.1~4	1,065	10.5	905	9.4
2018 연간(f)	3,374	6.4	2,843	9.7

자료: 대만 경제부 국제무역국, 재정부, 행정원 주계총처

(국가별) 대만의 주요 수출대상국은 중국, 홍콩, 미국, 일본, 싱가포르, 한국 순이다. 대만도 한국과 마찬가지로 대중 수출의존도가 높다. 전체 수출의 1/4 이상이 중국으로 수출되고 있다. 홍콩이 대중 수출 경유지 역할을 하는 점을 감안하면 사실상 대만의 대중 수출 비중은 40%에 달한다. 대만 내에서 대중 수출의존도에 대한 지적이 나오는 이유다. 대만 업계에선 대만 증시 상장기업 이윤의 40%가 중국 사업에서 비롯된다고 추정하는 의견도 있어 대중 수출의존도 문제는 대만 경제가 풀어야 할 숙제 중 하나로 꼽힌다.

최근에는 미·중 무역마찰로 대만 수출에 빨간불이 켜질지 촉각을 세우고 있다. 대만기업들은 미·중 갈등이 야기할 글로벌가치사

슬의 혼란에 따른 피해를 우려하고 있다. 대만의 대중 수출은 사실상 중간재 수출이 많고* 중국에서 생산된 완성품을 미국으로 수출해 왔다. 미국의 보호무역주의는 결과적으로 대중 수출에도 영향을 미쳐 수출이 감소할 수 있다는 것이다. 뱅크오브아메리카 메릴린치(BofAML)는 글로벌가치사슬 관점에서 보면 대만이 미·중 갈등의 간접 충격에 가장 취약하다고 진단했다. 대만은 대중 교역 비중이 높은데다 글로벌가치사슬 참여도가 65%를 상회하기 때문이다.

 * 2017년 통계에 따르면 대만의 대중(홍콩 포함) 수출 가운데 87%가 중간재

대만은 이런 구조적 문제를 해소하기 위해 수출시장 다변화 전략을 추진하고 있다. 동남아·남아시아 지역 18개국을 대상으로 하는 '신 남향정책'이 바로 그것이다. 싱가포르를 제외하면 대만의 동남아·남아시아에 대한 수출비중은 미미한 상황이므로 이 정책이 성과를 낼 수 있을지는 좀 더 지켜봐야 할 것으로 보인다.

<표 4-39> 대만의 주요 수출상대국 현황

(단위: 억 달러, %)

순위	국가명	2017	2018.1~4	증감률	비중
1	중국	890	305	17.3	28.7
2	홍콩	412	133	7.0	12.5
3	미국	369	119	7.3	11.1
4	일본	208	73	12.8	6.9
5	싱가포르	176	52	-6.2	4.8
6	한국	147	48	0.1	4.5
총계		3,172	1,065	10.5	100.0

자료: 대만 경제부 국제무역국

(품목별) 10대 수출품 가운데 석유제품(2위)과 폴리아세탈(10위)을 제외하고 나머지는 전부 전자제품 또는 부품으로 구성돼 있다. 세계 IT 신기술 발달에 힘입어 슈퍼호황을 누리고 있는 반도체의 수출 비중은 대만의 전체 수출규모의 28%가 넘는다.

2018년 하반기는 전자제품 성수기 진입으로 호조가 지속될 것으로 기대되고 있다. 미·중 무역마찰이 당장 수출감소로 이어지진 않을 것으로 대만 정부는 내다보고 있다. 그러나, 변수로 작용할 가능성도 완전히 배제하기는 어려운 상황이다. 미·중 갈등이 전자업종으로 번진 상황인데 대만 전자업계가 조달-생산-판매 등 가치사슬 전 단계에 걸쳐 중국과 밀접하게 연계돼 있기 때문이다. 또, 블룸버그 인텔리전스(BI)는 중국이 대미 무역갈등 완화를 위해 대미 수출을 줄일 경우 아시아에서 대만의 경제적 피해가 가장 클 것으로 분석한 바 있다. 중국의 수출감소는 가공수출용 원부자재 수입 감소로 이어져 아시아 각국으로 피해가 확산되는데 그 충격 정도에서 대만이 가장 크다는 것이다.

<표 4-40> 대만의 품목별 수출 현황(2018년 1~4월)

(단위: %)

순위	품목명	비중	순위	품목명	비중
1	반도체	28.3	6	송수신기기 부품	2.0
2	석유제품	3.7	7	다이오드	2.0
3	액정 디바이스	2.3	8	인쇄회로	1.6
4	컴퓨터 부품	2.1	9	전화기	1.6
5	저장매체	2.0	10	폴리아세탈	1.5

주 : HS Code 4단위 기준
자료: 경제부 국제무역국

수입의 경우, (국가별) 대만의 주요 수입대상국은 중국, 일본, 미국, 한국, 독일 순이다. 상위 3위 국가에 대한 수입비중이 거의 절반에 달한다. 한국은 대만의 4대 수입대상국이며 대만 수입총액의 6.5% 비중을 차지하고 있다.

<표 4-41> 대만의 주요 수입상대국 현황

(단위: 억 달러, %)

순위	국가명	2017	2018.1~4	증감률	비중
1	중국	500	171	14.9	18.9
2	일본	419	148	7.4	16.3
3	미국	302	105	5.0	11.6
4	한국	169	59	16.2	6.5
5	독일	92	32	15.7	3.5
총계		2,593	905	9.4	100.0

자료: 경제부 국제무역국

(품목별) 상위 10대 수입품이 전체 수입총액의 44.3%를 차지한다. 전체 수입규모의 17.3%를 차지하는 반도체는 메모리를 위주로 수입이 급증(+22.7%)했고 원유·석유제품·석유가스·석탄, 동제품 등은 국제 유가·원자재 가격 상승에 따라 수입액이 늘었다. 자동차 수입도 24% 이상 증가했는데 수입산 자동차의 가성비가 높아지면서 수입산 선호도가 높아졌고 고소득층의 슈퍼 카 수요도 증가했기 때문이다.

<표 4-42> 대만의 주요 수입품목 현황(2018년 1~4월)

(단위: %)

순위	품목명	비중	순위	품목명	비중
1	반도체	17.3	6	석탄	2.7
2	원유	7.2	7	자동차	1.9
3	반도체 제조장비	4.4	8	전화기	1.7
4	석유제품	3.4	9	터보제트	1.3
5	석유가스	3.1	10	동 제품	1.3

주: HS Code 4단위 기준
자료원: 경제부 국제무역국

② 지역무역협정 참여 현황

대만은 18개 수교국 가운데 과반수가 집중된 중남미 수교국을 대상으로 FTA를 체결했다. 파나마(2003년 체결), 과테말라(2005년 체결), 니카라과(2006년 체결), 엘살바도르 및 온두라스(2007년 체결)가 대만과 FTA를 체결한 수교국이다. 2017년 7월에는 파라과이와 경제협력협정을 체결했다. 그러나 이들 국가와의 교역 비중은 미미한 수준이다. FTA 체결 실효성보다 상징적 의미가 크다. 외교적 입지 제한으로 사실상 주요 교역대상국인 비수교국과의 FTA 체결 타진이 여의치 않기 때문이다.

마잉지우 정부 들어 2010년 6월 중국과 체결한 ECFA는 다른 국가와의 무역협정 체결에 물꼬를 터줬다. 2013년 7월과 10월에 뉴질랜드, 싱가포르와 경제협력협정을 체결했고 필리핀, 인도, 말레이시아와는 무역협정 타당성 연구를 추진하기도 했다. 그러나 결실은 보지 못했다. 필리핀은 RCEP 협상에 매진하면서 대만과의 무역협정 추진은 무산됐고, 인도의 경우 정권 교체(모디 정부 출범)로 진행이 중단됐다. 말레이시아와는 정부 차원 아닌 민간차원의 타당성 연구

수준에 그쳤고 무역협정 체결은 시기상조라는 판단이 내려졌다.

2016년 5월, 차이잉원 정부 출범 이후 동남아/남아시아 진출 전략인 '신남향정책'이 핵심 정책으로 추진되면서 인도네시아와는 경제협력협정(ECA) 공동연구가 재개됐다.(인도네시아와는 마잉지우 정부 때도 무역협정 타당성 연구를 추진했으나 성과를 거두진 못했다.)

주요 교역대상국과의 경제협력협정으로는 대만-미국 무역투자기본협정(TIFA)이 있다. 매년 정례회의를 통해 상호 입장을 조율하는데 1997년 1차 회의가 개최된 이래 미국산 소고기 수입 허용 여부 논란으로 2007년부터 잠정 중단됐다. 이후 2012년 7월 미국산 락파토민(성장촉진제) 함유 소고기 수입안이 대만 국회를 통과하면서 2013년 2월, 회의 재개에 합의했고 매년 개최지를 번갈아 가면서 정례회의를 열고 있다.

2017년에는 7월 말에 미국 트럼프 정부 출범 후 처음으로 대만-미국 경제대화를 가졌으나 정례회의는 개최되지 않았다. 이때 미국은 핵심 쟁점인 미국산 소고기·돼지고기 수입허용을 요구했고 대만은 국민건강 최우선 입장을 표하며 방어한 것으로 알려졌다.

2015년 들어 대만은 TPP(환태평양경제동반자협정) 참여에 매진해왔다. 미국이 TPP에서 탈퇴한 후에도 11개국으로 다시 출범한 CPTPP(포괄적·점진적 환태평양경제동반자협정)에 가입을 희망하며 일본, 동남아에 대해 협조를 구하고 있다.

<표 4-43> 대만과 무역협정 체결국 간 수출입 동향(2017년 기준)

(단위: 천 달러, %)

국가명	발효일	교역 규모			
		수출		수입	
파나마	2004.1.1	금액	127,301	금액	33,498
		비중	0.04	비중	0.01
		증감률	-4.32	증감률	21.63
과테말라	2006.7.1	금액	118,536	금액	111,520
		비중	0.04	비중	0.04
		증감률	6.44	증감률	50.4
니카라과	2007.6.1	금액	22,289	금액	124,426
		비중	0.01	비중	0.05
		증감률	-3.14	증감률	50.76
엘살바도르	2008.3.1	금액	101,863	금액	60.285
		비중	0.03	비중	0.02
		증감률	-5.93	증감률	66.09
온두라스	2008.3.1	금액	71,973	금액	77,206
		비중	0.02	비중	0.03
		증감률	-8.55	증감률	126
중국	2010.9.12	금액	88,980,537	금액	50,041,391
		비중	28.05	비중	19.3
		증감률	20.44	증감률	13.76
뉴질랜드	2013.12.1	금액	468,251	금액	839,697
		비중	0.15	비중	0.32
		증감률	9.59	증감률	3.29
싱가포르	2013.12.1	금액	17,624,919	금액	8,715,966
		비중	5.56	비중	3.36
		증감률	9.12	증감률	15.94
파라과이	2018.2.28	금액	35,865	금액	39,872
		비중	0.01	비중	0.02
		증감률	31.68	증감률	96.39

자료: 재정부 관무서

<표 4-44> 대만의 FTA 체결현황 (2018.8월 기준)

국가명	기체결 사안	정부간 협상 중 사안	검토 중 사안
대만	(발효) 파나마 FTA, 과테말라 FTA, 니카라과 FTA, 뉴질랜드 ECA, 온드라스·엘살바도르 FTA, 싱가포르 ASTEP, 중국 ECTA	(협상중) 도미니카공화국 FTA, 파라과이 FTA (협상중단) EU FTA	인도 FTA, 말레이시아 FTA, 이스라엘 FTA, 필리핀 FTA, TPP, 미국, 호주, EU, 인도네시아, ASEAN, FTAAP

자료: 산업자원통상부-FTA 강국, KOREA website (http://fta.go.kr/main/ situation/fta/world/)

8) 홍콩[88]

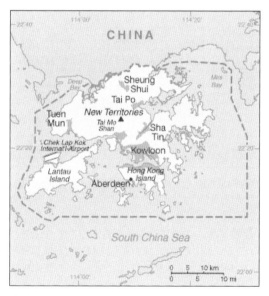

자료원: CIA

---

88) 동 부분은 KOTRA 해외시장뉴스: 국가·지역정보, http://news.kotra.or.kr/user/nation Info/kotranews/ 14/userNationBasicView.do?nationIdx=168를 기준으로 작성함.

<표 4-45> 홍콩의 주요 경제 지표

연간 지표	단위	2017	2016	2015	2014	2013
실질GDP증가율	%	3.82	2.14	2.39	2.76	3.10
명목GDP(달러)	백만 달러	341,449	320,881	309,384	291,459	275,697
명목GDP (현지통화)	백만, 현지 통화	-	2,491,001	2,398,437	2,260,005	2,138,305
실질GDP(달러)	백만 달러	280,346	270,105	264,387	258,221	251,280
1인당 GDP	달러 (USD)	46,193.61	43,737.04	42,431.89	40,315.29	38,403.78
소비자물가상승률	%	1.48	2.41	3.00	4.44	4.32
실업률	%	3.09	3.39	3.31	3.26	3.38
환율	-	-	7.76	7.75	7.75	7.76
수출실적	백만 달러	641,813	600,083	606,084	621,081	610,981
수입실적	백만 달러	638,721	592,732	598,691	620,483	609,322
무역수지	백만 달러	3,092.03	7,350.42	7,393.30	598.62	1,658.73
대외부채	백만 달러	-	1,330,055	1,300,348	1,300,981	1,160,738
투자유치액 (FDI)	백만 달러	122,401	133,259	181,047	129,847	76,857.45
해외투자액 (ODI)	백만 달러	-	62,460.50	71,821.20	124,092	80,773.08

자료: http://poll.einfomax.co.kr/kotra.html#/country/HongKong

① 무역 동향

2017년 수출입 성장률은 각각 8.0%, 8.7% 증가하여 성장세를 기록했다. 주요 교역국은 중국, 미국, 일본, 대만, 싱가포르, 한국 등이며 이중 중국과의 교역은 전체 교역의 절반 이상을 차지하는 것으로 나타났다.

<표 4-46> 홍콩의 주요 교역국

(단위: 백만 달러, %)

국가	2014년	2015년	2016년	2017년	
				금액	증감률
전체	1,011,769	980,987	973,927	1,055,500	+8.4
중국	508,459	502,636	494,910	530,253	+7.1
미국	71,930	70,914	68,036	69,735	+2.5
대만	48,663	43,515	46,998	53,724	+14.3
일본	53,897	49,111	46,595	48,957	+5.1
싱가포르	41,109	39,015	41,408	44,760	+8.1
한국	30,503	29,034	32,086	39,581	+23.4
인도	24,399	23,685	26,856	34,109	+27.0
태국	17,599	17,180	16,735	18,433	+10.1
말레이시아	16,933	15,806	15,110	18,402	+21.8
베트남	12,542	14,011	16,210	18,112	+11.7

자료원: 홍콩무역발전국

<표 4-47> 홍콩의 상품무역 추이

(단위: 십억 달러, %)

구분	2015년		2016년		2017년	
	금액	증감률	금액	증감률	금액	증감률
총수출	462.2	-1.8	460.0	-0.5	496.9	+8.0
자체수출	6.0	-15.2	5.5	-8.5	5.6	+1.4
재수출	456.2	-1.6	454.5	-0.4	491.3	+8.1
수입	518.8	-4.1	513.9	-0.9	558.6	+8.7
총무역액	981.0	-3	973.9	-0.7	1,055.5	+8.4
무역수지	-56.6	N/A	-53.9	N/A	-61.7	N/A

자료원: 홍콩무역발전국

<표 4-48> 서비스 교역규모

(단위: 십억 달러, %)

구분	2015년		2016년		2017년	
	금액	증감률	금액	증감률	금액	증감률
수출	103.7	-2.4	98.5	-5.5	104.1	+6.1
수입	73.6	+0.1	74.5	+0.7	77.0	+3.9
총교역액	177.3	-1.4	173.0	-2.9	181.1	+5.1
무역수지	30.1	N/A	24.0	N/A	27.1	N/A

자료원: 홍콩무역발전국/Economic Factsheet

홍콩의 주요 수출품은 전기기기 및 부품, 통신/오디오 및 비디오 장비, 사무기기 및 컴퓨터 등이다.

<표 4-49> 주요 수출품

(단위: 백만 홍콩달러, %)

품목	2014년	2015년	2016년	2017년	
				금액	증감률
전체	3,672,751	3,605,279	3,588,247	3,875,898	8.0
전기기기 및 부품	1,102,836	1,141,342	1,236,159	1,387,653	12.3
통신, 오디오 및 비디오 장비	718,518	750,727	739,232	758,982	2.7
사무기기 및 컴퓨터	415,794	394,011	365,090	404,073	10.7
기타 제작품	222,682	210,055	187,786	206,772	10.1
비금속성 물질	172,463	164,095	179,050	201,810	12.7
의류 및 잡화	158,871	142,615	121,647	112,871	-7.2
촬영 장비, 광학 제품 및 시계	117,848	109,928	104,762	101,531	-3.1
전문 과학 및 제어 장치	82,061	75,537	78,669	90,604	15.2
직물	75,827	70,579	61,332	59,295	-3.3
전력 기계 장비	N/A	44,784	49,125	50,760	3.3

자료원: 홍콩무역발전국(SITC 2코드 기준)

<표 4-50> 홍콩의 주요 수출국

(단위: 십억 홍콩달러, %)

국가	2014년	2015년	2016년	2017년	
				금액	증감률
전체	3,673	3,605	3,588	3,876	+8.0
중국	1,979	1,937	1,943	2,106	+8.4
미국	341	342	324	330	+1.9
인도	94	102	117	159	+35.9
일본	132	123	117	128	+10.0
대만	79	65	75	89	+19.9
베트남	67	77	72	80	+10.3
독일	73	70	67	74	+10.8
네덜란드	47	52	57	64	+11.5
싱가포르	60	58	61	61	-0.4
한국	62	54	54	57	+4.9

자료: 홍콩 통계청

홍콩의 주요 수입품은 전기 기기 및 부품, 통신/오디오 및 비디오 장비, 사무기기 및 컴퓨터 등이다.

<표 4-51> 주요 수입품

(단위: 백만 홍콩달러, %)

품목	2014년	2015년	2016년	2017년 1~10월	
				금액	증감률
전체	4,219,046	4,046,420	4,008,384	4,357,004	8.7
전기 기기 및 부품	1,270,207	1,259,153	1,371,834	1,578,347	15.1
통신, 오디오 및 비디오 장비	700,208	752,371	726,841	736,781	1.4
사무기기 및 컴퓨터	379,282	351,865	321,356	353,874	10.1
기타 제작품	269,329	239,817	228,379	251,327	10
비금속성 물질	209,708	183,114	186,801	197,718	5.8
촬영 장비, 광학 제품 및 시계	120,093	105,720	99,828	100,399	0.6
의류 및 잡화	125,275	115,317	102,482	96,786	-5.6
전문 과학 및 제어 장치	85,780	79,587	81,847	89,507	9.4
원유 및 원유 가공제품	98,934	70,138	55,048	73,962	34.4
전력 기계 장비	N/A	59,181	62,438	63,230	1.3

자료: 홍콩 통계청(SITC 2코드 기준)

<표 4-52> 홍콩의 주요 수입국

(단위: 십억 홍콩달러, %)

국가	2014년	2015년	2016년	2017년 1~10월	
				금액	증감률
전체	4,219	4,046	4,008	4,357	+8.7
중국	1,987	1,984	1,917	2,030	+5.9
대만	300	274	292	330	+12.9
싱가포르	261	247	262	288	+10.1
일본	289	260	247	253	+2.7
한국	176	172	196	252	+28.5
미국	220	211	207	214	+3.4
인도	102	94	91	115	+26.8
말레이시아	96	83	93	107	+15.8
태국	88	85	83	90	+8.5
필리핀	51	56	60	76	+27.6

자료: 홍콩 통계청

② 지역무역협정 참여 현황

CEPA(Closer Economic Partnership Arrangement)는 중국-홍콩 간 FTA격인 협정으로 중국-홍콩 간 교역 시 무관세 혜택, 서비스 시장 우선 개방 등이 골자를 이루고 있다. 2003년 처음 체결한 이후 매년 보충 협정을 체결했으며, 홍콩 반환 20주년을 맞아 2017년 6월 중국 상무부와 홍콩특별행정부 재무국이 '포괄적 경제 파트너십 협정(CEPA)'의 추가협정인 'CEPA-투자협정'과 'CEPA-경제기술협정'을 체결했다고 전했다.

상품, 서비스, 무역 투자 3가지 분야를 다루며, 상품은 CEPA 2차 보충 협정에 의해 2006년부터 모든 홍콩산 제품(단CEPA의 원산지

리스트에 포함된1,901개 제품에 한함)에 대해 무관세를 적용한다. CEPA를 통한 제품 수출입은 원산지 기준으로적용이 되며 기본적으로는 FOB기준이다. 제품에 따라 원산지 규정 충족 요건이 상이하지만 일반적으로 30% 이상의 부가가치(재료비, 인건비, 개발비 포함)가 홍콩 내에서 발생돼야 하며 마무리 또는 가공 공정이 홍콩 내에서 이루어져야 CEPA 혜택을 받을 수 있다. 2018년 5월 기준 총 161,237개의 제품이 CEPA 원산지 증명서를 발급 받아 중국으로 무관세로 수출하고 있으며 CEPA 원산지 증명서를 가장 많이 받은 제품군은 식품 및 음료로 4만 8천 건이고, 플라스틱제품은 3만 6천 건, 섬유는 2만 8천 건, 의약품은 1만 8천 건 순이다.

2015년 11월, 중국-홍콩 간 CEPA 아래 중국-홍콩 간 서비스무역협의가 체결됐는데 2014년 12월 광둥-홍콩 간 서비스무역 자유화의 기본적 실현에 관한 합의 주요 내용이 중국 전 지역으로 확대됐으며, 전체 서비스무역의 약 95.6%에 해당하는 153개 서비스무역 분야 개방을 포함했다. 이번 합의는 법률, 회계, 보험, 은행, 통신, 건설, 교통, 문화산업 등 분야에서 홍콩 서비스 제공기업(HKSS)과 HKSS 자격을 취득한 외국기업의 대중국 접근성을 높이고 더 많은 기회를 제공할 것으로 기대된다.

아울러 중국은 2017년 6월 CEPA-투자협정까지 체결하면서 비서비스 부문에 속한 26개의 분야를 빼고 모든 영역을 홍콩 투자자들에게 개방했으며, CEPA-경제기술협정을 통해 홍콩이 중국의 일대일로 구상에 동참하는데 제도적인 틀을 마련해 줬다.

<표 4-53> 중·홍 CEPA 협상 진행 결과

진행 경과	서비스 개방 주요 내용
2002. 1. 협상 개시	
2003. 6.CEPA 체결 (2003. 9. 부칙 체결)	374개 품목에 무관세 적용, 총 18개 서비스 부문에 대한 확대 개방
2004. 1. CEPA 발효	
2005. 1. CEPA 1차 보충협정 발효(2004. 10. 체결)	약 95%에 해당 품목에 무관세 적용, 총 10개 서비 스 부문에 대한 확대 개방
2006. 1. CEPA 2차 보충협정 발효(2005. 10. 체결)	모든 홍콩산 제품에 대해 영세율 조치 총 9개 서비스 부문에 대한 확대 개방
2007. 1. CEPA 3차 보충협정 발효(2006. 6. 체결)	총 9개 서비스 부문에 대한 확대 개방
2008. 1. CEPA 4차 보충협정 발효(2007. 6. 체결)	총 28개 서비스 부문에 대한 확대 개방
2009. 1. CEPA 5차 보충협정 발효(2008. 7. 체결)	총 17개 서비스 부문에 대한 확대 개방
2010. 1. CEPA 6차 보충협정 발효(2009. 5. 체결)	총 20개 서비스 부문에 대한 확대 개방
2011. 1. CEPA 7차 보충협정 발효(2010. 5. 체결)	총 14개 서비스 부문에 대한 확대 개방
2012. 4. CEPA 8차 보충협정 발효(2011. 12. 체결)	총 13개의 서비스 부문에 대한 확대 개방과 신개방 3개 분야 추가
2013. 1. CEPA 9차 보충협정 발효(2012. 6. 체결)	총 21개의 서비스 부문에 대한 확대 개방과 신개방 1개 분야 추가
2014. 1. CEPA 10차 보충협정 발효(2013. 8. 체결)	총 65개의 서비스 부문에 대한 확대 개방과 신개방 2개 분야 추가
2015. 3. CEPA 광둥-홍콩 간 서 비스무역 자유화의 기본적 실현에 관한 합의 발효 (2014. 12. 체결)	153개 서비스무역 분야 개방
2016. 6. CEPA 중국 본토-홍콩 간 서비스 협정 발효 (2015. 11. 체결)	153개 서비스무역 분야 개방
2018. 1 CEPA 투자 협정 발효/ 경제 기술 협력 강화 협정즉시 발 효(2017. 6. 체결)	비서비스 부문에 속한 26개의 분야를 빼고 모든 영 역을 홍콩 투자자들에게 개방

자료: HKTID

중국 광둥성은 WTO 기준 서비스무역 부분의 약 95.6%에 해당하는 153개 서비스무역 분야를 홍콩에 개방했으나 교통, 물류 부문의 진출이 진출 건수의 60%에 달할 정도로 편중돼 있다. CEPA의 확대와 함께 홍콩을 경유해 중국으로 진출하려는 다국적 기업들의 관심도 더욱 증가할 것으로 예상된다. 홍콩 산업계에서는 홍콩 기업들의 중국 진출을 위한 초기 진입이 CEPA를 통해 용이해졌지만 본격적인 진출단계에서는 중국 정부 관련 정책과 국내법 등의 문제로 곤란을 겪는 경우도 있다고 토로했다. 한국 기업은 중국 진출 고려 시, 관련 홍콩기업들의 CEPA 활용 추이와 구체적인 방법을 미리 면밀하게 파악할 필요가 있다.

홍콩의 지역무역협정(RTAs)는 지금까지 6개 FTA에 서명했는데, 그 대상은 중국(CEPA, 2003년 6월), 뉴질랜드(CEPA, 2010년 3월), 유럽연합(EFTA - 아이슬란드, 리히텐슈타인, 노르웨이, 스위스. 2011년 6월). 칠레(2012년 9월), 조지아(2017년 6월), 마카오(CEPA, 2017년 10월), 아세안(2017년 11월)이며, 현재 몰디브, 호주와 협상이 진행 중이다.

<표 4-54> 홍콩의 RTAs 체결현황 (2018.8월 기준)

국가명	기체결 사안	정부간 협상 중 사안	검토 중 사안
홍콩	(발효) 중국 CEPA, 뉴질랜드 CEPA, EFTA, 칠레 FTA, 조지아 FTA, 마카오 CEPA, ASEAN FTA	(협상중) 몰디브, 호주	

자료: 산업자원통상부-FTA 강국, KOREA website (http://fta.go.kr/main/ situation/fta/world/)

9) 인도[89]

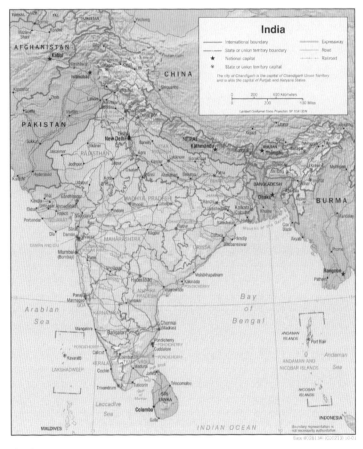

자료원: CIA

---

89) 동 부분은 KOTRA 해외시장뉴스: 국가 · 지역정보, http://news.kotra.or.kr/user/nation Info/kotranews/ 14/userNationBasicView.do?nationIdx=414를 기준으로 작성함.

연간 지표	단위	2017	2016	2015	2014	2013
실질GDP증가율	%	6.74	7.11	8.15	7.41	6.39
명목GDP(달러)	백만 달러	2,597,491	2,274,230	2,102,391	2,039,127	1,856,722
명목GDP (현지통화)	백만, 현지 통화	-	151,837,100	136,820,400	124,451,300	112,335,200
실질GDP(달러)	백만 달러	2,629,542	2,466,177	2,302,414	2,128,821	1,981,953
1인당 GDP	달러 (USD)	1,939.61	1,717.47	1,606.04	1,576.00	1,452.20
소비자물가상승률	%	3.60	4.50	4.90	5.80	9.40
이자율	%	7.2950	6.6450	7.8920	7.8570	9.1250
환율	-	65.12	67.20	64.15	61.03	58.60
수출실직	백만 달러	488,087	430,434	428,631	485,583	468,273
수입실적	백만 달러	561,449	472,013	491,880	553,553	560,408
무역수지	백만 달러	-73,362.05	-41,579.11	-63,249.17	-67,969.81	-92,135.05
대외부채	백만 달러	-	456,140	478,875	457,553	427,296
외환보유고	백만 달러	412,614	361,694	353,319	325,081	298,092
투자유치액 (FDI)	백만 달러	39,978.39	44,458.57	44,009.49	34,576.64	28,153.03
해외투자액 (ODI)	백만 달러	-	5,120.27	7,572.42	11,783.50	1,678.74

자료 : http://poll.einfomax.co.kr/kotra.html#/country/India

① 무역 동향

인도의 총 교역액은 2017년 기준 749,386백만 달러(GTA)로 세계 14위 수준이며, 이는 멕시코, 싱가포르와 비슷하며 러시아 브라질보다 크다. 2015, 2016년 2년 연속 큰 폭으로 축소되었던 인도의 교역

액은 2017년 세계경제가 침체기에서 빠져나오면서 전년대비 19.67%
확대되었다.

인도는 만성적인 무역수지 적자를 보이고 있는데, 인도의 무역수
지 적자폭은 2011년에는 1,580억 달러를 기록한데 이어, 2012년에
는 유럽국가의 재정위기의 여파로 무려 1,932억 달러를 기록했다.
이후, 세계경제 침체와 수입액의 20-30%를 차지하는 유가의 하락
안정화로 인하여 2016년에는 무역수지 적자폭이 970억 달러 수준으
로 크게 개선되었다. 하지만 2017년 들어 수입이 수출보다 크게 늘
면서 1,503억 달러의 적자로 또 다시 무역수지가 악화되었다.

◆ 연도별 교역 동향

2015년 이후 유가가 하향 안정세를 유지하면서 주요 수입상품인
원유에 대한 국제가격이 하락한 결과, 2015년 원유를 포함하는 광물
성 연료에 대한 수입액은 전년대비 무려 40% 가량이 감소했으며 이
로 인해 인도의 2015년과 2016년 무역수지 적자폭은 전년대비 지속
감소하였다.

<표 4-56> 인도의 연도별 수출입 동향

(단위: 억 달러)

구분	2013	2014	2015	2016	2017
교역액	7,831	7,831	6,620	6,262	7,493
수출	3,151	3,217	2,679	2,645	2,995
수입	4,480	4,614	3,941	3,616	4,498
무역지수	-1,529	-1,397	-1,262	-971	-1,503

자료원: GTA(Global Trade Atlas)

2017년 들어 세계경제가 회복세를 보이면서 교역량이 증가하였다. 다만, 유가상승으로 인하여 수입 1위 품목인 광물성 연료의 수입액이 크게 증가하면서 무역수지 적자폭이 크게 확대되고 있다.

◆ 품목별 교역 동향

2017년 기준 광물성 연료와 귀금속이 총 무역액의 각각 21.35%, 15.81%를 차지하고 있으며, 원유와 귀금속 모두 수입과 수출에서 1, 2위 품목이다. 이는 원유와 귀금속 원석을 수입, 가공하여 재수출하기 때문이다.

인도의 수출입 절차는 정책이나 제품 카테고리에 따라 서류증명이 다수 필요하고 복잡해 교역확대에 지장을 주고 있다. 하지만, 2014년 나렌드라 모디 총리가 당선된 이후, 인도 내 복잡한 서류절차를 단일화(Single-window)함으로써 절차를 간소화하고 있는 추세이고, 제조업 강화 정책인 "Make In India" 기조에 따라 인도 내 생산을 장려해 수출을 확대하고자 하고 있다. 아울러, 수출 인센티브 제도, 인도 내 생산제품에 대한 감면정책을 실시하고 있어, 향후 인도산 공산품의 수출이 증가할 것으로 예상된다.

<표 4-57> 인도의 상위10개 품목 수출 현황(2017년)

(단위: 백만 달러, %)

품목(HS Code)	금액	점유율	증감률
귀금속(71)	42,758	14.28	-1.12
광물성 연료(27)	36,753	12.27	24.23
원자로·보일러·기계류(84)	16,764	5.60	23.07
일반차량(87)	16,374	5.47	10.91
유기화학물(29)	13,742	4.59	19.50

의약품(30)	12,940	4.32	-1.03
철강(72)	11,793	3.94	81.05
의류(62)	9,038	3.02	-0.23
전자기기(85)	8,855	2.96	7.05
의류 및 액세서리(61)	8,395	2.80	6.06

주: 증감률은 전년동기대비
자료: GTA(Global Trade Atlas)

<표 4-58> 인도의 상위 10개 품목 수입 현황(2017년)

(단위: 백만 달러, %)

품목(HS Code)	금액	점유율	증감률
광물성 연료(27)	123,261	27.40	36.30
귀금속(71)	75,741	16.84	57.46
전자기기(85)	46,817	10.41	27.72
원자로·보일러·기계류(84)	35,964	7.99	10.68
유기화학물(29)	17,986	4.00	21.60
플라스틱(39)	13,027	2.90	14.40
동식물성 유지(15)	11,900	2.65	13.18
철강(72)	10,032	2.23	14.99
광학기기(90)	8,445	1.88	16.79
항공장비 및 부품 (88)	8,400	1.87	13.03

주: 증감률은 전년동기대비
자료: GTA(Global Trade Atlas)

◆ 국가별 교역 동향

2017년 기준 인도의 주요 수출대상국은 미국, UAE, 홍콩, 중국, 싱가포르 순이다. 인도의 대중국 교역량이 빠르게 증가하고 있다.

<표 4-59> 인도의 주요 국가별 수출 현황 (2017년)

(단위: 백만 달러, %)

순위	국가	금액	비중	증감율
1	미국	46,056	15.38	10.65
2	UAE	30,078	10.04	-2.45
3	홍콩	15,155	5.06	14.43
4	중국	12,696	4.24	41.67
5	싱가포르	11,434	3.82	49.36
6	영국	8,989	3.00	4.86
7	독일	8,280	2.76	15.90
8	베트남	8,157	2.72	36.36
9	방글라데시	7,935	2.65	24.28
10	벨기에	6,241	2.08	16.10

자료원: GTA(Global Trade Atlas)

<표 4-60> 인도의 주요 국가별 수입 현황(2017년)

(단위: 백만 달러, %)

순위	국가	금액	비중	증감율
1	중국	72,055	16.02	18.75
2	미국	24,847	5.52	10.16
3	UAE	23,082	5.13	19.85
4	사우디아라비아	21,077	4.69	14.11
5	스위스	20,531	4.56	37.09
6	인도네시아	16,253	3.61	31.03
7	대한민국	16,144	3.59	32.18
8	이라크	15,313	3.40	53.34
9	호주	14,359	3.19	60.82
10	독일	12,809	2.85	10.39

자료원: GTA(Global Trade Atlas)

인도 수입시장에서는 중국의 시장점유율이 매년 큰 폭으로 증가
해왔다. 2009년 인도의 대중 수입제재로 소폭 감소하는 모습을 보였

고 수입 제재가 풀리면서 2009년 이후 중국산의 점유율은 다시 늘어나는 모습을 보였으며, 2016년까지 17%대로 확대되었다. 이에 최근 인도는 다시금 대중국 수입규제를 강화하고 있으나 4G 스마트폰 기기와 부품을 중심으로 수입량이 크게 증가하면서 중국의 인도 수입시장 점유율은 큰 변화가 없는 상황이다.

전통적으로 인도 수입시장에서 큰 비중을 차지한 유럽 제품들은 일정한 수준의 점유율을 유지하고 있다. 급속한 산업화와 높은 화력 발전 비중, 차량 증가로 인한 원유 수입증가로 산유국과의 교역액이 상당부분을 차지해왔으나, 2014년 이래의 저유가로 인하여 그 비중이 축소됐다. 2017년 들어 유가가 상승하면서 UAE, 사우디아라비아, 이라크가 다시 수입대상국 상위권에 이름을 올렸다. UAE 및 미국으로의 주요 수출품목은 보석류 및 제약, 의류, 광물류이며, 중국에는 면화를, 영국에는 섬유류를 수출하고 있다.

② 지역무역협정 참여 현황

인도 정부는 1991년부터 경제개혁을 추진함으로써 시장의 점진적 개방을 통해 성장의 잠재력을 시현하는 한편 국제사회와의 연대 강화에 나서면서 FTA에 주목하고 있다. 인도는 세계적인 지역경제통합으로 인해 블록화 현상이 심화됨에 따라 여기서 소외됨으로써 발생할 수 있는 불이익을 최소화하고 오히려 적극적인 통합의 주체가 되는 것을 고려하고 있다.

높은 성장률을 보이고 있는 인도 경제의 안정적이고 지속적인 발전을 위해서는 주변국뿐만 아니라 주요 파트너 국가 및 지역과의 협력관계를 강화하는 것이 매우 중요하다는 판단이다. 특히 중국이 개방을 통해 이룩한 정치, 경제적 발전과 파트너 국가 및 지역과의 경제협력과 투자유치 등의 레버리지 효과에 주목하기 시작했다.

인도의 FTA 정책을 구체적으로 살펴보면 기존의 소극적·정치적 고려에서 적극적·경제적 고려로 빠르게 변화하고 있다는 사실을 확인할 수 있다. 인도는 FTA 체결에 대하여 적극적이지 않았으나, 2000년 이후 FTA에 대한 입장을 수정했다.

2000년 이전 인도의 자유무역협정은 스리랑카와의 FTA가 유일하며 방글라데시, 네팔, 부탄 등 주변 최빈국에 대한 특혜무역협정이 경제협력의 중요한 부분이었다. 그러나 각국이 FTA 확대 움직임을 보이고 있는데다, 특히 중국이 아세안과의 FTA체결을 통해 이 지역에 대한 영향력을 키우고 있는데 중국의 동남아시아에 대한 경제적 영향력이 급속하게 확장 됨으로써 이를 견제할 수단이 필요하게 된 것이다.

한편 ASEAN과 한, 중, 일, 호주, 뉴질랜드를 포함하는 FTA가 논의되면서 인도가 소외 당할 위험이 커짐에 따라 인도는 태국, 싱가포르와 개별적으로 FTA를 체결했고, 2009년 UPA 2기 정부가 들어서면서 2009년 8월에 한국과의 CEPA(포괄적 경제동반자 협정)를, 2010년 1월에는 ASEAN과의 상품분야 FTA를 각각 체결 한데 이어 2011년 2월에는 일본 및 말레이시아와 각각 CEPA, CECA(포괄적 경제협력 협정)을 체결했다.

인도 정부가 FTA 체결에 주목하는 또 다른 이유는 WTO로 대표되는 다자차원의 협상에서 얻을 수 있는 혜택이 제한적이라는 인식에 있다. 인도는 WTO DDA협상에서 개도국(G-20)의 이해를 반영하는 선도적인 역할을 수행하는 것을 목표로 하고 있으나 도하 아젠다 협상이 다수 국가의 이해로 인해 지지부진하며 실질적인 성과가 도출되지 않자 경제적 실리는 크지 않을 것으로 판단한 것으로 보인다.

이에 인도 정부는 WTO 협정에 의거하여 상호주의에 입각한 FTA를 추진하고 있으며 구체적인 FTA 체결과 관련해서는 신중한 입장을 취하고 있다. 즉 GATT/WTO 규정에 따라 개방적인 지역경제 협력체를 설립하는 동시에 참여 당사국 모두에게 이익이 되는 윈-윈(win-win) 형태 실현을 목표로 한다는 것이다.

인도는 2018년 7월 기준 스리랑카 CEPA, SAFTA(남아시아특혜무역협정:인도, 파키스탄, 스리랑카, 방글라데시, 네팔, 부탄, 몰디브), 싱가포르 CECA, 부탄 FTA, ASEAN FTA, 한국 CEPA, 일본 CEPA, 말레이시아 CECA 의 7개의 FTA를 발효 중에 있으며, 태국 CECA, BIMST-EC FTA, EU BTIA, EFTA FTA, 뉴질랜드 CECA, 호주 CECA, 인도네시아 CECA, RCEP, 캐나다 CEPA, 이스라엘 FTA, EAEU FTA 11개의 FTA를 협상 중에 있다. GCC FTA는 협상 중단 상황이며, 페루 FTA, 러시아 · 벨라루스 · 카자흐스탄 관세동맹 CECA, 파키스탄 TA, 중국 RTA, 대만 FTA, 터키 FTA, COMESA PTA(동남아프리카 공동시장), 칠레, 페루, 이집트, 우루과이, 이란, 남아공, 모리셔스 14개의 국가 및 관세동맹 FTA를 검토중에 있다

◆ 남아시아 자유무역지대(SAFTA)

남아시아 7개국은 빈곤 퇴치와 더불어 역내 빈곤국들의 권익옹호를 위하여 1985년 남아시아 지역 협력체인 SAARC를 창설하고 경제협력을 위한 노력을 기울여왔다. 그러나 국가별 시장개방에 따른

혜택에 한계를 발견하는 한편 전 세계적으로 지역 무역 블록이 증가하는 추세를 보이자, 1995년 SAARC는 EU와 같은 형태의 경제 통합을 목표로 삼고 그 전 단계로 남아시아 특혜무역협정(SAPTA) 및 SAFTA 추진에 합의했다.

SAARC 회원국은 2005년 11월 13일 정상회담(방글라데시 다카개최)에서 2016년까지 역내 관세를 0~5%로 인하하는데 합의하고, 역내 개발 및 빈곤 퇴치를 위한 기금 창설, 對 테러 공동 대응 등을 포함한 '다카선언'을 채택했다.

SAARC 정상들은 2007년 1월 인도, 파키스탄 등 회원국 7개국에 의한 '남아시아 자유무역 지대(SAFTA)'를 발족하고, 2016년까지 관세를 0~5% 수준으로 인하함으로써 단계적으로 남아시아 경제공동체를 창설한다는 목표에 합의했다.

또한 SAARC 사업과 프로그램을 총괄하는 'SAARC개발기금'을 설립하고, 사회, 인프라, 경제 문제 전반을 다루는 영구 사무국을 설치하기로 하였으며, 2006-15년을 SAARC '빈곤 경감의 10년'으로 선언하고 국가 및 지역 차원에서 이를 위한 최선의 노력을 기울이기로 하였다. 또한 아프가니스탄의 회원국 가입 요청을 환영하고 적합한 절차를 거친 후 회원국 활동을 허락하였으며, 중국과 일본이 옵서버 자격으로 SAARC 활동에 참여하는데 원칙적으로 동 의하고 2006년 1월 27일 운영방안을 결정하기로 함으로써 회원국 및 협력사업의 범위도 확대하기로 하였다. 그 밖에 정상들은 관세협력, SAARC 중재위원회 설립, 이중과세방지 등 3개 협정에 서명하여 실질적인 협력의 기반을 다졌다.

2006년 발효된 동 협정에 따라 인도와 파키스탄은 향후 5년 내, 스리랑카는 6년 내에 LDCS국가(최저개발국가: 방글라데시, 부탄,

몰디브, 네팔)는 향후 8년 내 관세율을 0~5%로 낮추기로 했다.

인도는 주변국을 등한시하는 정책을 펼쳐 패권을 잃었으나, 2014년 5월 26일 모디 총리 취임식 당일 남아시아지역협력연합(SAACR) 국가의 지도자들에게 초청장을 보내 이전과는 다른 새로운 외교 정책노선에 대한 기대감을 안겨주었다. 모디 총리는 지난 6월 SAARC 국가 중 하나인 부탄을 첫 순방지로 정하여 2일간 방문했으며, 방문 당시 최대 우방국인 부탄에게 테러 안보에 관한 협력 및 경제적인 지원을 약속했다. 하지만, 인도-파키스탄 국경지역에서 지속적으로 소요가 일어나면서 SAARC 회의가 취소되기도 하였으며, 최근 파키스탄이 중국과 협력관계를 확대함에 따라 남아시아지역연합간의 교류도 드물어지고 있다. 여기에 몰디브가 중국과 FTA를 체결하면서 인도양의 패자였던 인도의 지위가 중국에 의해 흔들리고 있는 것이 아니냐는 관측이 제기되고 있다.

인도는 2015년 4월 방글라데시-인도 해안운송협정 기본안에 합의하면서 양국 간의 직접 해상운송이 실현되게 되었다. 기존 방글라데시와 인도 간 해상운송은 국경이 접해있었음에도 스리랑카 또는 싱가포르를 통해서만 운송이 가능했지만 이번 방-인 해안운송협정으로 직접 운송이 가능해지면서 SAFTA의 방-인도의 경쟁력은 상승하는 효과를 가져왔다. 그간 방글라데시의 지속적인 요청에도 인도 측은 2차 세계대전 종료까지 인도의 한 지역이었던 방글라데시에 대한 일종의 '길들이기로' 우회 항로를 고집하였는데, 중국, 일본 등의 서진 정책이 강화되면서 방글라데시에 대한 중국과 일본의 지원 및 투자가 확대되고 있어 이번 신항로 개설은 역내 주도권을 유지하기 위한 인도의 움직으로 볼 수 있다.

<표 4-61> 인도의 FTA 체결현황 (2018.8월 기준)

국가명	기체결 사안	정부간 협상 중 사안	검토 중 사안
인도	(발효) 스리랑카 CEPA, SAFTA(남아시아특 혜무역협정: 인도, 파키스탄, 스리랑카, 방글라데시, 네팔, 부탄, 몰디브), 싱가포르 CECA, 부탄 FTA, ASEAN FTA, 한국 CEPA, 일본 CEPA, 말레이시아 CECA	(협상중) 태국 CECA, BIMST-EC FTA, EU BTIA, EFTA FTA, 뉴질랜드 CECA, 호주 CECA, 인도네시아 CECA, RCEP, 캐나다 CEPA, 이스라엘 FTA, EAEU FTA (협상중단) GCC FTA	페루 FTA, 러시아·벨라루스·카자흐 스탄 관세동맹 CECA, 파키스탄 FTA, 중국 RTA, 대만 FTA, 터키 FTA, COMESA PTA (동남아프리카 공동시장), 칠레, 페루, 이집트, 우루과이, 이란, 남아공, 모리셔스

자료: 산업자원통상부-FTA 강국, KOREA website (http://fta.go.kr/main/ situation/fta/world/)

10) 싱가포르[90]

<표 4-62> 싱가포르의 주요 경제지표

연간 지표	단위	2017	2016	2015	2014	2013
실질GDP증가율	%	3.62	2.40	2.24	3.88	5.11
명목GDP(달러)	백만 달러	323,907	309,764	304,098	311,539	304,454
명목GDP (현지통화)	백만, 현지 통화	-	410,272	408,097	390,448	378,532
실질GDP(달러)	백만 달러	309,996	299,170	292,167	285,763	275,079
1인당 GDP	달러 (USD)	57,714.30	55,243.13	54,940.86	56,957.08	56,389.18
소비자물가상승률	%	0.58	-0.53	-0.52	1.02	2.36

90) 동 부분은 KOTRA 해외시장뉴스 국가·지역정보, http://news.kotra.or.kr/user/nation Info/kotranews/
14/userNationBasicView.do?nationIdx=60를 기준으로 작성함.

실업률	%	2.17	2.08	1.90	1.95	1.90
환율	-	1.38	1.38	1.37	1.27	1.25
수출실적	백만달러	561,467	520,980	539,434	595,916	590,892
수입실적	백만달러	482,882	440,049	461,175	523,346	522,476
무역수지	백만달러	78,585.88	80,931.85	78,259.71	72,569.91	68,416.21
대외부채	백만달러	-	1,283,526	1,281,419	1,346,769	1,330,769
외환보유고	백만달러	285,000	251,058	251,876	261,583	277,798
투자유치액(FDI)	백만달러	63,633.43	74,253.03	70,595.38	69,542.64	64,481.74
해외투자액(ODI)	백만달러	-	23,888.31	31,405.12	52,216.64	43,596.82

자료: http://poll.einfomax.co.kr/kotra.html#/country/Singapore

자료원: CIA

① 무역 동향

GTA의 통계에 의하면 싱가포르는 2017년 수출입금액 합계 기준, 세계 15위의 교역국에 해당한다. 수출기준으로는 14위, 수입기준으로는 16위에 해당한다.

<표 4-63> 주요 국가별 수출입현황

(단위: 백만 달러)

순위	국가명	2015년		2016년		2017년	
		수출	수입	수출	수입	수출	수입
1	중국	2,280,541	1,601,761	2,135,308	1,524,704	2,279,162	1,790,000
2	미국	1,503,328	2,248,811	1,451,024	2,187,600	1,546,273	2,341,963
3	독일	1,326,722	1,051,533	1,334,482	1,055,404	1,448,664	1,167,253
4	일본	624,889	648,084	645,052	607,728	698,329	672,096
5	네덜란드	570,668	512,311	570,955	504,745	652,481	575,047
6	프랑스	506,311	573,361	501,485	571,982	535,229	624,238
7	홍콩	510,599	559,427	516,733	547,337	550,271	589,908
8	영국	459,825	626,457	409,081	636,707	441,191	644,281
9	한국	526,757	436,499	495,426	406,193	573,694	478,478
10	이탈리아	457,180	411,089	461,777	406,824	506,481	452,362
11	캐나다	410,077	419,655	390,250	402,824	421,157	432,483
12	벨기에	396,983	375,682	397,928	379,048	430,290	406,556
13	멕시코	380,789	395,232	373,904	387,065	409,476	420,369
14	인도	267,947	394,125	264,572	361,664	299,515	449,871
15	싱가포르	346,701	296,799	329,910	283,043	373,367	327,803
16	스페인	282,386	311,977	290,008	310,951	320,258	350,525
17	러시아	343,512	182,902	285,652	182,448	37,767	227,464
18	스위스	289,725	253,032	302,900	270,128	299,704	268,944
19	대만	263,956	227,465	257,115	230,028	292,008	259,009
20	폴란드	199,201	196,550	202,533	197,296	231,006	230,596

주: 순위는 2017년 수출입금액 합계 순
자료: GTA

2012년에는 매년 큰폭의 증가세를 보이던 석유부문 수출이 주춤하고 재수출 물량이 감소한 결과 수출액이 1.0% 하락했다. 2013~2014년간 정체를 보이다 유가하락과 세계 경기침체로 인해 2015년도 수출액은 6.5% 감소, 2016년에도 5.1% 감소했으나 2017년 10.3% 증가했다. 전체 수출에서 재수출의 비중이 약 50%로 매우 큰 비중을 차지하고 있다.

<표 4-64> 연도별 싱가포르 수출입동향

(단위: 십억 싱가포르 달러)

구분	2013년	2014년	2015년	2016년	2017년
수입	486 (0.7)	479 (-1.4)	423 (-11.5)	403 (-4.7)	452 (12.1)
수출	526 (1.2)	526 (0.1)	492 (-6.5)	467 (-5.1)	515 (10.3)
- 국내 수출	271 (-4.9)	270 (-0.5)	238 (-11.9)	224 (-5.8)	259 (15.8)
· 석유	106 (-0.3)	107 (0.5)	73 (-32.2)	63 (-12.6)	85 (33.4)
· 비석유	165 (-7.6)	163 (-1.2)	165 (1.5)	161 (-2.8)	175 (8.8)
- 재수출	254 (8.6)	256 (0.8)	254 (-0.9)	243 (-4.4)	256 (5.2)
무역수지	40	47	68	64	63
총 교역	1,011 (1.0)	1,005 (-0.6)	915 (-8.9)	870 (-4.9)	967 (11.1)

주: 괄호 안은 전년대비 증감률(%)
자료: MTI

◆ 국가별 수출입

싱가포르의 주요 수출대상국은 중국, 홍콩, 말레이시아, 인도네시아, 미국 등이며, 주요 수입 대상국은 중국, 미국, 말레이시아, 대만,

일본, 한국 등이다. 한국에서의 수입량은 2012년까지 꾸준히 증가했으나 2013년부터 계속 감소세를 보이고 있다. 2017년 기준 한국은 싱가포르의 수출국 7위, 수입국 6위이다.

<표 4-65> 싱가포르의 주요 수출 대상국

(단위: 백만 달러)

국명	2015년	2016년	2017년
중국	47,709	42,839	54,067
홍콩	39,666	41,618	46,039
말레이시아	37,770	35,010	39,629
인도네시아	28,367	25,787	27,962
미국	21,708	21,505	23,464
일본	15,219	14,568	17,064
한국	14,499	14,514	16,750
대만	14,446	14,731	16,594
태국	13,764	12,989	14,684
베트남	12,127	11,355	12,291

자료: GTA

<표 4-66> 싱가포르의 주요 수입 대상국

(단위: 백만 달러)

국명	2015년	2016년	2017년
중국	42,112	40,386	45,366
말레이시아	33,062	32,261	38,867
미국	33,198	30,551	34,469
대만	24,673	23,300	27,168
일본	18,593	19,902	20,479
한국	18,192	17,003	16,173
인도네시아	14,379	13,468	15,139
독일	8,950	8,693	9,495
사우디아라비아	7,941	8,113	9,160
스위스	3,745	3,821	9,127

자료: GTA

◆ 품목별 수출입

싱가포르의 주요 수출입품목에서 일부 품목을 제외하고 수출과
수입품목이 비슷하다. 주로 석유제품과 컴퓨터, 반도체 부품 등이며
동남아시아 주변국과 미국, 일본 등으로 수출된다. 재수출의 경우
말레이시아, 인도네시아, 홍콩, 중국, 태국의 비중이 높다.

<표 4-67> 2017 싱가포르 10대 수출입 품목

(단위: 백만 달러)

	HS Code	품목명	금액
수출	271019	Petrol Oil Bitum Mineral (Nt Crud) Etc Nt Biodisl	31,213
	854239	Electroic Integrated Circuits, Nesoi	30,818
	854231	Processors And Controllers, Electronic Integ Circt	30,738
	989300	Special Other. Detail Unknown	18,567
	271012	Lt Oils, Preps Gt=70% Petroleum/Bitum Nt Biodiesel	14,554
	854232	Memories, Electronic Integrated Circuits	13,693
	710813	Gold, Nonmonetary, Semimanufactured Forms Nesoi	11,305
	880330	Parts Of Airplanes Or HElicopters, Nesoi	6,198
	851712	Phones For Cellular Ntwks Or For Oth Wireless Ntwk	4,500
	847330	Parts &Accessories For Adp Machines &Units	4,435
	HS Code	품목명	금액
수입	854239	Electronic IntegratedCircuits, Nesoi	39,570
	271019	Petrol Oil Bitum Mineral (Nt Crud) Etc Nt Biodiesl	34,166
	270900	Crude Oil From Petroleum And Bituminous Minerals	21,428
	271012	Lt Oils, Preps Gt=70% Peroleum/Bitum Nt Biodiesel	12,543
	710813	Gold, Nonmonetary, Semimanufactured Forms Nesoi	11,790
	854231	Processors And Contollers, Electronic Integ Circt	11,603
	841191	Turbojet And Turboproller Parts	6,312
	880330	Parts Of Airplanes Or Helicopters, Nesoi	5,930
	854232	Memories, Electronic Integrated Circuits	5,117
	851712	Phones For Cellular Ntwks Or For Oth Wireless Ntwk	4,993

자료: GTA

◆ 전자산업 호조로 비석유부문 수출 크게 증가

싱가포르의 비석유부문 수출은 2015년 제외한 2017년 전까지 지속적인 감소세를 보이면서 경기침체가 장기화될 것이라는 우려가 있었다. 그러나 2017년 반도체에 대한 글로벌 수요 증가와 함께 전자산업이 큰 성장을 보이면서 2017년 비석유부문 수출은 8.8%로 크게 증가했다.

<표 4-68> 싱가포르 비석유부문 수출량 전년대비 변화

(단위: %)

품목	2014년	2015년	2016년	2017년
전자	-9.4	0.5	-4.0	8.0
- 집적회로	-7.5	5.0	-0.8	18.2
- PC 부품	-22.0	-20.0	-7.9	3.5
- 디스크드라이브	-21.7	-12.5	-31.4	-17.2
- PC	2.3	37.1	-12.8	1.0
- 통신부품	-4.9	52.8	-2.0	-7.3
- 기타	-7.6	-11.4	-1.5	-0.9
비전자	2.7	1.9	-2.3	9.2
전체	-1.2	1.5	-2.8	8.8

자료: MTI

② 지역무역협정 참여 현황

◆ 협정가입 및 체결현황

ASEAN: ASSOCIATION OF SOUTHEAST ASIAN NATIONS

싱가포르는 91년 아세안 정상회담에서 합의한 바 있는 아세안 자유무역지대 창설에 타 회원국들이 보다 적극적 자세를 취할 것을 요구하는 반면, 아세안의 보호주의 블록화에는 반대한다. 아세안 자유무역지대 창설을 위한 공동 실효 특혜 관세(Common Effective Preferential Tariff Scheme)의 확대 실시를 주장하고 있다.

APEC: ASIA-PACIFIC ECONOMIC COOPERATION

APEC 활동에 적극적으로 참여하고 있으나 APEC의 지역경제공동체로의 접근에 대해서는 비교적 조심스런 입장을 취하고 있다. 이는 미국의 경제공동체 구상에 대해 인접국인 말레이시아가 미국의 참여를 배제한 APEC을 주장하는데 대해 적극적인 동조를 취하지 못해 싱가포르는 APEC에 관한 정책은 아세안의 공식적 입장을 수용하는 방식을 취하고 있다.

◆ 자유무역협정(FTA)

싱가포르는 1999년부터 다자간 무역협상과 더불어 양자 간 자유무역협정(FTA)에도 중요한 비중을 두는 이중정책을 펼치고 있다. 싱가포르는 동아시아의 FTA Hub를 지향하고 있으며, 도시형 개방경제 체제 및 대외무역 의존형 경제구조를 바탕으로 적극적인 대외통상정책을 추진해 경제 관계가 긴밀한 여러 나라와 FTA를 체결 및 진행하고 있다.

싱가포르는 2000년 9월 뉴질랜드와 FTA를 체결한 이후 일본, 호주, 미국, 요르단, 중국, 한국 등과 이미 FTA를 체결했으며, 2005년 6월에는 칠레, 뉴질랜드,브루나이와의 4국간 FTA 협상을 타결하는 등 다자간 FTA도 활발하게 추진하고 있다. 캐나다, 멕시코, 파키스탄, 우크라이나 등과는 FTA 체결을 위해 협상을 진행 중이며, EU와도 2013년 9월, 협상안에 서명을 마친 상태이며, 2013년 11월에는 대만과도 협상안에도 서명을 완료했다. 싱가포르는 ASEAN 회원국으로서 일본, 인도, 호주, 뉴질랜드 등의 국가들과 ASEAN 차원의 FTA에도 참여하고 있다.

한국과의 FTA는 2005년 8월 정식 서명하고 2006년 3월 2일부로 발효된 상태이다. 중국과는 2008년 9월 초 지난 2년간 추진해 온 쌍무간 자유무역협상이 타결돼 2008년 10월 아시아 국가 중 최초로 중국과 FTA를 체결한 국가가 됐다. 싱가포르가 이처럼 FTA를 적극적으로 추진하는 데에는 국제무역 중계지라는 자국의 위상을 더욱 높이고 자국의 서비스 산업을 발전시키기 위한 전략적 노력이 자리하고 있다고 볼 수 있다.

미국, 호주, 브루나이, 캐나다, 칠레, 일본, 말레이시아, 멕시코, 뉴질랜드, 페루, 싱가포르, 베트남 등 12개국이 참여해 총 인구 8억 명, 총 GDP 30조 달러(세계 전체 GDP의 40%)를 커버하는 메가 FTA인 TPP(Trans-Pacific Partnership)는 지적재산권, 유제품, 자동차 원산지 규정 등의 이슈에 대한 의견 대립으로 난항을 겪다 2015년 10월, 5년 반 동안의 협상 끝에 최종 타결됐다. 이후 미국의 TPP 탈퇴 선언으로 다시 진척시키는데 어려움을 겪었으나 2017년 5월, 베트남 하노이에서 열린 APEC 회담에서 미국을 제외한 TPP 체결 11개국이 TPP를 제외하고 TPP 발효 작업을 지속하기로 합의했고, 2017년 11월 베트남 다낭에서 진행된 APEC 회담에서 TPP 명칭을 CPTPP (Comprehensive and Progressive TPP; 포괄적 점진적 환태평양 경제동반자협정)으로 변경하고 2019년까지 발효시키기로 결정했다.

2010년 3월부터 시작됐던 싱가포르와 EU 간의 EUSFTA 협상이 2014년 10월 17일로 마무리되었으나, EU 의회의 승인이 늦어지면서 지연되다 2017년 5월 유럽사법재판소(European Court of Justice, ECJ)가 EUSFTA 발효를 위해서는 각 EU 회원국의 승인이 필요하다는 판결을 내놓으면서 더욱 지연될 것으로 보인다. 유럽의 분석에 따르면 이번 FTA를 통해 싱가포르는 향후 10년간 59억 싱가포르달러의 수출증대 효과를 볼 것으로 예상되며 유럽의 대싱가포르 수출 물량도 24억 싱가포르 달러로 늘어날 것으로 전망된다.

2015년 11월, 중국-싱가포르 외교관계 수립 25주년을 맞아 중국 시진핑 주석이 싱가포르를 방문했을 때, 2008년 체결된 중국과 싱가포르 간의 CSFTA를 개선 및 강화하기로 동의하여 현재 협상이 진행 중이며 2018년 말까지 마무리될 것으로 보인다.

<표 4-69> 싱가포르의 FTA 체결현황 (2018.8월 기준)

국가명	기체결 사안	정부간 협상 중 사안	검토 중 사안
싱가포르	(발효) ASEAN 전체차원 (한국, 중국, 일본, 호주·뉴질랜드, 인도), AFTA, 뉴질랜드 CEP, 일본 FTA, EFTA FTA, 호주 FTA, 미국 FTA, 요르단 FTA, 인도 CECA, 한국 FTA, P4(뉴질랜드, 싱가포르, 브루나이, 칠레), 파나마 FTA, 중국 FTA, 페루 FTA, GCC FTA, 코스타리카 FTA, 대만 ASTEP	멕시코 FTA, 캐나다 FTA, 파키스탄 FTA, 우크라이나 FTA, RCEP	FTAAP, 이집트 CECA, EAC, 콜롬비아, 모로코, 스리랑카
	(서명) CPTPP		
	(타결) EU FTA, 터키 FTA		

자료: 산업자원통상부-FTA 강국, KOREA website (http://fta.go.kr/main/ situation/fta/world/)

11) 태국[91]

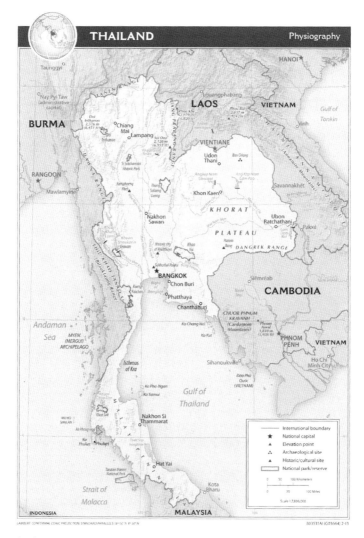

자료원: CIA

91) 동 부분은 KOTRA 해외시장뉴스: 국가·지역정보, http://news.kotra.or.kr/user/nation Info/kotranews/
14/userNationBasicView.do?nationIdx=62를 기준으로 작성함.

<표 4-70> 태국의 주요 경제 지표

연간 지표	단위	2017	2016	2015	2014	2013
실질 GDP증가율	%	3.90	3.28	3.02	0.98	2.69
명목GDP (달러)	백만 달러	455,221	411,755	401,399	407,339	420,333
명목GDP (현지통화)	백만 바트	-	14,366,557	13,672,865	13,203,739	12,921,166
실질GDP (달러)	백만 달러	422,900	407,015	394,078	382,525	378,796
1인당 GDP	달러 (USD)	6,593.82	5,979.29	5,846.39	5,953.79	6,168.39
소비자물가상 승률	%	0.67	0.19	-0.90	1.90	2.19
실업률	%	0.70	0.75	0.89	0.84	0.74
이자율	%	4.42	4.47	4.73	4.95	5.06
환율	-	33.94	35.30	34.25	32.48	30.73
수출실적	백만 달러	310,757	281,936	275,805	282,159	286,232
수입실적	백만 달러	249,083	221,172	229,766	254,670	274,819
무역수지	백만 달러	61,673.77	60,763.95	46,038.80	27,489.79	11,413.17
대외부채	백만 달러	-	121,497	129,654	135,292	137,353
외환보유고	백만 달러	202,538	171,772	156,460	157,163	167,230
투자유치액 (FDI)	백만 달러	9,100.91	3,063.24	8,927.58	4,975.46	15,935.96
해외투자액 (ODI)	백만 달러	-	13,229.21	1,687.25	5,575.37	11,678.56

자료 : http://poll.einfomax.co.kr/kotra.html#/country/Thailand

① 무역 동향

태국은 주로 자동차, 전기전자 산업의 부품소재를 수입해 완성품을 수출하는 가공무역 구조를 보이고 있으며, 무역의존도가 100을 상회해 수출입이 국가경제에 미치는 영향이 큰 국가이다.

<표 4-71> 태국의 수출, 수입 및 무역수지 추이

(단위: 백만 달러, %)

구분		2014년	2015년	2016년	2017년
수출	금액	225,013	210,843	213,660	235,931
	증감률	0.0	-6.3	1.3	10.4
수입	금액	228,070	201,937	195,783	224,576
	증감률	-8.7	-11.5	-3.1	14.7
무역수지		-3,057	8,906	17,877	11,355
교역액		453,083	412,780	409,443	460,506

자료: Global Trade Atlas

태국의 수출은 2009년 세계 금융위기에 따른 감소를 제외하고는 2012년까지 증가세를 보였으나, 2013년 이후는 글로벌 경기침체와 국제 원자재 가격 하락의 영향으로 감소 또는 둔화세를 보여왔는데 2016년부터는 미세하게나마 증가세로 반전 되었다. 2015년 태국의 수출은 2,108억 4,300만 달러로 전년대비 6.3% 감소했으나 2016년의 경우 전년대비 1.3% 증가한 2,136억 6,000만 달러를 기록했다. 2017년 태국의 수출은 글로벌 경기 회복세에 따른 국제 교역 증가의 영향을 받아 전년 대비 10.4%로 크게 증가한 2,359억 3,100만 달러를 기록했다.

태국의 수입은 수출과 마찬가지로 2013년부터 2016년까지 4년 연속 감소세를 나타냈으나 2017년 다시 증가세로 돌아섰다. 2015년 태국의 수입은 전년대비 11.5% 감소한 2,019억 3,700만 달러를 기록한 데 이어 2016년에는 전년대비 3.1% 감소한 1,957억 8,300만 달러에 머물렀다. 그러나 2017년 태국의 수입은 뚜렷한 증가세로 전환되어 전년대비 14.7% 증가한 2,245억 7,600만 달러를 기록했다.

◆ 국가별 수출입 현황

태국의 주요 수출대상국은 중국, 미국, 일본, 홍콩, 베트남, 호주, 말레이시아 등이다. 미국은 2015년부터 2016년까지 중국을 제치고 태국의 최대 수출대상국으로 부상했으나, 2017년부터 중국이 다시 태국의 최대 수출국의 자리를 차지했다. 2016년 기준 한국은 태국의 17위 수출국가로 수출액이 약 40억 1,400만 달러를 기록한 데 이어 2017년 수출 금액이 전년 동기대비 15.8%로 대폭 상승하였다. 태국은 2015년 말 아세안경제공동체(AEC) 출범 이후 미얀마, 캄보디아, 라오스 등 국경무역의 확대를 꾀한 이래 2016년에는 수출 실적이 저조했으나, 2017년 라오스를 제외한 베트남(24.3%), 캄보디아

<표 4-72> 태국의 주요 수출상대국 현황

(단위: 백만 달러, %)

구분	국가명	2015년	2016년	2017년	증감률
	합계	210,843	213,660	235,931	10.4
1	중국	23,311	23,582	29,405	24.7
2	미국	23,680	24,335	26,518	9.0
3	일본	19,741	20,424	22,069	8.1
4	홍콩	11,642	11,395	12,274	7.7
5	베트남	8,758	9,340	11,605	24.3
6	호주	9,612	10,238	10,491	2.5
7	말레이시아	10,020	9,543	10,318	8.1
8	인도네시아	7,706	8,029	8,806	9.7
9	싱가포르	8,587	8,040	8,171	1.6
10	인도	5,210	5,119	6,467	9.2

자료원: Global Trade Atlas

(14.6%), 인도네시아(9.7%), 필리핀(26.3 %) 등 아세안 역내 국가로의 수출이 전년 대비 크게 증가하였다.

태국의 주요 수입대상국은 중국, 일본, 미국, 말레이시아 등이다. 중국은 2014년부터 태국의 1위 수입대상국의 자리를 지키고 있으며, 대부분의 나라와의 수입이 감소세를 기록했을 때에도 매년 증가세를 나타냈다. 반면, 일본은 2013년까지 태국의 최대 수입 대상 국가였으나, 2014년부터 2위로 하락했다. 한국으로부터의 수입은 2016년부터 증가세로 전환하여 2016년의 경우 전년 대비 4.3% 증가한 73억 1,799만 달러가 수입되었으며, 2017년에는 수입증가율이 더욱 확대되어(10.5%) 80억 8,400만 달러가 수입되었다. 2018년 1분기 태국의 對한국 수입은 22억 6,600만 달러로 6위를 차지했다.

<표 4-73> 태국의 주요 수입상대국 현황

(단위: 백만 달러, %)

구분	국가명	2015년	2016년	2017년	증감률
	합계	201,937	195,783	224,576	14.7
1	중국	40,912	42,262	44,734	5.9
2	일본	31,133	30,864	32,390	4.9
3	미국	13,819	12,128	15,023	23.9
4	말레이시아	11,875	10,956	11,781	7.5
5	UAE	8,135	6,199	7,677	23.9
6	한국	7,015	7,317	8,084	10.5
7	인도네시아	6,537	6,414	7,410	15.5
8	대만	7,503	7,173	8,230	14.7
9	싱가포르	7,143	6,550	7,996	22.1
10	독일	5,525	5,902	6,140	4.0

자료: Global Trade Atlas

KOTRA 방콕 무역관이 우리나라의 태국 수입시장에서 수출경합도 지수(ESI; Export Similarity Index)를 조사한 결과, 우리나라가 태국 시장에서 가장 치열하게 경쟁하고 있는 나라는 일본(52.97)이고, 대만(48.38), 중국(43.90), 미국(39.68), 말레이시아(37.66), 독일(36.46) 등의 순으로 나타났다.

수출경합도 지수(ESI)
(Export Similarity Index)

양국의 수출구조가 유사할수록 경쟁이 높다는 가정 하에 특정시장에서 양국 간의 경쟁 정도를 보여주는 지표로 ESI의 값이 100에 가까울수록 두 나라의 수출은 경쟁적인 상태에 있음을 의미한다.

◆ 품목별 수출·입 현황

태국은 아세안의 자동차 및 전기전자 산업 생산 허브이며, 주요 수출품목은 컴퓨터(HDD), 자동차 및 관련 부품, 전자집적회로, 화물차, 정제유, 에어컨 등이다. 2016년 태국의 주요 수출 품목 중 수출 증가폭이 컸던 품목은 자동차(23.8%), 금(94.4%), 통신기기(10.2%) 등이며, 수출 감소폭이 컸던 품목은 화물차(-20.8%), 천연고무(-11.3%), 정제유(-29.5%)등이다. 2017년의 경우 수출 호조에 따라 20대 주요 수출 품목 중 자동차(-6.5%), 에어컨(-0.6%), 금(-21.3%), 사무용 기기(-9.0%)를 제외한 모든 품목의 수출이 증가했다.2018년 1분기의 경우 2017년 글로벌 반도체 가격 상승 및 컴퓨터 산업 호황에 따른 수출 증가세가 이어졌으며, 2017년 주춤했던 자동차 수출도 회복되는 양상을 나타냈다.

<표 4-74> 태국의 주요 수출품목 현황

(단위: 백만 달러, %)

구분	HS Code	품목명	2015년	2016년	2017년	증감률
		합계	210,843	213,660	235,931	10.4
1	8471	컴퓨터 및 부품	11,414	10,467	11,779	12.5
2	8703	자동차	9,399	11,633	10,879	-6.5
3	8708	자동차부품	6,714	6,926	7,720	11.5
4	8542	전자집적회로(IC)	7,609	7,669	8,256	7.7
5	8704	화물차	8,160	6,466	7,307	13.0
6	2710	정제유	6,810	4,802	6,083	26.7
7	8415	에어컨	4,526	4,844	4,813	-0.6
8	1006	쌀	4,544	4,372	5,162	18.1
9	4001	천연고무	4,977	4,415	6,028	36.5
10	4011	타이어	3,403	3,559	4,392	23.4

자료: Global Trade Atlas

태국의 주요 수입 품목은 원유, 전자집적회로, 금, 통신기기, 자동차 부품 등이며, 원유의 경우 전적으로 수입에 의존하고 있어 비중이 가장 큰 품목이며, 자동차 및 전기전자 산업의 완성품 생산을 위한 부품소재를 수입하고 있다. 2016년 태국의 주요 수입품목 중 증가폭이 컸던 품목은 자동차부품(11.2%), 정제유(19.9%), 기타 전기기기(24.2%) 등이며 수입 감소폭이 컸던 품목은 원유(-21.6%), 금(-17.8%), 항공기부품(-21.1%), 천연가스(-39.7%) 등이다. 2017년 경우, 지난 3년간 감소세를 이어왔던 원유 수입이 전년 대비 28.0%로 크게 늘어났으며, 정부 차원의 보석세공산업 지원 정책에 힘입어 금과 다이아몬드 수입 역시 전년대비 각각 88.5%, 135.5% 증가했다. 2018년 1분기 최대 수입 품목은 원유 및 역청유 였으며, 전자집적회로, 금, 통신기기 및 자동차 부품이 2~5위를 차지했다.

<表 4-75> 태국의 주요 수입품목 현황

(단위: 백만 달러, %)

구분	HS Code	품목명	2015년	2016년	2017년	증감률
		합계	201,937	195,783	224,576	14.7
1	2709	원유 및 역청유	19,452	15,245	19,515	28.0
2	8542	전자집적회로	9,356	9,481	11,267	18.8
3	7108	금	7,204	5,921	11,162	88.5
4	8517	통신기기	6,109	6,413	7,690	19.9
5	8708	자동차부품	5,301	5,897	6,290	6.7
6	2710	정제유	2,984	3,578	4,355	21.7
7	2711	천연가스	5,370	3,237	3,864	19.4
8	7326	철강제 기타제품	3,471	3,422	3,755	9.7
9	8471	컴퓨터	3,425	3,128	3,731	19.3
10	8802	항공기부품	3,088	2,435	3,572	46.7

자료: Global Trade Atlas

2016년 기준 태국의 용도별 수입은 소비재 수입이 전년 대비 5.8% 증가했으며, 가정용 전자제품을 중심으로 직물 및 화장품 수입 등이 모두 증가했다. 반면, 원자재 및 중간재 수입은 원유 및 천연가스, 컴퓨터부품 및 액세서리 수입 감소로 인해 전년대비 7.6% 감소한 1,025억 40만 달러를 수입하는데 그쳤다.

2017년 태국의 용도별 수입은 수출호조로 인하여 전반적인 증가세를 나타냈다. 원유 및 전기전자부품 등 원자재와 중간재 수입이 전년 대비 53.5%로 크게 증가했으며, 자본재 수입 25.2%,기타수입 11.0%,소비재 수입 10.2%,내구성 소비재 수입이 3.6%의 비중을 차지했다.

<표 4-76> 태국의 주요 용도별 수입액 증감률 현황

(단위: 백만 달러, %)

구분	2015년		2016년		2017년		
	금액	증감률	금액	증감률	금액	증감률	비중
소비재	20,029	1.5	20,228	5.8	22,783	7.3	10.2
의약품	2,383	5.6	2,429	1.9	2,604	7.2	1.2
화장품	1,858	6.8	2,002	7.7	2,129	6.3	1.0
내구성소비재	7,307	4.8	7,683	5.1	7,915	3.0	3.6
가정용 전자	918	5.6	1,009	10	952	-5.6	0.4
직물	1,933	2.2	2,096	8.4	2,239	6.8	1.0
가구 및 부품	830	9.1	862	4.3	912	5.4	0.4
원자재 및 중간재	110,885	-17.6	102,032	-7.6	119,243	16.9	53.5
원유	19,521	-41.2	14,704	-22.3	19,858	35.0	8.9
천연가스	4,672	0.9	2,902	-37.9	3,412	17.6	1.5
화학	11,468	-12.5	10,922	-4.5	12,860	17.7	5.8
플라스틱	7,292	-4	7,398	1.5	7,942	7.4	3.6
전기전자부품	26,175	-0.4	25,471	-2.7	28,310	11.1	12.7
전기부품	2,860	15.5	2,933	2.6	3,105	5.8	1.4
컴퓨터부품 및 액세서리	4,190	-5.8	3,564	-14.9	3,891	9.2	1.7
IC 및 부품	9,390	-3	9,428	0.4	11,143	18.2	5.0
원사 및 직물	1,768	-6	1,742	-1.5	1,768	1.5	0.8
자본재	53,138	-3.5	51,770	-2.5	56,207	8.6	25.2
컴퓨터	1,901	-7.7	1,674	-12	1,803	7.7	0.8
통신장비	7,828	-0.7	7,802	-0.3	9,201	17.9	4.1
기타 수입	18,601	1.1	19,168	3	24,531	28.0	11.0
자동차	2,045	-12.4	2,151	5.2	10,307	2.7	4.6
자동차부품	7,244	-1.6	7,889	8.9	8,365	6.0	3.8

자료: 태국중앙은행

② 지역무역협정 참여 현황

태국 정부는 FTA 추진에 있어 적극적인 입장을 보이고 있는데, 이는 FTA를 통해 수출을 증대시키고, 동시에 양질의 제품을 수입해 경쟁력 없는 기업과 산업이 자연스럽게 퇴출할 수 있도록 산업구조를 개선시키는 데 핵심 목적이 있는 것으로 분석된다. 특히, 2000년대 탁신 정부 이후 과거 소규모 경제권을 중심으로 FTA를 추진하던 것에서 탈피해 대규모 경제권과의 FTA를 과감히 추진했었는데, 이는 동아시아의 경제 블록화를 통한 세계 3대 지역주의의 한 축에서 중심에 서겠다는 의지로 해석된다. 태국은 역내포괄적경제동반자협정(RCEP) 협상에는 참여하고 있고, 환태평양경제동반자협정(TPP) 협상에는 참여하지 않았다.

태국은 아세안의 회원국으로서 지역무역협정에 참여하는 동시에 아세안과는 별도로 독자적인 자유무역협정을 다수의 국가들과 맺고 있다. 태국이 가입한 자유무역협정은 모두 14개로서 이중 태국이 개별적으로 맺은 협정은 페루, 칠레, 뉴질랜드, 호주, 인도, 일본 등 6개이며 나머지는 아세안의 회원국으로서 호주, 뉴질랜드, 중국, 인도, 일본, 한국, 벵갈만 국가, 홍콩 등 8개이다. 태국은 이처럼 다수의 국가들과 적극적인 자유무역협정을 통해 수출기회를 확대하는 한편, 아세안 국가의 일원으로서 동남아시아 지역의 경제통합에 주도적으로 참여하고 있다. 역내포괄적경제동반자협정(RCEP)은 2018년까지 타결을 목표로 협상 중에 있으며, 포괄적점진적 환태평양경제동반자협정(CPTPP)가입을 위한 준비중에 있다. 또한 태국은 파키스탄과 이미 9차례의 회담을 갖고 상품 관세 인하 방식을 논의하고 있으며, 2018년은 태국-터키 수교 60주년으로 올해 안으로 터키와

FTA 체결을 위한 협상을 진행 중이다. 태국은 2018년 7월 13일 스리랑카와의 FTA 체결을 위한 제1차 회담을 시작했다.

태국 FTA의 주요 특징을 분석하면 협정별 수준이 매우 상이하다는 점이다. 태국 정부가 최근 추진하고 있는 양자 간 FTA는 대상 국가별로 성격이 판이하다. 태국-호주 FTA는 상품, 서비스, 투자를 포함한 포괄적인 의미의 FTA로 평가되나, 2004년 9월부터 시행되고 있는 태국-인도 FTA의 경우 Early Harvest Scheme(EHS)에 포함된 품목이 82개에 불과해 포괄적인 FTA로 보기 어렵다. 그 후 아세안-인도는 2009년 포괄적인 상품협정을 체결했다. 태국은 지금까지 실질적으로 명확한 무역 투자정책이 없었던 것이 사실이나, FTA 추진을 통해 자동차, 식료품, 섬유 제조 부문을 특화시킬 계획이다. 호주와의 FTA 는 태국의 자동차 연관 산업 시장을 확대시켰으나, 낙농업과 축산업에는 부정적 영향을 끼친 것으로 조사됐다.

<표 4-77> 태국의 FTA 체결현황 (2018.8월 기준)

국가명	기체결 사안	정부간 협상 중 사안	검토 중 사안
태국	(발효) ASEAN 전체차원 (한국, 중국, 일본, 호주·뉴질랜드, 인도), AFTA, 중국 FTA, 호주 FTA, 뉴질랜드 CEP, 일본 EPA, 페루 FTA, 칠레 FTA	(협상중) 인도 CECA, EFTA FTA, BIMST-EC FTA (벵갈만경제협력체: 방글라데시, 부탄, 인도, 미얀마, 네팔, 스리랑카, 태국), RCEP, 파키스탄 FTA (협상중단) 미국 FTA, EU FTA	캐나다 FTA, FTAAP, 터키 FTA, 남아공, 바레인, 이스라엘, 한국, MERCOSUR, 폴란드, 바레인, UAE, TPP

자료: 산업자원통상부-FTA 강국, KOREA website (http://fta.go.kr/main/ situation/fta/world/)

12) 말레이시아[92]

<표 4-78> 말레이시아의 주요 경제 지표

연간 지표	단위	2017	2016	2015	2014	2013
실질 GDP증가율	%	5.90	4.22	5.03	6.01	4.69
명목GDP (달러)	백만 달러	314,500	296,536	296,434	338,062	323,277
명목GDP (현지통화)	백만 링깃	-	1,230,121	1,157,723	1,106,442	1,018,614
실질GDP (달러)	백만 달러	364,358	344,052	330,122	314,318	296,507
1인당 GDP	달러 (USD)	9,944.90	9,508.24	9,648.55	11,183.73	10,882.29
소비자물가 상승률	%	3.80	2.08	2.10	3.14	2.11
실업률	%	3.35	3.45	3.15	2.85	3.30
환율	-	4.30	4.15	3.91	3.27	3.15
수출실적	백만 달러	224,994	201,121	209,568	249,539	244,385
수입실적	백만 달러	203,059	181,130	186,856	218,197	216,845
무역수지	백만 달러	21,935.19	19,990.33	22,711.69	31,341.55	27,540.34
대외부채	백만 달러	-	200,364	190,951	196,587	188,795
외환보유고	백만 달러	102,447	94,481.26	95,282.34	115,959	134,854
투자유치액 (FDI)	백만 달러	9,511.69	13,470.09	9,857.16	10,619.43	11,296.28
해외투자액 (ODI)	백만 달러	-	5,601.26	9,899.42	16,369.07	14,107.17

자료: http://poll.einfomax.co.kr/kotra.html#/country/Malaysia

---

92) 동 부분은 KOTRA 해외시장뉴스: 국가 · 지역정보, http://news.kotra.or.kr/user/nation Info/kotranews/
14/userNationBasicView.do?nationIdx=56를 기준으로 작성함.

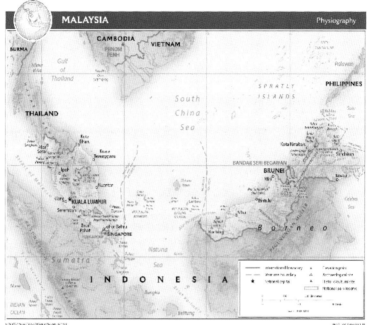

자료원: CIA

① 무역 동향

말레이시아의 교역은 2014년까지 꾸준히 상승세를 이어왔으나 2014년 4분기부터 세계적으로 이어진 저유가 상황과 소비심리 위축 등으로 인하여 2015년에는 감소세로 돌아섰다. 2016년 기준으로 말레이시아의 전체 수출입액은 3,589억 달러로 전년동기대비 약 15% 감소하였으나, 2017년 기준 전체 수출입액은 4,132억 달러로 전년동기대비 약 15% 다시 증가하였다.2017년 기준으로 말레이시아의 수입액은 1,952억 달러로 전년 대비 약 15.7% 증가, 수출액은 2,179억 달러로 전년 대비 약 14.7% 증가하였다.

<표 4-79> 말레이시아의 수출, 수입 및 무역수지 동향

(단위: 백만 달러)

구분	2012년	2013년	2014년	2015년	2016년	2017년
수출	227,767	228,450	234,039	199,959	189,743	217,944
수입	196,593	206,001	208,950	175,977	168,684	195,243
무역수지	31,174	22,449	25,089	23,982	21,059	22,701

자료: World Trade Atlas

◆ 국가별 수출입 동향

말레이시아가 수출을 많이 하는 나라는 싱가포르, 중국, 일본, 태국, 홍콩, 한국 등 인근 지역 나라들이다. 서구 국가로는 미국으로의 수출이 가장 많고 호주, 독일, 네덜란드 등으로도 수출이 이루어지고 있으나 한국은 수출액 기준 순위로는 13위권에 머물고 있다.

<표 4-80> 말레이시아의 주요 수출상대국 현황

(단위: 백만 달러)

순위	국가명	2015	2016	2017
-	수출총액	49,959	44,205	50,569
1	싱가포르	7,061	6,270	7,291
2	중국	5,665	4,976	6,550
3	미국	4,654	4,553	4,801
4	일본	5,694	4,120	4,596
5	태국	2,857	2,622	2,850
6	홍콩	2,538	2,128	2,205
7	인도네시아	1,784	1,573	1,960
8	인도	2,018	1,799	1,930
9	호주	1,950	1,591	1,777
10	독일	1,197	1,292	1,521

자료: World Trade Atlas

말레이시아가 수입을 많이 하는 나라는 중국, 싱가포르, 일본, 태국, 대만, 인도네시아, 한국 등 인근 지역 나라들이다. 서구 국가로는 미국으로부터의 수입이 가장 많고 독일, 호주 등으로부터의 수입도 꾸준히 이루어지고 있다.

<표 4-81> 말레이시아의 주요 수입상대국

(단위: 백만 달러)

순위	국가명	2015	2016	2017
-	수입총액	44,695	38,456	46,321
1	중국	7,884	7,266	8,919
2	싱가포르	5,174	4,168	4,586
3	미국	3,567	3,351	4,455
4	일본	3,668	3,279	3,562
5	대만	2,407	2,129	2,844
6	태국	2,658	2,492	2,693
7	인도네시아	2,072	1,691	2,449
8	한국	2,014	1,765	2,082
9	독일	1,409	1,371	1,334
10	인도네시아	1,042	925	1,302

자료: World Trade Atlas

◆ 주요 수출입 품목 현황

말레이시아의 주요 수출품은 전자직접회로, 발광다이오드, 전자계산기 부품 등과 같은 전기전자 부품과 석유가스, 팜유, 석유, 천연가스 등 천연자원이 주를 이루고 있다. 반면에, 말레이시아 주요 수입품은 전자직접회로, 발광다이오드, 전자계산기 부품 등과 같은 전기전자 부품과 석유제품, 항공기 및 헬리콥터, 자동차 등 운송기기 등이 주를 이루고 있다.

(단위: 백만 달러)

순위	수출				수입			
	품목명 (HS Code)	'15년	'16년	'17년	품목명 (HS Code)	'15년	'16년	'17년
1	전자집적회로 (8542)	27,247	26,653	33,054	전자집적회로 (8542)	24,755	24,911	31,076
2	석유제품 (2710)	10,637	11,166	13,256	석유제품 (2710)	14,697	11,916	16,712
3	석유가스 (2711)	12,810	8,430	10,088	유선 전신기기 (8517))	3,790	3,494	4,056
4	팜오일 (1511)	9,478	9,092	9,717	원유 (2709)	3,353	2,831	3,954
5	다이오드, 트랜지스터 (8541)	8,024	8,272	8,504	다이오드 반도체장치 (8541)	3,837	3,571	3,724
6	자동자료 처리기계 (8471)	7,642	7,259	8,471	금 (7108)	2,841	2,208	3,125
7	원유 (2709)	6,857	5,660	6,958	자동자료 처리기기 (8471)	2,566	2,571	2,854
8	유선전화기 (8517)	3,718	3,869	3,993	컴퓨터 주변기기 (8473)	2,690	2,362	2,107
9	사무용 기기부품 (8473)	3,827	3,127	2,663	기타항공기 (8802)	1,165	1,390	1,849
10	텔레비전 수신기 (8528)	8,024	1,987	2,041	석유가스 (2711)	1,418	739	1,043

② 지역무역협정 참여 현황

말레이시아는 ASEAN 10개국에 소속되어 있어 이미 역내 자유무역협정 (AFTA: Asean Free Trade Agreement)을 실현하기 위한 공동

효과특혜관세(CEPT) 협정에 따라 1993 년부터 단계적으로 관세인
하를 실시하고 있다. ASEAN 회원 가맹 6개국(싱가포르, 말레이시
아, 브루나이, 태국, 인도네시아, 필리핀)은 2008년부터 대상 품목
중 99%에 대하여 관세율을 5% 이하로 인하했다. 목제품, 자동차,
고무 제품, 섬유, 농산물 가공, 수산업, 일렉트로닉스, E-ASEAN, 헬
스케어, 항공, 관광 등 11개 분야에 대해서는 일부를 제외하고 2007
년 1월에 모두 관세를 철폐했다. 신규 가맹국(베트남, 미얀마, 라오
스, 캄보디아)의 관세율 인하도 진전되어 이미 적용 품목의 98% 이
상의 역내 관세가 5% 이하로 감소하였으며, 동 국가들은 역내 무관
세 실현을 목표로 하고 있다.

말레이시아는 양자간 FTA를 체결한 국가로는 일본(2006년 7월),
파키스탄(2008년 1월), 뉴질랜드(2010년 8월), 인도(2011년 7월), 칠
레(2012년 2월), 호주(2013년 1월), 터키(2015년 8월) 등이다. 한편,

<표 4-83> 말레이시아의 FTA 체결현황 (2018.8월 기준)

국가명	기체결 사안	정부간 협상 중 사안	검토 중 사안
말레이시아	(발효) ASEAN 전체차원 (한국, 중국, 일본, 호주·뉴질랜드, 인도), AFTA, 일본 EPA, 파키스탄 CEPA, 인도 CECA, 뉴질랜드 FTA, 칠레 FTA, 호주 FTA, 터키 FTA	(협상중) EU FTA, EFTA, RCEP	한국 FTA, 대만 FTA, FTAAP, 이집트 FTA, GCC FTA, 시리아, 이집트, 방글라데시
	(서명) CPTPP	(협상중단) 미국 FTA	

자료: 산업자원통상부-FTA 강국, KOREA website (http://fta.go.kr/main/ situation/fta/world/)

말레이시아가 참여하고 있는 ASEAN과 FTA를 체결한 국가로는 한국(2009년 9월), 일본(2009년 12월), 중국(2010년 1월), 인도(2010년 1월), 호주·뉴질랜드(2010년 1월) 등이다.

13) 인도네시아[93]

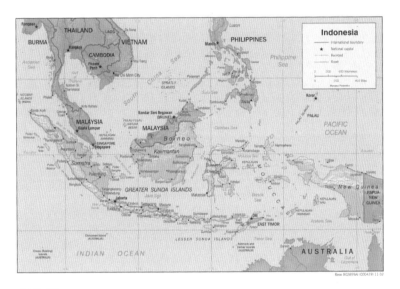

자료원: CIA

---

93) 동 부분은 KOTRA 해외시장뉴스: 국가·지역정보, http://news.kotra.or.kr/user/nation Info/kotranews/ 14/userNationBasicView.do?nationIdx=49를 기준으로 작성함.

<표 4-84> 인도네시아의 주요 경제지표

연간 지표	단위	2017	2016	2015	2014	2013
실질 GDP증가율	%	5.07	5.03	4.88	5.01	5.56
명목GDP (달러)	백만 달러	1,015,539	932,256	860,854	890,815	912,524
명목GDP (현지통화)	백만 루피아	-	12,406,809.8	11,531,716.9	10,569,705.3	9,546,134.0
실질GDP (달러)	백만 달러	1,090,459	1,037,864	988,129	942,185	897,262
1인당 GDP	달러 (USD)	3,846.86	3,570.28	3,334.55	3,491.60	3,620.66
소비자물가 상승률	%	3.81	3.53	6.36	6.40	6.41
실업률	%	5.40	5.61	6.18	5.94	6.25
이자율	%	6.3100	7.9200	8.8900	7.8900	8.8000
환율	-	13,380.87	13,308.33	13,389.41	11,865.21	10,461.24
수출실적	백만 달러	193,555	167,793	171,345	198,824	205,033
수입실적	백만 달러	182,527	159,559	165,993	201,851	211,270
무역수지	백만 달러	11,028.40	8,234.32	5,351.90	-3,027.13	-6,237.11
대외부채	백만 달러	-	316,431	308,221	292,971	265,453
외환보유고	백만 달러	130,215	116,370	105,929	111,863	99,386.83
투자유치액 (FDI)	백만 달러	22,078.22	4,541.71	19,779.13	25,120.73	23,281.74
해외투자액 (ODI)	백만 달러	-	-12,462.89	5,936.97	7,077.32	6,646.60

자료: http://poll.einfomax.co.kr/kotra.html#/country/Indonesia

① 무역 동향

인도네시아의 무역수지 흑자 규모는 2009년 이후 지속적으로 증가했으나, 2012년부터 증가 폭이 감소하기 시작했다. 2012년부터 2016년까지 세계 경기침체로 인해 전반적인 교역 규모가 줄어들었기 때문이다. 이는 원자재 가격 하락으로 인해 석유가스, 광물 등 에너지, 원자재 수출입이 급격히 감소한 것에 따른 것으로 보인다.

<표 4-85> 인도네시아 무역수지 추이

(단위: 억 달러)

구분	2013년	2014년	2015년	2016년	2017년
수출	1,826	1,763	1,504	1,445	1,676
수입	1,866	1,782	1,427	1,357	1,569
무역수지	-40	-19	77	88	107

자료: KOTRA; Global Trade Atlas

그러나 2017년에는 총 수출액은 1,676억 달러, 총 수입액은 1,569억 달러로 107억 달러의 무역흑자를 기록했다. 2017년 들어서 환율이 안정되는 등 인니 경기가 전반적인 호조상태로 유지되며, 수출과 수입이 각각 1,676억 달러와 1,569억 달러로 최근 5년만에 최초로 전년 대비 실적이 증가하였다. 2018년 1분기 수출과 수입은 각각 442억 달러와 432억 달러로 순조로운 편이며 2018년 전체 수출 실적도 호조세를 보일 것으로 예상된다.

<표 4-86> 인도네시아의 주요 국가별 수출 현황

(단위: 백만 달러)

순위	연도	2014	2015	2016	2017
1	중국	17,606	15,039	16,786	22,808
2	일본	23,117	18,021	16,099	17,491
3	미국	16,530	16,239	16,141	17,782
4	싱가포르	16,728	12,633	11,246	12,762
5	인도	12,249	11,731	10,094	13,868
6	말레이시아	9,730	7,631	7,122	8,454
7	한국	10,601	7,664	7,009	8,084
8	태국	5,783	5,507	5,394	6,462
9	필리핀	3,888	3,922	5,271	6,382
10	네덜란드	3,985	3,442	3,255	4,217

자료: KOTRA; Global Trade Atlas

<표 4-87> 인도네시아의 주요 국가별 수입 현황

(단위: 백만 달러)

순위	연도	2014	2015	2016	2017
1	중국	30,624	29,411	30,800	35,767
2	싱가포르	25,186	18,022	14,548	16,889
3	일본	17,008	13,264	12,985	15,241
4	태국	9,781	8,083	8,667	9,280
5	미국	8,170	7,593	7,298	8,121
6	한국	11,847	8,427	6,675	8,122
7	말레이시아	10,855	8,531	7,201	8,797
8	호주	5,648	4,816	5,261	6,009
9	인도	4,091	3,472	3,159	3,538
10	사우디아라비아	3,418	3,162	3,228	3,256

자료: KOTRA; Global Trade Atlas

<표 4-88> 주요 품목별 수출

(단위: 백만 달러)

순위	구분	2014	2015	2016	2017
1	광물성연료	21,058	16,078	14,786	21,139
2	동식물성유지	21,059	18,659	18,234	22,967
3	전기기기(TV등)	9,746	8,562	8,161	8,505
4	귀석, 귀금속류	4,648	5,495	6,369	5,609
5	일반차량	5,214	5,419	5,868	6,837
6	고무와 그 제품	7,100	5,914	5,664	7,741
7	보일러기계류	5,969	5,215	5,891	5,869
8	광, 슬랙, 회	3,378	3,378	3,568	3,770
9	신발류	4,108	4,507	4,640	4,910
10	철강	1,148	1,203	1,828	3,336

자료: KOTRA; Global Trade Atlas

<표 4-89> 주요 품목별 수입

(단위: 백만 달러)

순위	구분	2014	2015	2016	2017
1	보일러기계류	25,835	22,377	21,071	21,768
2	전기기기(TV등)	17,227	15,518	15,431	17,932
3	철강	8,534	6,317	6,180	7,985
4	플라스틱류	7,794	6,832	7,000	7,729
5	일반차량	6,254	5,343	5,298	6,693
6	유기화합물	7,079	5,716	4,791	5,897
7	철강제품	4,293	3,717	2,932	2,627
8	의료, 정밀기기	2,070	1,923	2,354	2,589
9	면, 면사, 면직물	2,500	2,124	2,096	2,262
10	고무와 그 제품	2,005	1,686	1,704	2,082

자료: KOTRA; Global Trade Atlas

② 지역무역협정 참여 현황

◆ 한-ASEAN FTA

2007년 6월에 발효된 ASEAN과 FTA에 따라, 2010년까지 전체 관세 부과 대상품목의 92.4%에 달하는 10,403개 품목에 대해 관세가 철폐됐다. 이 밖에도, 전체 품목수의 4.3%에 해당하는 상품에 대해 2011년까지 관세를 20% 감축하고, 전체 품목수의 3.3%에 해당하는 상품은 양허 제외, 관세율 장기 소폭 인하, 저율관세 수입물량(TRQ) 설정 등 다양한 방식으로 보호한다. 또한, 개성공단 생산제품에 대해서도 역외 가공방식(한국산 원재료 비율이 60% 이상이면 한국산 인정)에 의해 아세안 국가별로 100개 품목에 대해 특혜 관세 혜택을 받게 된다.

◆ 한-인도네시아 CEPA

인도네시아와 한국 정부는 양자간 FTA 체결 필요성을 인식하고 공동연구를 거쳐 공식협상을 진행 중이다. 2012년 3월 28일 핵 안보정상회의 양국 정상회담 시 한-인도네시아 CEPA 공식협상 개시를 선언해 현재까지 협상을 진행 중이다. CEPA는 일종의 배타적 무역협정이기 때문에, 체결이 되면 당사자와 국가 간 상품과 서비스의 교역은 물론 투자가 더욱 탄력을 받게 된다. 2007년 149억 달러를 기록한 양국 간 교역 규모는 2012년에는 그 두 배에 이르는 297억 달러로 증가됐는데, 더 나아가 양자 FTA가 체결되면 2015년까지 500억 달러, 2020년까지는 1,000억 달러의 목표를 달성하는 데 힘이 실릴 것으로 보일 것으로 전망됐다. 그러나 지속적인 논의가 진행됐음에도 추진에 난항을 겪었고, 결국 동 협정 체결을 위한 협상이 최근에 결렬됐다.

◆ AFTA(아세안 역내 자유무역협정)

1980년대 후반부터 시작된 국제무역 보호정책과 지역주의의 대두 속에서 아세안 국가들 간의 경제협력을 통해 새로운 국제환경에 공동으로 대응할 필요로 만들어진 역내자유무역협정이다. 1992년 1월에 싱가포르에서 개최된 제4차 ASEAN 정상회담에서 정식으로 AFTA 설립에 공식 합의했고, 1992년 12월 자카르타에서 AFTA평의회가 개최돼 CEPT 집행절차, 원산지규정, CEPT 해설서 등에 대한 3개 실무협정이 체결된 후 1993년 1월부터 정식으로 개시됐다.

최근 AFTA에서 수입관세 면세에 대한 합의가 이루어졌다. 관세 면제 대상이 되는 제품은 일반적 예외(General Exceptio)n에 포함되며, 국가안전, 인간 및 동식물의 건강 및 안전, 유적지 및 유물 보존 등을 위한 이유로 CEPT Scheme에 포함되지 않은 품목을 지칭한다.

◆ 중-ASEAN FTA

2000년 11월 싱가포르 중-ASEAN 정상회담 시 중국의 주룽지 총리가 중-ASEAN FTA를 포함한 아세안과의 경제협력 방안을 제안하면서 시작된 중-ASEAN FTA는 2002년 12월 캄보디아 중-아세안 정상회의에서 기본협정이 체결됐다. 2004년 11월 라오스 중-아세안 정상회의에서 상품분야 관세철폐 계획에 합의해 2010년 1월 1일부터 FTA가 발효돼, 모든 무역거래 재화의 90% 이상이 무관세로 거래되고 있다. 우리나라의 대인도네시아 수출 3대 품목인 철강제품은 중국과의 가격경쟁이 불가피하게 됐다. ACFTA에는 535개 철강제품이 포함돼 있으며, 무관세 거래로 인한 인도네시아 정부는 자국 철강 내수시장의 충격 완화를 위해 Track 1/2과 Sensitivity List를 적용하고 있다.

<표 4-90> 인도네시아의 FTA 체결현황 (2018.8월 기준)

국가명	기체결 사안	정부간 협상 중 사안	검토 중 사안
인도네시아	(발효) ASEAN 전체차원(한국, 중국, 일본, 호주·뉴질랜드, 인도), AFTA, 일본 EPA	EFTA CEPA, 호주 CEPA, 한국 CEPA, 인도 CECA, 칠레 FTA, RCEP, EU FTA	터키 FTA, 페루 FTA, FTAAP, GCC, 이집트, 파키스탄, 미국, 튀니지

자료: 산업자원통상부-FTA 강국, KOREA website (http://fta.go.kr/main/ situation/fta/world/)

14) 베트남[94]

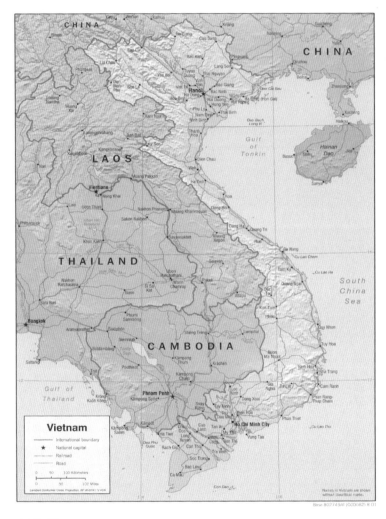

자료원: CIA

---

94) 동 부분은 KOTRA 해외시장뉴스: 국가·지역정보, http://news.kotra.or.kr/user/nation Info/kotranews/
14/userNationBasicView.do?nationIdx=63를 기준으로 작성함.

<표 4-91> 베트남의 주요 경제 지표

연간 지표	단위	2017	2016	2015	2014	2013
실질 GDP증가율	%	6.81	6.21	6.68	5.98	5.42
명목GDP (달러)	백만달러	223,864	205,276	193,241	186,205	171,222
명목GDP (현지통화)	백만 베트남동	-	4,502,732,989	4,192,862,000	3,937,856,000	3,584,262,000
실질GDP (달러)	백만달러	175,284	164,105	154,509	144,835	136,658
1인당 GDP	달러 (USD)	2,343.12	2,170.65	2,065.17	2,012.05	1,871.33
소비자물가 상승률	%	3.52	2.67	0.63	4.09	6.60
실업률	%	-	2.33	2.33	2.10	2.75
이자율	%	7.40	6.96	6.96	8.16	9.63
환율	-	-	21,935.00	21,697.57	21,148.00	20,933.42
수출실적	백만달러	227,245	188,882	173,312	161,187	142,743
수입실적	백만달러	219,621	180,269	170,216	152,591	137,139
무역수지	백만달러	7,624.00	8,613.00	3,096.00	8,596.00	5,604.00
대외부채	백만달러	-	86,952.49	77,827.38	72,429.83	65,452.00
외환보유고	백만달러	49,075.57	36,527.29	28,250.25	34,189.37	25,893.49
투자유치액 (FDI)	백만달러	14,100.00	12,600.00	11,800.00	9,200.00	8,900.00
해외투자액 (ODI)	백만달러	-	1,388.00	1,100.00	1,150.00	1,956.00

자료: http://poll.einfomax.co.kr/kotra.html#/country/Vietnam

① 무역 동향

베트남의 수출입 규모는 외국인직접투자(FDI)의 꾸준한 증가, FTA 확장을 통한 글로벌 경제로의 통합 가속 등에 따라 매년 증가하고 있다. 2018년 1~6월 기준, 베트남의 수출액은 전년동기대비 16% 증가한 1,139억 달러, 수입액은 전년동기대비 10% 증가한

1,112억 달러를 기록 중이다(베트남 통계청).

<표 4-92> 베트남 대외 교역동향

(단위: 억 달러)

구분	2014	2015	2016	2017	2018.1~6월
수출	1,500	1,624	1,759	2,137	1,139
수입	1,480	1,656	1,732	2,111	1,112
무역수지	20	-32	27	27	27

자료: 베트남 통계청

◆ 주요 품목별 수출입 동향

2013년 이후 베트남 수출에서 나타나는 두드러지는 특징으로는 휴대전화가 베트남의 주력 수출 상품으로 부상했다는 점이다. 삼성전자의 베트남 내 휴대전화 생산설비 투자 이후 휴대전화 수출이 본격적으로 시작돼 2013년 베트남의 휴대전화 및 부품 수출은 전년대비 2배가 넘는 증가율을 기록했다. 베트남은 휴대전화 단일 품목만으로 '15년 320억 달러 → '16년 343억 달러 → '17년 450억 달러를 수출했으며, 이는 총 수출액 대비 약 25%에 해당한다.

2018년 6월 기준 베트남 주요 수출품목은 각종 휴대전화 및 부품(전년동기대비 15.4% 증가), 섬유·직물 제품(13.8%), 전기전자제품/부품(15.7%), 신발류(10.6%), 기계/플랜트 및 부품(30.6%), 수산물(11%) 등이다. 쌀, 커피, 캐슈넛, 후추 새우 등의 농수산물 역시 베트남의 주요 수출 품목으로 꼽힌다.

<표 4-93> 베트남의 주요 수출품목 현황

(단위: 백만 달러)

품목명	2015	2016	2017	2018.1~6월
각종 전화기 및 부품	30,176	34,505	45,085	22,501
전기·전자제품/부품	15,610	18,480	25,882	13,454
섬유·의류	22,815	23,562	25,928	13,415
신발류	12,011	10,480	14,637	7,790
기계/플랜트 및 부품	8,168	9,330	12,785	7,830
수산물	6,573	7,019	8,353	3,958
목제품	6,899	6,916	7,604	4,125
수송수단 및 부품	5,844	5,985	6,967	4,066
캐슈넛	2,403	2,857	3,521	1,723
과일·채소	1,850	2,402	3,517	2,014
기 타	47,418	54,185	59,491	33,053
합 계	162,112	175,942	213,770	113,929

베트남의 수입품은 산업화 단계에서 요구되는 각종 기계·플랜트 및 부품, 석유화학 제품, 철강제품, 원부자재 및 원료, 완제품 생산을 위한 각종 부품이 중심을 이루고 있다. 아울러 베트남의 '수출거점형' 제조업의 높은 수출증가율과 상대적으로 취약한 부품소재산업 등의 저변산업 존재는 원부자재에 대한 수입을 촉진하는 양상이다. 이들 품목의 수입은 베트남의 산업화 진전 및 AFTA 공동 관세 시행 본격화, WTO 가입 이후의 수입장벽 완화, 양자간·다자간 자유무역협정 체결 진전과 더불어 향후에도 지속적으로 늘어날 것으로 전망된다.

<표 4-94> 베트남의 주요 수입품목 현황

(단위: 백만 달러)

품목명	2015	2016	2017	2018.1~6월
기계/플랜트 및 부품	27,594	28,085	37,501	16,145
전자제품 및 컴퓨터	23,125	27,775	33,638	19,703
각종 전화기 및 부품	10,595	10,559	16,182	5,966
원단, 직물	10,156	10,479	11,446	6,429
철강제품	7,492	8,024	9,100	5,016
플라스틱 원료	6,013	6,283	7,355	4,340
유류제품	5,958	4,714	7,006	4,608
의류 원부자재	5,342	5,097	5,456	2,909
기타 금속	4,136	4,804	5,445	3,416
자동차 및 부품 파트	5,004	5,872	5,327	281
기 타	60,234	61,552	72,632	42,404
합 계	165,649	173,262	21,1096	111,217

주: 2017년 수입액 순위 기준
자료: 베트남 통계청

◆ 국가별 수출입 현황

미국과의 무역협정 발효 직후인 2002년부터 대미 섬유/직물 제품 수출이 급증한 데 힘입어 2003년도부터 미국이 베트남의 1위 수출 국으로 부상했다. 2017년 11월 기준 한국은 미국, 중국, 일본에 이 어 베트남의 4위 수출국이다. 2018년 1~5월 기준 베트남의 국가별 수출 통계에 따르면, 대미국 수출이 176억 달러, 대중국 수출이 138 억 달러로 집계돼 미국과 중국이 베트남 1,2위 수출 시장으로 꼽혔 다. 한국은 미국, 중국, 일본에 이어 베트남의 4위 수출국이다.

<표 4-95> 베트남의 주요 수출국 현황

(단위: 백만 달러)

순번	국가명	2015	2016	2017	2018.1~5월
1	미국	33,480	38,464	41,608	17,648
2	중국	17,141	21,970	35,463	13,803
3	일본	14,137	14,677	16,841	7,393
4	한국	8,932	11,419	14,823	4,353
5	홍콩	6,965	6,091	7,583	3,203
6	네덜란드	4,762	6,014	7,106	2,960
7	독일	5,705	5,959	6,364	2,853
8	영국	4649	4,899	5,424	2,233
9	UAE	5,695	5,000	5,030	2,403
10	태국	3,176	3,693	4,786	2,219

주: 2017년 순위 기준
자료: 베트남 통계청, 베트남 관세청

베트남 수입 대상국의 경우, 중국이 베트남에 가장 큰 수입 국가
이며 다음으로 한국, 일본, 대만 순이다. 최근 한국기업들의 활발한 베
트남 진출로 우리나라로부터 수입이 꾸준히 증가하고 있는 추세이다.

<표 4-96> 베트남의 주요 수입국 현황

(단위: 백만 달러)

순번	국가명	2015	2016	2017	2018.1~5월
1	중국	49,527	49,930	58,229	24,962
2	한국	27,614	32,034	46,734	18,770
3	일본	14,367	15,034	16,592	7,324
4	대만	10,993	11,221	12,707	5,298
5	태국	8,284	8,796	10,495	4,400
6	미국	7,796	8,708	9,203	4,673
7	말레이시아	4,201	5,114	5,860	3,239
8	싱가포르	6,038	4,709	5,301	2,026
9	인도네시아	2,743	2,971	3,640	1,721
10	독일	3,213	2,828	3,170	1,395

◆ 베트남 무역의 주요 특징

첫째, 베트남의 교역 증대에 외국투자(FDI) 기업이 기여하는 부분
이 절대적이다. 2018년 1~6월 기준, 베트남 총 수출액 가운데 외국
투자부문(FDI)이 71.6%를 차지했으며, 총 수입액에서도 58.9%로
절반 이상의 비중을 차지하고 있다. 각종 전화기 및 부품, 섬유·의
류, 전기·전자 제품 및 부품, 신발, 기계장비 등 베트남 주요 수출
품목 역시 대부분 외투기업들이 생산하는 제품들이다.

* FDI 기업 수출 비중: '14년(67.7%) → '16년(71.6%) → '18년 6월(71.6%)
* FDI 기업 수입 비중: '14년(57.1%) →'16년(59%) → '18년 6월(58.9%)

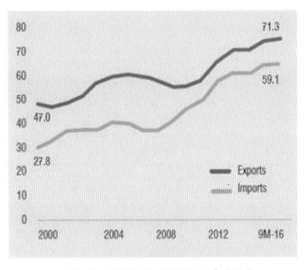

<그림 4-7> 베트남 FDI 기업들의 수출입 비중

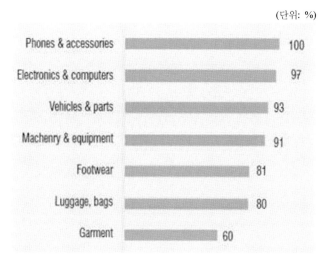

자료: World Bank.

<그림 4-8> 베트남 주요 수출 품목별 FDI 기업들의 시장 지배력

둘째, 베트남 수출은 원자재, 반가공품, 구식 기술 제품에 높은 의존도를 보이고 있어, 무역활동을 통해 많은 부가가치를 창출하지 못하고 있다. 예를 들어 100원에 원자재를 들여와 베트남 내에서 100원의 부가가치를 창출하여 200원의 제품을 수출한다면, 무역활동을 통해 많은 부가가치를 창출할 뿐 아니라 무역수지 역시 적자를 걱정할 필요가 없을 것이다. 그러나 현실은 100원의 원자재에 10원보다도 낮은 부가가치만을 베트남 내에서 창출하기에 문제가 되고 있다.

수출품목 중 큰 비중을 차지하는 한국 대기업의 전자제품들은 고부가 제품이긴 하지만, 사실상 베트남에서는 조립공정이 대부분이어서 베트남이 추가하는 부가가치는 높지 않다. 따라서 베트남의 입장에서는 고부가가치 수출상품이라 보기가 어렵다. 섬유·의류 제품

역시, 노동집약적 산업 특징을 지니고 있어 베트남에서 창출하는 부가가치는 낮은 상황이다.

이에 베트남 정부는 부품소재산업을 육성하여, 단순 조립 또는 봉제공정에서 벗어나, 수출산업을 고부가 산업으로 변화시키기 위해 노력하고 있다. 이는 곧 수입한 원자재를 기반으로 더 높은 부가가치를 창출하여, 수출을 통해 베트남에 더 많은 부를 창출하려는 노력이기도 하다. 이러한 노력은 무역수지 등 거시경제지표를 안정화시키는 역할도 할 수 있다.

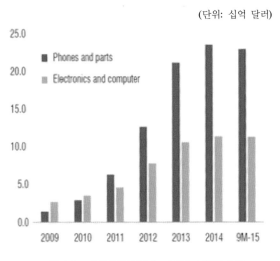

(단위: 십억 달러)

<그림 4-9> 베트남의 하이테크 제품 수출액 추이

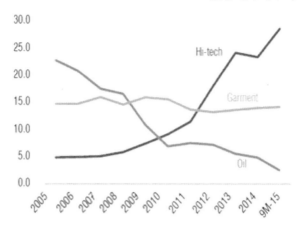

자료: World Bank.

<그림 4-10> 베트남의 하이테크 제품의 수출 비중 추이

셋째, 글로벌 전자기업들의 진출 및 본격적인 수출 확대에 따른 소요 원자재 수요 및 관련 기업들의 베트남 진출에 따라 전반적으로 산업 생산을 위한 기계, 부품, 운송장비 등의 수입이 증가하는 추세이다. 특히 기계, 컴퓨터, 전자제품을 포함하여 휴대전화 및 부품의 수입액과 수입량 모두 큰 폭으로 성장했다.

베트남 주요 자본재 및 부품, 내구 소비재는 해외로부터 수입에 의존하고 있으며, 내구재 주문지수가 경기선행지표로 활용되고 있음을 볼 때, 베트남 내 수입 증가는 베트남 경기가 지속적으로 나아질 것이라고 전망할 수 있다. 더불어 기업들은 기계, 부품, 장비와 같은 생산 설비 구매 시, 단기적인 판단이 아닌 중장기적인 판단을 기반으로 구매를 결정한다. 이에 미뤄봤을 때, 동 품목의 수입이 증가하고 있다는 것은 베트남의 경기 주체들이 향후 경제상황에 대해 낙관적으로 전망하고 있다는 것을 의미한다.

② 지역무역협정 참여 현황

1986년 도이머이(Do Moi) 정책을 수립한 이래 베트남 정부는 실리적이고 능동적인 경제외교를 통해 자국의 세계경제로의 통합과 개방·개혁 정책을 적극 지원한다는 외교 기조를 유지하고 있다. 베트남의 경제외교는 정치적 안정과 높은 경제성장을 배경으로 교역 확대, 외국인 투자 유치를 위한 실용적인 가치를 추구한다. 베트남은 '독립·주권존중·평화·다양화'라는 기본 외교이념 아래 모든 국가와의 협력을 강화해 나간다는 방침이며, 미국, 일본, EU 등과의 관계강화를 통해 교역증진, 투자 및 원조 유치를 통한 빈곤퇴치 등을 도모할 수 있는 '경제발전에 기여하는 외교'를 적극 수행하고 있다.

특히 베트남은 2007년 WTO가입 이후 외국인직접투자(FDI) 및 대외무역 규모와 경제가 크게 성장했다. 일례로, 베트남은 2007년까지만 하더라도 제조 품목 중 원자재와 가공품의 수출 비중이 각각 44.6%, 55.4%였으나 2015년에는 원자재 23.58%, 가공품 76.2%로 바뀌었다. 같은 시기 삼성이 베트남에 당사의 생산 공장을 가동한 이래 베트남의 전자제품 수출이 대폭 증가했다. 실제로 베트남 통계청에 따르면 2017년도 전체 수출금액 중 1/4 정도는 현지 삼성 생산 공장의 수출로 인한 것이다.

<表 4-97> 베트남의 FTA 체결현황 (2018.8월 기준)

국가명	기체결 사안	정부간 협상 중 사안	검토 중 사안
베트남	(발효) ASEAN 전체차원(한국, 중국, 일본, 호주·뉴질랜드, 인도), AFTA, 일본 EPA, 칠레 FTA, 한국 FTA, EAEU FTA (서명) CPTPP	(협상중) EU FTA, EFTA FTA, RCEP	FTAAP, 우크라이나, 스리랑카, 터키

자료: 산업자원통상부-FTA 강국, KOREA website (http://fta.go.kr/main/ situation/fta/world/)

베트남은 최근 3년 동안 AEC(아세안경제공동체), CPTPP(환태평양경제동반자협정), EU-베트남 FTA, 한-베트남 FTA 등 굵직한 무역협정을 체결했다. 베트남은 중국, 북한, 쿠바 등 현 사회주의 국가 및 러시아를 비롯한 CIS 국가들과의 전통적 우호 관계를 유지하고 있으며, 개도국과 선진국간 발전격차 심화 등 세계화의 부정적 영향에 대한 공동 대응 차원에서 개도국과의 연대를 강화하고 있다. ASEAN 상품무역협정(ATIGA)에 따라 2018년부터 일부 품목들에 관세인하 및 철폐가 적용되면서 베트남 내 자동차 산업, 과일 수출입 등에 큰 변화가 일고 있다. 그 일례로, 2017년 말 베트남 정부는 수입차량에 부과되는 기타 부가세를 인상하고 수입 통관 절차를 까다롭게 개정했다. 이는 ASEAN 국가에서 수입한 차량이 ATIGA 무관세 혜택 받으면 수입차량의 최종 소비자가격이 하락하고 그 반동으로 국내 자동차 제조산업이 축소될 것을 우려한 결과다.

현재 베트남에서 발효를 고대하고 있는 주요 다자간 무역협정은 베트남-EU FTA(이하 EVFTA), CPTPP이다. EVFTA는 브렉시트

(Brexit) 이후 현재 발효가 연기된 상태다. CPTPP는 미국이 협정의 탈퇴를 선언함에 따라 TPP에서 명칭이 변경됐으며 차후 발효를 앞두고 있다.

한편, 베트남은 2006년 11월 7일 제네바에서 열린 WTO 총회에서 150번째 회원국으로 WTO 가입 승인을 받았다. 이는 WTO 가입을 추진한지 11년 만의 성과이며 APEC 정상회의 이전에 가입 승인을 획득했다. 12월 베트남 국회의 비준에 따라 2007년 1월 11일에 정식 회원국 지위를 확보했다. 또한 2007년 10월에는 UN 안보리 비상임이사국에 선출되기도 했다. 베트남이 WTO에 가입한 첫해, 2007년도 총 대외교역 금액은 전년대비 31.3% 증가했다. 교역 금액은 2017년도에 4,249억 달러로 2007년 대비 4배 이상 성장한 것이다.

15) 필리핀⁹⁵⁾

자료원: CIA

95) 동 부분은 KOTRA 해외시장뉴스: 국가·지역정보, http://news.kotra.or.kr/user/nation Info/kotranews/
14/userNationBasicView.do?nationIdx=59를 기준으로 작성함.

연간 지표	단위	2017	2016	2015	2014	2013
실질 GDP증가율	%	6.67	6.92	6.07	6.15	7.06
명목GDP (달러)	백만 달러	313,595	304,889	292,774	284,585	271,836
명목GDP (현지통화)	백만 페소	-	14,480,720	13,322,041	12,634,187	11,538,410
실질GDP (달러)	백만 달러	303,356	284,349	266,055	250,838	236,316
1인당 GDP	달러 (USD)	2,988.95	2,950.91	2,878.34	2,842.94	2,760.29
소비자물가 상승률	%	3.18	1.78	1.41	4.17	2.93
실업률	%	5.73	5.48	6.28	6.80	7.08
환율	-	50.40	47.49	45.50	44.40	42.45
수출실적	백만 달러	83,803.78	73,938.03	72,262.15	75,321.79	67,847.56
수입실적	백만 달러	115,499	102,444	90,116.54	88,075.72	78,494.76
무역수지	백만 달러	-31,695.00	-28,505.67	-17,854.39	-12,753.93	-10,647.21
대외부채	백만 달러	-	77,319.20	80,622.66	78,558.68	66,202.03
외환보유고	백만 달러	81,413.50	80,666.22	80,640.41	79,629.43	83,182.37
투자유치액 (FDI)	백만 달러	10,049.37	8,279.55	5,639.16	5,739.57	3,737.37
해외투자액 (ODI)	백만 달러	-	3,698.27	5,539.51	6,753.92	3,646.95

자료 : http://poll.einfomax.co.kr/kotra.html#/country/Philippines

① 무역 동향

2017년 기준 필리핀 전체 교역은 1,648억 600만 달러로 전년대비 16.5% 증가한 것으로 나타났다. 수출은 687억 1,300만 달러, 수입

은 960억 9,300만 달러로 각각 19.7%, 14.2% 증가했으며 무역수지
는 273억 8,000만 달러의 적자를 기록하였다. 수출과 수입 모두 두
자리수 증가세를 보였으며 제조업에 필요한 원자재 및 소비재의 대
부분을 수입에 의존하는 추세는 계속되고 있다.

<표 4-99> 필리핀의 교역 동향

(단위: 백만 달러)

구 분	2015	2016	2017
수 출	58,827	57,406	68,713
수 입	71,067	84,108	96,093
무역수지	-12,240	-26,702	-27,380

자료: 필리핀 통계청(PSA), 필리핀 중앙은행(BSP)

◆ 수출입 현황

2017년 기준 주요 수출국은 일본(16.18%), 미국(14.55%), 홍콩
(13.67%), 중국(11.06%), 싱가포르(6.12%), 태국(4.18%) 등이다. 한
국은 4.02% 비중을 차지하며 8위 수출대상국에 자리잡았다.

<표 4-100> 필리핀 주요 수출대상 국가

(단위: 백만 달러, %)

순위	국가명	2016	2017
-	합계	56,319	63,233
1	일본	12,381	10,229
2	미국	8,796	9,204
3	홍콩	6,199	8,645
4	중국	6,393	6,992
5	싱가포르	3,650	3,868
6	독일	4,424	2,644
7	태국	2,646	2,620

8	한국	2,263	2,540
9	대만	2,177	2,467
10	네덜란드	1,772	2,278

주: 순위는 2017년 기준, 총계는 전체 수출액(기타국가 포함)
자료: GTA

2017년 기준 주요 수입국은 중국(18.13%), 일본(11.37%), 한국 (8.7%), 미국(7.97%), 태국(7.11%), 인도네시아(6.79%) 등이다. 한 국은 수입점유율은 8.7%로 3위를 차지하였다.

<표 4-101> 필리핀 주요 수입대상 국가

(단위: 백만 달러, %)

순위	국가명	2016	2017
-	합계	80,834	92,481
1	중국	14,968	16,832
2	일본	9,519	10,555
3	한국	5,301	8,073
4	미국	7,164	7,400
5	태국	6,424	6,603
6	인도네시아	4,424	6,305
7	싱가포르	5,314	5,473
8	대만	5,066	4,914
9	말레이시아	3,246	3,621
10	홍콩	2,393	2,633

주: 순위는 2017년 기준, 총계는 전체 수출액(기타국가 포함)
자료: GTA

◆ 품목별 수출입

주요 수출 품목은 전자집적회로, 자동자료처리기계 및 단위기기, 절연 전선 및 케이블, 다이오드·트랜지스터와 이와 유사한 반도체 디바이스, 사람 및 화물 수송용 선박 등이다. 특히 전자 및 반도체의 경우 TI, 삼성전자, Sanyo, Anam, Intel 등 다국적 전자 회사가 다수 진출해 있어 이들 기업과 협력한 부품 수입, 반제품과 완제품 제조 및 수출이 주를 이루고 있다.

<표 4-102> 필리핀 주요 수출품목

(단위: 백만 달러, %)

순위	품목명	2016		2017	
		금액	증감률	금액	증감률
1	전자집적회로	13,877	-2.9	12,940	-6.8
2	컨사인먼베이스 완제품	1,776	68.1	6,526	267.4
3	건자동처리기계 및 단위기기	4,028	4.3	4,988	23.9
4	절연전선 및 케이블	2,264	0.04	2,219	-2.0
5	다이오드/트랜지스터와 이와 유사한 반도체 디바이스	2,346	-22.8	1,723	-26.6
6	사람 및 화물 수송용 선박	1,038	-29.8	1,676	61.5
7	변압기/정비용 변화기와 유도자	1,575	2.0	1,568	-0.5
8	야자유, 팜핵유, 바바수유와 이들의 분획물	1,145	2.0	1,555	35.8
9	정제한 구리와 구리합금	107	-69.4	1,271	1,083.6
10	금(비화폐용)	642	54.8	1,231	91.9

주: 순위는 2017년 기준
자료: GTA

필리핀의 특징적인 산업 구조(전체 수출의 70% 이상을 전자, 반도체가 차지, 다국적기업 중심)를 반영해, 전자, 반도체 세조를 위한 중간재 수입 비중이 높고 이 외에 광물연료 수입과 기계, 철강 등 자본재 수입 비중도 상대적으로 높은 편이다. 2017년 기준 주요 수입 품목은 전자집적회로, 석유류, 승용차, 토탄, 전자 사무용기기 부품, 구리광, 항공기 등이다.

<표 4-103> 필리핀 주요 수입품목

(단위: 백만 달러, %)

순위	품목명	2016		2017	
		금액	증감률	금액	증감률
1	컨사인먼트 베이스 각종 원자재/중간재	8,360	-21.8	8,401	0.5
2	전자집적회로	4,727	32.9	5,890	24.6
3	석유와 역청유	3,729	17.7	5,230	40.2
4	승용차	3,819	72.2	4,389	14.9
5	토탄	2,807	-27.3	3,407	21.4
6	전자계산기 및 사무용기계 부품	1,867	50.2	2,109	13.0
7	구리광과 그 전광	189	8.6	1,698	797.5
8	화물자동차	1,009	115.8	1,396	38.3
9	석탄, 연탄/조개탄	901	53.7	1,352	50.0
10	그 밖의 항공기(헬리콥트, 우주선 등)	1,087	36.9	1,329	22.3

주: 순위는 2017년 기준
자료: GTA

② 지역무역협정 참여 현황

한-ASEAN FTA기본협정 및 상품무역협정이 2006년 5월 16일에 타결, 2008년 1월 1일부로 발효되었다. 한-ASEAN FTA투자협정은 2009년 6월 2일 서명되었으며 필리핀은 2007년 11월 대통령의 승인에 의해 법안이 통과된 바 있다.한-ASEAN FTA서비스협정은 2007년 11월 한-ASEAN정상회의 당시 서명, 2009년 5월 발효되었다.

한-ASEAN FTA는 우리나라가 타결한 4번째이자 거대 경제권과 맺은 최초의 FTA로서 총 10개 회원국에 6억의 인구를 지닌 거대 시장(미국,중국,일본, EU와 더불어 5대 교역 시장)에 보다 적극적으로 진출할 수 있는 발판을 마련했다는 데 의의가 있다. 특히, 중국과 ASEAN간의 상품 협정이 이미 체결된 상황에서 중국보다 3년 늦게 협상을 시작했으나 일반 품목에 대한 관세 철폐 완료 시기에 있어 중국에 뒤지지 않는 빠른 개방을 이끌어냈다.

그리고 ASEAN시장에서 한국이 자동차, 철강, 전기·전자제품의 수출에서 경합을 벌이고 있는 일본보다 빠르게 ASEAN과의 FTA를 체결했다는 점은 한국의 향후 ASEAN시장 진출에 긍정적인 영향을 미칠 것으로 기대된다. 대외경제정책연구원의 자료(한-ASEAN FTA상품 협정의 주요 내용과 시사점, 07.4.7)에 따르면, 경제적인 측면에서 한-ASEAN FTA로 인해 한국의 실질 GDP와 1인당 후생 수준은 각각 0.63%와 0.65% 증가하며 특히 자동차 및 부품, 화학제품, 철강, 기타 제조업 부문의 국내 생산이 증가할 것으로 예상했다. 통상 상품 무역 협정문은 모든 품목을 일반품목과 민감품목(민감품목, 초민감품목)으로 분류하고 품목 분류는 각 당사국의 자발적인 선택에 따르는 것을 원칙으로 하고 있다.

한-ASEAN FTA추진 경위

○ 2004년 11월 한-ASEAN정상회의 시 FTA협상 개시 선언
○ 2005년 2월 협상 개시
○ 2005년 12월 한-ASEAN정상회의 시 한-ASEAN FTA기본 협정, 분쟁해결제도협정 서명
○ 2006년 2월 연내 타결을 목표로 제9차 협상(인도네시아)부터 서비스투자 협정 관련 협상 개시
○ 2006년 8월 한-ASEAN경제장관회의 시 한-ASEAN FTA상품무역협정 서명
○ 2007년 6월 한-ASEAN상품무역협징 발효
○ 2007년 11월 한-ASEAN정상회의 계기 서비스협정 서명
○ 2008년 1월 상품 FTA발효
○ 2009년 5월 서비스무역협정 발효
○ 2009년 6월 투자협정 서명
○ 2009년 9월 투자협정 발효
○ 2009년 10월~3월 한-ASEAN FTA 1~4차 이행위원회 개최
○ 2012년 7월 한-ASEAN FTA상품협정 개정 2차 의정서 체결

자료: KOTRA

16) 캄보디아[96]

자료원: CIA

96) 동 부분은 KOTRA 해외시장뉴스: 국가·지역정보, http://news.kotra.or.kr/user/nation Info/kotranews/
14/userNationBasicView.do?nationIdx=55를 기준으로 작성함.

<표 4-104> 캄보디아의 주요 경제 지표

연간 지표	단위	2017	2016	2015	2014	2013
실질 GDP증가율	%	-	7.04	7.20	7.07	7.44
명목GDP (달러)	백만 달러	22,158.21	20,016.75	18,049.95	16,702.61	15,227.99
명목GDP (현지통화)	백만 KHR	-	81,703,040	73,694,321	67,484,869	61,413,701
실질GDP (달러)	백만 달러	18,168.53	17,009.39	15,903.59	14,858.16	13,867.65
1인당 GDP	달러 (USD)	1,384.42	1,269.91	1,163.19	1,093.76	1,013.67
소비자물가 상승률	%	2.91	3.03	1.23	3.85	2.96
환율	-	4,050.58	4,058.69	4,067.75	4,037.50	4,027.25
수출실적	백만 달러	-	13,266.74	12,408.92	11,217.87	10,023.66
수입실적	백만 달러	-	14,706.53	13,841.31	12,495.78	11,511.80
무역수지	백만 달러	-	-1,439.79	-1,432.39	-1,277.91	-1,488.15
대외부채	백만 달러	-	10,230.22	9,327.82	7,930.29	7,131.53
외환보유고	백만 달러	11,780.36	8,851.52	7,306.76	6,108.21	4,997.87
투자유치액 (FDI)	백만 달러	-	2,287.03	1,700.97	1,720.36	1,871.72
해외투자액 (ODI)	백만 달러	-	121.28	47.43	43.23	46.26

자료: http://poll.einfomax.co.kr/kotra.html#/country/Cambodia

① 무역 동향

국내 제조업 확대 및 다양화, 소득 증대 및 산업 발전으로 인한 국내 수요 지속 증가 등으로 캄보디아의 수출 및 수입은 꾸준히 증가하여 2015년에는 교역량 200억 달러를 돌파했나. 국내 제조기반이 취약해 대부분의 물자를 수입에 의존하고 있어 최근 5년간 무역수지는 해마다 30억 달러 이상의 적자를 기록하고 있다. 캄보디아는 국내 자체 통계 시스템 미흡 및 비공식 교역 등으로인해 국내 발표 통계와 국제통계(ITC 상대국 통계 등) 간에는 상당한 편차가 존재한다.

<표 4-105> 캄보디아 무역수지

(단위: 백만 달러)

	2013	2014	2015	2016	2017e
수출	6,530	7,407	8,454	9,234	10,077
수입	9,749	10,613	11,920	12,649	13,654
무역수지	-3,219	-3,205	-3,466	-3,415	-3,487

주: 2017년은 추정치
자료: 캄보디아 중앙은행(NBC)

◆ 주요 무역상대국별 현황

캄보디아 주요 수출대상국은 미국, 독일, 영국, 프랑스 등의 EU 국가, 일본 중국 등이며, 주요 수입국은 태국, 중국, 싱가포르, 홍콩 등이다. 2017년 한국은 캄보디아의 주요 수입 대상국 가운데 6위를 차지했다.

<표 4-106> 캄보디아의 주요 수출상대국 현황

(단위: 천 달러)

국가명	2013	2014	2015	2016	2017
미국	2,870,575	2,951,402	3,145,596	2,961,381	3,174,686
독일	1,145,219	1,295,935	1,407,689	1,534,965	1,775,847
영국	1,048,097	1,271,455	1,371,738	1,294,351	1,300,227
일본	583,033	772,003	968,544	1,204,231	1,262,898
프랑스	401,740	532,618	667,024	885,415	1,043,545

중국	363,635	482,915	666,595	830,513	1,005,217
캐나다	677,128	748,703	806,876	897,898	997,578
태국	355,272	589,709	638,090	944,182	904,868
스페인	310,671	411,770	489,726	639,208	817,900
네덜란드	428,998	549,822	531,921	613,819	621,681
합계	11,216,711	13,393,362	14,999,923	17,809,407	17,261,157

자료: ITC Trade Map

<표 4-107> 캄보디아의 주요 수입상대국 현황

(단위: 천 달러)

국가명	2013	2014	2015	2016	2017
태국	4,256,280	4,525,477	4,880,055	4,607,141	5,259,336
중국	3,409,507	3,274,738	3,763,391	3,928,685	4,795,209
싱가포르	1,106,223	1,104,825	959,916	2,490,750	2,981,748
홍콩	936,608	905,174	1,032,362	904,902	916,367
대만	665,200	689,217	676,892	650,921	650,688
한국	614,680	654,540	652,816	572,963	603,892
인도네시아	312,461	415,517	429,716	425,421	513,858
미국	241,226	327,933	391,046	360,681	399,967
일본	209,861	255,737	302,214	306,712	358,074
말레이시아	235,435	242,932	235,453	284,982	288,453
합계	15,576,759	15,991,516	16,620,384	17,833,707	18,072,997

자료: ITC Trade Map

◆ 주요 품목별 수출입 현황

캄보디아 주요 수출품목은 미국, EU 및 일본 등으로 수출되는 의류 및 신발류로 전체 수출의 70% 이상을 차지하고 있다. 최근 미국 시장 내 GSP 면세 혜택에 힘입어 핸드백 등 여행용 제품의 수출도 꾸준히 증가하고 있다. 또한 제조업 다변화로 전기 및 전자기기 부품의 수출도 조금씩 확대되고 있으며 쌀, 고무, 채소류 등의 농산물 수출도 지속되고 있다. 주요 수입 품목은 귀금속, 의류, 신발, 핸드백 등 제조업 원부자재, 전기기기, 자동차 등이다.

<표 4-108> 캄보디아의 주요 수출품목 현황

(단위: 천 달러)

Code	품명	2013	2014	2015	2016	2017
61	의류(편물제)	4,540,976	5,076,718	5,550,192	6,108,119	7,808,435
62	의류(편물제 이외)	265,467	243,161	366,281	519,080	3,488,076
64	신발	346,061	418,604	637,000	781,779	1,895,825
42	가죽제품	16,749	37,005	95,839	150,408	445,388
85	전기기기	225,017	53,026	321,291	434,213	436,511
87	자동차 및 자동차 부품	363,050	4,941	281,295	354,214	432,272
10	곡물	252,730	232,160	285,643	306,520	353,034
71	진주, 귀석, 귀금속	7,595	39,847	54,162	209,248	342,535
43	모피	0	0	166,121	176,684	292,544
07	채소	13,077	23,379	22,475	21,431	289,483

자료: ITC Trade Map

<표 4-109> 캄보디아의 주요 수입 품목 현황

(단위: 천 달러)

Code	품명	2013	2014	2015	2016	2017
71	진주, 귀석, 귀금속	89,335	202,778	599,115	261,618	3,027,442
60	메리야스 편물, 뜨개질 편물	1,596,941	1,975,053	1,984,796	2,202,674	2,082,323
27	광물성 연료에너지	1,009,952	345,999	119,272	1,101,547	1,503,368
87	자동차 및 자동차 부품	640,034	413,511	1,147,974	1,140,761	1,211,114
84	기계류	560,513	971,234	670,408	882,212	1,206,896
85	전기기기	462,444	507,199	512,190	610,289	988,110
52	면(cotton)	166,249	313,531	380,962	445,508	682,328
22	음료, 주류	35,864	86,871	150,323	168,365	489,297
39	플라스틱	175,790	259,466	317,804	428,944	435,249
24	담배	201,502	246,472	235,702	231,374	356,297

자료: ITC Trade Map

② 지역무역협정 참여 현황

1993년 이래로 캄보디아는 여러 국제 무역으로부터 혜택을 받아왔으며, 현재는 여러 무역협정의 당사자가 됐다. 이 중 가장 중요한 것은 WTO의 가입과 ASEAN(AFTA)이며, WTO가입은 2003년 9월 멕시코의 칸쿤에서 개최된 제5차 WTO 각료 회의를 통해 저개발 국가로는 처음으로 WTO 회원국으로의 가입이 승인돼 2004년 10월 국회의 비준을 거쳐 WTO의 148번째 회원국이 됐다. ASEAN (ASSOCIATION OF SOUTH EAST ASIAN NATIONS: 동남아 국가 연합)에는 1999년 4월 30일 마지막 회원국(10번째 가입국)으로 영입되면서부터 지역 경제체제 속에서 캄보디아의 경제 발전을 가속화하겠다는 일념으로 AFTA(ASEAN FREE TRADE AGREEMENT)의 제반 관세 철폐 스케줄 준수에 노력하고 있다.

AFTA에 더해, 캄보디아는 ASEAN이 한국, 일본, 인도, 중국, 호주, 뉴질랜드와 체결한 FTA의 적용을 받고 있다. 한-ASEAN FTA (AKFTA)는 2006년 1월에 결정돼 최초에는 상품, 향후에는 서비스와 투자(2009년)로 확대됐으며 2008년 2월에 비준됐다. 캄보디아는 2018년 1월까지 일반품목군에 등재된 모든 상품의 관세는 철폐될 예정이며, '아세안 상품무역에 관한 협정의 개정을 위한 3차 의정서'를 통해 2017년기준 일반품목의 90%에 대한 관세가 철폐돼 있는 상태이다. ASEAN과 각국이 체결한 FTA는 항목별로 국가별로 다소 차이점이 있는 바, 수출 시 항목별 국가별로 비교하여 참고하면 도움이 된다.

한편, ASEAN에 선진국, 중진국, 개발도상국이 혼재돼 단일시장으로 통합이 어려움에 따라 이를 보안하기 위해 2015년 12월 31일 아세안경제공동체(AEC)가 출범했다.

17) 라오스[97)

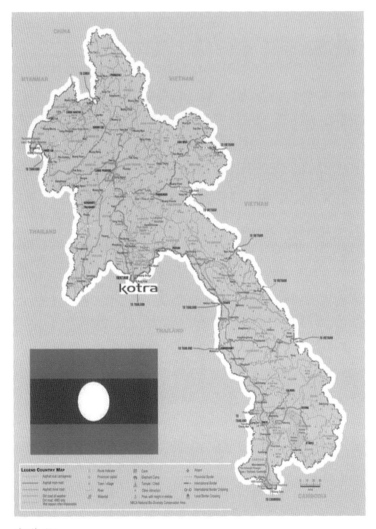

자료원: CIA

---

97) 동 부분은 KOTRA 해외시장뉴스: 국가·지역정보, http://news.kotra.or.kr/user/nation Info/kotranews/ 14/userNationBasicView.do?nationIdx=64를 기준으로 작성함.

<표 4-110> 라오스의 주요 경제 지표

연간 지표	단위	2017	2016	2015	2014	2013
실질 GDP증가율	%	-	7.02	7.27	7.61	8.03
명목GDP (달러)	백만 달러	16,853.08	15,805.71	14,390.39	13,268.46	11,942.23
명목GDP (현지통화)	백만 LAK	-	128,905,478	117,251,584	106,797,294	93,867,574
실질GDP (달러)	백만 달러	11,867.39	11,102.15	10,373.60	9,670.59	8,986.54
1인당 GDP	달러 (USD)	2,457.38	2,338.69	2,159.43	2,017.59	1,838.81
소비자물가 상승률	%	-	1.64	1.29	4.07	6.37
환율	-	8,351.53	8,179.27	8,147.91	8,048.96	7,860.14
수출실적	백만 달러	-	4,183.11	3,613.06	3,426.49	3,044.37
수입실적	백만 달러	-	5,358.62	5,875.23	4,768.50	3,614.95
무역수지	백만 달러	-	-1,175.50	-2,262.17	-1,342.01	-570.58
대외부채	백만 달러	-	14,159.86	13,012.45	11,400.24	9,795.57
외환보유고	백만 달러	1,271.08	879.52	1,054.42	1,218.81	1,064.92
투자유치액 (FDI)	백만 달러	-	997.44	1,421.17	913.24	426.67
해외투자액 (ODI)	백만 달러	-	1.77	2.33	1.93	1.05

자료: http://poll.einfomax.co.kr/kotra.html#/country/Laos

① 무역 동향

라오스는 전형적인 소비국가로 제조업 발달이 미약해 소비재 등 대부분을 수입에 의존하고 있다. 2017년 소득 증가로 인한 민간 소비 증가, 중국-라오스 고속철도 건설 등 대형 프로젝트 등의 영향으로 전년 대비 수입이 10% 가량 증가하였음에도 불구하고, 구리 등 상품가격의 상승 및 전력 생산 증가 등이 수출을 견인하면서, 무역수지 적자는 전년 대비 소폭 감소했다.

<표 4-111> 라오스 무역 및 수출입 현황

(단위: 백만 달러)

구 분	2014	2015	2016	2017
수출	4,381.17	3,813.92	4,169.10	4,978.98
수입	7,673.45	7,227.63	6,404.10	7,056.11
무역수지	-3,292.28	-3,413.71	-2,235.0	-2,077.13

자료: IMF, Direction of Trade

◆ 주요 무역상대국 현황

내륙국인 라오스의 무역 패턴은 지리에 따라 결정된다. 2017년 라오스 전체 수출액 중 42.6%가 태국, 28.6%가 중국으로의 수출로, 경제적으로 중국, 태국과의 연관성이 크다는 것을 알 수 있다. 베트남이 10.4%로 그 뒤를 따르고, 나머지 국가들의 비중은 5% 이하로 미미한 실정이다. 대(對)한국 수출은 상위 10개국에 속하지 않는다.

<표 4-112> 라오스의 주요 수출상대국 현황 (2017년 기준)

(단위: 10억 달러, %)

순위	국가	수출액	17년 총 수출액 대비 비중
1	태국	2.1	42.6
2	중국	1.4	28.6
3	베트남	0.5	10.4
4	인도	0.2	4.4

5	일본	0.1	2.8
6	미국	0.1	1.8
7	독일	0.1	1.6
8	네덜란드	0.1	1.1
9	스웨덴	0.0	0.5
10	영국	0.0	0.5

자료: IMF, Direction of Trade

라오스 전체 수입의 59.1%가 태국으로부터 수입되며, 2위는 중국 (21.5%), 3위는 베트남(9.8%)이 차지하고 있다. 라오스를 둘러싼 주변 5개국에 대한 경제의존도를 살펴볼 경우, 상대적으로 발전이 더딘 캄보디아와 미얀마를 제외한 라오스 접경 3국(태국, 중국, 베트남)으로부터의 수입이 전체의 90.4%, 수출은 81.6%로 경제적으로 상당히 종속돼 있음을 알 수 있다. 특히 2017년 기준으로 태국이 라오스의 수출과 수입에서 차지하는 비중이 각각 42.6%, 59.1%로, 태국의 경제여건에 크게 영향을 받는 취약한 교역구조를 갖고 있다.

<표 4-113> 라오스의 주요 수입상대국 현황 (2017년 기준)

(단위: 10억 달러, %)

순위	국가	수입액	17년 총 수입액 대비 비중
1	태국	4.2	59.1
2	중국	1.5	21.5
3	베트남	0.7	9.8
4	일본	0.1	1.8
5	한국	0.1	1.4
6	호주	0.1	0.8
7	체코	0.0	0.6
8	독일	0.0	0.5
9	싱가포르	0.0	0.5
10	미국	0.0	0.4

자료원: IMF, Direction of Trade

◆ 품목별 수출입 현황

라오스 대외수출은 목재, 목탄과 구리 외 기타 광물 등 천연자원이 50% 이상을 차지하며, 전자기기, TV, VTR이 10.8%로 그 뒤를 따르고 있다.

<표 4-114> 라오스의 주요 수출품목 현황 (2016년 기준)

(단위: 천 달러, %)

순위	품목명	수출액	증감률	비중
1	광, 슬랙, 회분	980,869	528	31.1
2	구리 및 그 제품	349,266	151	11.1
3	전자기기, TV, VTR	341,504	-43	10.8
4	음료, 주류 및 식초	183,843	-2	5.8
5	식용 과일 및 견과류	160,981	392	5.1
6	귀금속	134,995	121	4.3
7	희토류	122,584	149	3.9
8	의류(편물제 제외)	106,515	153	3.4
9	식용 야채	101,683	213	3.2
10	고무	73,838	98	2.3

주: 비중은 전체 수출액에서 차지하는 비중임
자료: ITC Trade Map

2016년 기준으로, 라오스의 1위 수입품목은 전자, 전기 장비이며, 그 뒤를 이어 차량과 기타 산업에 필요한 휘발유, 가스가 2위를 차지했다. 한국의 대(對)라오스 수출품목 1위인 차량 및 부품은 3위를 차지했다.

<표 4-115> 라오스의 주요 수입품목 현황 (2016년 기준)

(단위: 천 달러, %)

순위	품목명	수입액	증감률	비중
1	전자, 전기 장비	649,712	61.4	16.7
2	광물성 연료, 에너지	599,221	164.5	15.4
3	일반 차량	586,896	452.9	15.1
4	보일러, 기계류	357,984	193.2	9.2
5	철강	173,059	192.4	4.5
6	철강 제품	154,238	53.0	4.0
7	음료, 주류 및 식초	153,551	1052.2	2.7
8	시멘트	103,281	145.2	2.0
9	진주, 귀석, 귀금속 등	75,766	-48.8	1.7
10	플라스틱과 그 제품	67,147	191.7	1.6

주: 비중은 전체 수출액에서 차지하는 비중임
자료: ITC Trade Map

② 지역무역협정 참여 현황

라오스는 2013년 2월 2일 158번째로 세계무역기구(WTO)에 가입했다. 인도차이나반도 중심에 위치한 라오스는 동남아시아국가연합(ASEAN)[98]의 일원으로 2016년 출범한 아세안경제공동체(AEC)의 단일 경제블록 속에서 세계 시장과 FTA 등을 활용한 교역 활성화를 추진 중이다. ASEAN이 한국, 일본, 인도, 중국, 호주/뉴질랜드 등과 자유무역협정을 체결함에 따라 라오스는 자동적으로 적용 대상국이 됐다. 한국(AKFTA), 인도(AIFTA), 중국(ACFTA), 호주/뉴질랜드(AANZFTA)는 자유무역협정(Free Trade Agreement)이며, 일본(AJCEP)은 포괄적 경제동반자관계협정(Comprehensive Economic

---

98) ASEAN은 라오스, 브루나이, 캄보디아, 인도네시아, 말레이시아, 미얀마, 필리핀, 싱가포르, 태국, 베트남 등 10개국의 연합을 의미함.

Partnership)이다.

　또한, 라오스는 아세안 회원국 간 공동의 실효특혜세율(Common Effective Preferential Tariff, CEPT)에 이어 아세안 상품교역협정 (ATIGA) 세율을 적용하며 역내 교역량을 점차 늘려가고 있다. CEPT와 ATIGA 모두 아세안 역내 교역에 대한 무관세를 원칙으로 한다. 현재 전 세계를 향해 문을 열어 둔 라오스는 일부 아세안 국가를 포함한 18개국과 양자무역협정을 체결하고 있으며, 아세안 회원국으로서 7개 나라와 자유무역협정을 체결했다.

18) 미얀마[99]

자료원: CIA

---

99) 동 부분은 KOTRA 해외시장뉴스: 국가·지역정보, http://news.kotra.or.kr/user/nationInfo/kotranews/
14/userNationBasicView.do?nationIdx=57를 기준으로 작성함.

<표 4-116> 미얀마의 주요 경제 지표

연간 지표	단위	2017	2016	2015	2014	2013
실질 GDP증가율	%	6.72	5.87	6.99	7.99	8.43
명목GDP (달러)	백만 달러	69,322.12	63,225.10	59,687.37	65,446.40	60,269.73
명목GDP (현지통화)	백만 Kt	-	81,127,983	72,714,021	65,262,093	58,011,626
실질GDP (달러)	백만 달러	79,212.70	74,469.83	70,339.51	65,742.46	60,877.58
1인당 GDP	달러 (USD)	1,298.88	1,195.52	1,138.99	1,260.42	1,171.46
소비자물가 상승률	%	5.10	6.77	10.04	5.11	5.72
실업률	%	-	4.00	4.00	4.00	4.00
이자율	%	13.00	13.00	13.00	13.00	13.00
환율	-	1,360.36	1,234.87	1,162.62	984.35	933.57
수출실적	백만 달러	13,981.42	13,045.45	13,742.21	13,154.34	12,149.58
수입실적	백만 달러	18,673.10	15,327.02	16,164.85	14,095.86	11,705.09
무역수지	백만 달러	-4,691.69	-2,281.57	-2,422.65	-941.52	444.49
대외부채	백만 달러	-	6,453.00	6,657.38	6,266.05	7,251.18
외환보유고	백만 달러	5,213.96	4,886.38	4,598.61	4,509.49	8,835.56
투자유치액 (FDI)	백만 달러	4,684.89	3,278.10	4,083.84	2,175.02	2,254.60
해외투자액 (ODI)	백만 달러	-	-	22.00	177.00	-

자료: http://poll.einfomax.co.kr/kotra.html#/country/myanm

① 무역 동향

미얀마는 2011년 신(新)정부 출범이후 대외무역이 크게 증가하는 추세를 보이고 있다. 미얀마는 2016/2017회계연도[100) 기준으로 수출은 약 120억 60만 달러, 수입은 약 172억 1,220만 달러를 기록함으로써 52억 1,250만 달러의 무역적자가 발생한 것으로 나타났다. 수출증감률은 전년대비 6.8% 증가했으나 가스, 의류, 쌀 등의 수출은 감소한 것으로 나타났다. 2017/2018 회계연도의 경우, 미얀마의 수출은 전년 대비 23.6% 증가한 148억 3,690만 달러를 기록하였고, 수입은 전년 대비 8.5% 증가한 약 186억 8,460만 달러를 기록했다. 이에 따라, 미얀마의 무역적자는 약 38억 4,770만 달러를 기록하였다.

<표 4-117> 미얀마의 대외무역 추이

(단위: US$ 백만, %)

구분	수출		수입		무역수지	
	금액	증감률	금액	증감률	금액	증감률
2010/2011	8,861.0	16.8%	6,412.7	53.4%	2,448.30	-28.1%
2011/2012	9,135.6	3.1%	9,035.1	40.9%	100.5	-95.9%
2012/2013	8,977.0	-1.7%	9,068.9	0.4%	-91.9	-91.4%
2013/2014	11,204.0	24.8%	1,3759.5	51.7%	-2,555.5	-2,680.7%
2014/2015	12,523.7	11.8%	16,633.2	20.9%	-4,109.5	-60.81%
2015/2016	11,136.5	-11.0%	16,577.8	-0.33%	-5,441.3	-32.4%
2016/2017	11,904.3	6.8%	17,198.8	3.7%	-5,294.3	-2.7%
2017/2018	14,836.9	23.6%	18,684.6	8.5%	-3,847.7	-26.1%

주 : 연도별 통계기준은 4월 1일부터 이듬해 3월 31일까지임
자료: 미얀마상무부(2018년 7월 발표 기준)

---

100) 미얀마의 회계연도는 4월 1일부터 다음해 3월 31일까지로 되어 있다. 예) 2017-2018 회계연도의 경우, 2017년 4월 1일부터 2018년 3월 31일까지이다. 이에 따라, 2017/2018년 무역통계의 경우 편의상 2017년으로 보아도 무방할 것으로 보인다.

미얀마의 대외무역은 중국, 태국, 인도, 싱가포르, 일본, 한국 등이 가장 큰 비중을 차지하고 있다. 주요 수출국으로는 중국, 태국, 인도, 홍콩, 싱가포르 등이며, 주요 수입국은 중국, 태국, 인도, 일본, 싱가포르 등이다. 한국의 대(對)미얀마 무역의 경우, 2016/2017 회계연도 기준으로 수출 5억 2,364만 달러, 수입 3억 4,243만 달러를 기록함으로써 1억 8,121만 달러의 무역수지 흑자를 기록했다.

<표 4-118> 미얀마의 10대 수출대상국 현황

(단위: 백만 달러)

순위	국가명	2012/2013	2013/2014	2014/2015	2015/2016	2016/2017
1	중국	2,238.0	2,910.7	4,673.8	4,596.6	5,055.4
2	태국	4,000.5	4,306.2	4,028.6	2,893.1	2,202.2
3	인도	1,018.6	1,143.5	745.8	904.1	943.4
4	일본	406.4	513.2	556.2	393.7	784.2
5	싱가포르	291.3	694.0	758.8	725.4	472.8
6	독일	42.9	40.3	68.1	85.0	219.7
7	**한국**	**280.7**	**352.9**	**369.8**	**259.9**	**342.4**
8	말레이시아	97.9	108.8	265.1	161.3	159.0
9	인도네시아	31.5	60.0	86.0	139.8	125.0
10	홍콩	26.9	489.1	288.6	282.8	204.1
-	기타	541.7	584.8	681.6	694.4	1,443.4
총합계		8,977.0	11,204.0	12,523.7	11,136.5	11,951.6

주: 연도별통계기준은 4월 1일부터 이듬해 3월 31일까지임
자료: 미얀마상무부 (2018년 5월 발표 기준)

<표 4-119> 미얀마의 10대 수입대상국 현황

(단위: 백만 달러)

순위	국가명	2012/2013	2013/2014	2014/2015	2015/2016	2016/2017
1	중국	2,719.4	4105.4	5019.9	6,395.4	5,749.0
2	싱가포르	2,535.4	2910.2	4137.3	2,970.9	2,494.3
3	태국	696.8	1376.9	1678.9	1,972.8	2,086.2
4	인도	301.7	493.5	594.9	807.3	999.6
5	일본	1091.7	1296.2	1749.3	1,452.2	1,247.5
6	말레이시아	360.9	839.6	743.9	588.7	821.3
7	인도네시아	195.2	438.8	550.5	601.9	702.1
8	베트남	74.7	169.8	241.1	290.1	405.7
9	미국	119.9	79.6	494.0	127.6	498.5
10	**한국**	**343.2**	**1217.9**	**492.9**	**396.6**	**523.6**
-	기타	629.7	831.0	929.9	973.9	1,683.3
총합계		9,068.9	13,759.5	16,633.2	16,577.8	17,211.1

주 : 연도별통계기준은 4월 1일부터 이듬해 3월 31일까지임.
자료: 미얀마 상무부 (2018년 5월 발표 기준)

　　미얀마의 주요 수출품목으로는 천연가스, 티크 및 하드우드, 콩류, 의류, 수산물 등인데, 최근에는 그동안 미얀마 수출의 큰 부분을 차지하던 티크, 견목재 등 목재가 비가공목재의 수출규제 이후 큰 폭으로 감소한 상태이다. 반면에, 미얀마 상무부는 2016년 7월 겨자씨 기름, 해바라기 씨, 해바라기 기름 총 3가지의 수출 제한품목을 해제했다. 과거 미얀마는 겨자씨 기름, 기름 찌꺼기, 금, 다이아몬드, 석유, 희귀 동물, 작은 새우, 상아, 무기 및 골동품 등 12가지의 품목을 제한한 바 있었다. 이번 3가지 품목의 수출 제한 해제에 따라 관련 품목의 수출이 증가가 예상된다.

<표 4-120> 미얀마의 10대 수출품목 현황

(단위: 백만 달러)

순위	상품명	2012/2013	2013/2014	2014/2015	2015/2016	2016/2017
1	가스	3,666.1	3,299.2	5,178.6	4,343.3	2,969.9
2	의류	695.4	884.7	1,023.4	859.1	1,878.8
3	쌀	544.1	460.1	651.9	522.1	552.6
4	광물	-	130.1	4404	360.2	478.7
5	옥	297.9	1,011.6	1,018.0	569.5	454.0
6	검은콩(Matpe)	382.8	376.4	469.6	498.4	671.2
7	수산물및관련품	567.3	429	306	356.4	446
8	녹색콩(pedessein)	273.7	310.1	368.7	342.1	350.0
9	옥수수	-	285.8	392.8	305.1	252.3
10	나무콩(Pigeon Pea)	-	114.5	207.6	229.8	159.5
	기타	2,543.7	3,902.5	2,466.7	2,750	3,738.6
	총계	8,977.0	11,204.0	12,523.7	11,136.5	11,951.6

주: 연도별 통계기준은 4월 1일부터 이듬해 3월 31일까지임.
자료: 미얀마중앙통계청 (2018년 5월 발표 기준)

반면에, 미얀마의 주요 수입품목은 기계 및 운송 장비, 정유, 비금속 제품, 전기기계, 직물, 자동차, 중장비 등이다. 특히 대형버스 및 산업용 차량 등의 수입 증가와 함께 제조업 투자 확대 등으로 기계 및 운송수단의 수입이 대체로 증가세를 나타내고 있다.

<표 4-121> 미얀마의 10대 수입품목 현황

(단위: 백만달러)

순위	상품명	2012/2013	2013/2014	2014/2015	2015/2016	2016/2017
1	(전자기기가 아닌) 기계 및 운송수단	2,645.5	4,145.4	4,944.6	5,340.6	4,288.4
2	정제된 광유	1,591.6	2,300.3	2,447.5	1,514.4	2,371.0
3	비철금속 및 제조품	1,025.3	1,542.8	1,931.6	1,901.5	1,647.1
4	전자 기기 및 기구	488.7	708.2	1,037.8	1,417.1	1,391.0

5	인조 섬유 및 화학 섬유	308.8	405.9	342.9	308.5	521.2
6	플라스틱	350.7	467.8	515.5	532.2	617.5
7	식용 식물성 기름 및 기타 경화유	304.0	514.5	561.5	562.9	632.2
8	의약품	272.9	253.0	300.2	280.1	418.9
9	과학기기	-	-	145.3	150.1	140.9
10	시멘트	157.5	204.2	301.4	331.6	177.6
-	기타	1,923.9	3,217.4	4,104.9	4,238.8	5,005.3
	총계	9,068.9	13,759.5	16,633.2	16,577.8	17,211.1

주: 연도별 통계기준은 4월 1일부터 이듬해 3월 31일까지임.
　　2011~2013년 통계에서 과학기기의 통계는 기타에 포함
자료: 미얀마 중앙통계청 (2018년 5월 발표 기준)

　미얀마 정부는 그동안 외국인의 순수 무역업을 금지하여 소규모 투자자들에게 걸림돌로 작용해왔다. 그러나, 최근 들어 미얀마가 기존의 폐쇄적인 수출입 구조에서 조금씩 개방적인 시스템을 도입하고 개선함으로써 무역에 대한 관심 증가를 짐작할 수 있다. 이를 위해 미얀마 정부는 일본과 협력해 일본의 물류 자동화 시스템을 도입했다. 미얀마 관세청은 2016년 8월부터 온라인상으로 화물통관을 처리하는 전자통관시스템(MACCS, Myanmar Automatic Cargo Clearance System)을 시작했다. 또한, 수출입 시 적용되는 일간 환율에서 물품 통관에 한해 주간환율 제도를 도입하기로 발표함으로써 환율변동에 대해 안심하도록 했다. 이와 함께, 미얀마 정부는 2015년 말 비료, 농약, 씨앗, 병원에서 사용할 목적으로 사용되는 의료기기에 한해 외국인과 현지인 조인트벤처(JV) 형태로 진행하는 회사에 대해 무역업을 승인해주겠다고 발표한 바 있다. 또한, 2016년 7월, 건축자재 무역업도 승인할 것임을 추가 발표했다. 이는 미얀마에서 무역업에 대한 외국인의 강력한 제재에서 미흡하지만 일정 품목에

대한 해제를 보임으로써 점차적으로 JV기업에 품목을 증가시킬 것으로 예상되며, 추후에 미얀마의 외국인에게 순수 무역업을 허용하는 것에 대한 내용을 추가할 것으로 예상된다. 현재 해제한 품목 또한 미얀마에서 수입의존도가 높으며, 향후에도 미얀마에 수출입되는 주요 수출입 품목에 대해서 무역업 허용의 확률이 증가할 것으로 파악된다.

◆ 미얀마 무역의 주요 특징, 국경무역 증가 추세

미얀마는 중국, 태국 등 6개국과 국경을 접하고 있다. 미얀마 정부는 그동안 내부 치안 및 수출입 관리의 어려움, 불법 밀무역 성행 등의 문제 때문에 국경무역을 주로 제한하거나 단속 위주의 정책을 전개해왔으나, 주변국과의 경제협력 강화 필요성에서 이를 합법화하고 장려하는 정책으로 전환했다. 국경무역을 관장하는 국경무역국은 1996년 상무부 산하에 설립됐다. 국경무역국의 주요 역할은 국경무역지대에서 수출입 라이선스 발급, 무역지대(Trade Zones)와 도매시장(Wholesale Markets) 지정, 불법무역의 차단과 합법무역 증진, 무역촉진을 위한 무역박람회(Trade fair) 개최 등이다. 특히 2011년 떼인세인 정부 출범 이후 소수민족과의 휴전 협상 체결로 인한 내부 치안 및 국경 안정화, ASEAN 출범 이후 역내 무역 확대, 수출입 자유화 조치 등으로 국경무역이 확대되고 있다. 미얀마의 국경무역지대(Border Trading Zone)는 중국, 태국, 인도 및 방글라데시와의 국경에 설치돼 있으며, 2010년 4개국 11개 지역에서 2018년 7월 4개국 16개 지역으로 확대한 상태이다.

미얀마 정부의 국경무역 장려 정책에 따라 미얀마의 국경무역은 최근 3년간 매년 30% 정도 증가해 왔으며, 이러한 증가세는 향후 지속될 것으로 전망됨에 따라 미얀마 정부는 관련 인프라를 건설 중에 있다. 최근에는 국경무역의 지리적 이점을 활용해 무역량을 증진시키기 위해 국경지역에 경제특구 설치를 추진하고 있으며, 공단 설립 및 무역을 장려하는 기관을 설립할 계획을 가지고 있다. 대표적으로 중국의 무세(MUSE)와 태국(Myawaddy) 지역을 위주로 중국과 미얀마 정부 간에 의견 교환이 이루어지고 있는 것으로 알려지고 있다.

2018년 5월 기준으로 미얀마의 총 무역액은 58억 3,764만 달러(수출 24억 5,458만 달러, 수입 33억 8,306만 달러)를 기록하였는데, 그 중 일반무역이 78%(45억 7,944만 달러)를, 국경무역은 21.5%(12억 5,820만 달러)를 차지한 것으로 나타났다. 미얀마의 국경무역은 중국, 태국, 인도, 빙글라데시 등을 대상으로 하나, 그 중 80% 정도가 중국 및 태국과의 무역이다.

<표 4-122> 미얀마의 국경무역 동향

(단위: US$ 백만)

구분	수출	수입	수출입계
2010~2011	1,114.3	1,815.8	2,930.1
2011~2012	2,028.4	1,339.6	3,368.0
2012~2013	2,134.0	1,238.6	3,372.6
2013~2014	2,761.2	1,826.9	4,588.1
2014~2015	4,293.0	2,494.2	6,787.2
2015~2016	4,548.6	2,604.8	7,153.4
2016~2017	4,909.8	2,867.1	7,777.0
2017~2018	5,490.2	3,011.9	8,502.2
2018.5월까지	780.0	478.1	1,258.2

주 : 연도별 통계기준은 4월 1일부터 이듬해 3월 31일까지임.
자료: 미얀마 상무부

② 지역무역협정 참여 현황

◆ 한-아세안 FTA

한-아세안 FTA 상품무역 협정은 2008년 6월 1일 발효됨에 따라, 아세안 회원국인 미얀마도 동 협정에 따라 관세율을 점진적으로 철폐해 나갈 예정이나 아세안 회원국 중 CLMV(캄보디아, 라오스, 미얀마, 베트남)의 경우 양허안의 이행시기는 다소 연장된다. 미얀마의 경우, 일반품목의 경우 2015년까지 0~5%(일반품목의 50%)로 인하, 2017년까지 일반품목의 90%에 대해 관세 철폐, 2020년 일반품목 전체에 대해 관세를 완전히 철폐하게 된다. 민감품목의 경우, 2020년까지 20%, 2024년까지 관세를 0~5%로 인하하게 된다. 고(高)민감품목의 경우, 2024년까지 20%로 관세를 인하될 예정이다.

19) 방글라데시[101]

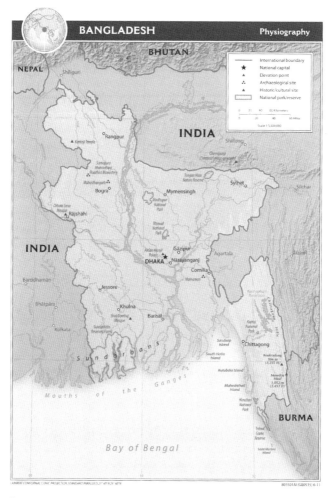

자료원 : CIA

---

101) 동 부분은 KOTRA 해외시장뉴스: 국가·지역정보, http://news.kotra.or.kr/user/nation Info/kotranews/ 14/userNationBasicView.do?nationIdx=54를 기준으로 작성함.

<표 4-123> 방글라데시의 주요 경제 지표

연간 지표	단위	2017	2016	2015	2014	2013
실질 GDP증가율	%	-	7.20	6.84	6.31	6.04
명목GDP (달러)	백만 달러	249,724	221,415	195,079	172,885	149,990
명목GDP (현지통화)	백만 BDT	-	18,444,597	16,243,330	14,297,383	12,712,988
실질GDP (달러)	백만 달러	179,992	167,771	156,630	146,997	138,597
1인당 GDP	달러 (USD)	1,516.51	1,358.78	1,210.16	1,084.57	951.89
소비자물가 상승률	%	-	5.68	6.16	7.01	7.54
이자율	%	9.54	10.41	11.71	12.95	13.59
환율	-	80.44	78.65	77.95	77.64	78.10
수출실적	백만 달러	39,161.18	37,580.40	34,969.26	33,057.24	31,635.20
수입실적	백만 달러	56,820.21	48,063.45	45,575.75	45,176.62	41,568.40
무역수지	백만 달러	-17,659.03	-10,483.05	-10,606.50	-12,119.39	-9,933.20
대외부채	백만 달러	-	41,125.64	38,688.48	35,662.41	33,994.74
외환보유고	백만 달러	33,431.48	32,283.84	27,493.08	22,319.79	18,087.69
투자유치액 (FDI)	백만 달러	2,151.37	2,326.97	2,831.15	2,539.19	2,602.96
해외투자액 (ODI)	백만 달러	-	40.53	45.50	44.46	33.73

자료: http://poll.einfomax.co.kr/kotra.html#/country/Bangladesh

① 무역 동향

방글데시는 2016/17 회계년도에 수출과 수입 모두 높은 증가세를 보였다. 수출의 경우, 니트 의류 수출이 전체 증가세를 견인하는 가운데 가죽 및 가죽제품, 신발류의 호조가 이어졌다. 수출과 수입 호조는 전체적인 무역상황 호조에 따른 것으로 보인다.

<표 4-124> 방글라데시의 수출·입 실적

(단위: 백만 달러, %)

구분		2011/12	2012/13	2013/14	2014/15	2015/16	2016/17
수출	금액	24,302	27,027	30,187	31,209	30,256	34,019
	증감률	6.0	11.2	11.7	3.4	- 3.0	12.4
수입	금액	35,516	34,084	40,732	40,579	40,097	43,491
	증감률	5.5	- 4.0	19.4	- 0.4	-1.1	8.4
무역수지		-11,214	-6,954	-10,506	-9,370	-9,841	-9,472

자료: (수출) 방글라데시 수출진흥청(EPB); (수입) 방글라데시 중앙은행, Import Payment

◆ 주요 무역상대국 현황

봉제의류가 최대 수출품목이면서 대부분이 유럽 및 북미로 수출됨에 따라 수출 상위 국가에도 동 지역 국가들이 대부분 포진해 있다. 2016/17 회계연도 기준 미국이 제 1위 수출대상국으로 전체 수출액의 16.9%를 차지하며, 그 뒤를 독일, 영국, 스페인, 프랑스 등이 잇고 있다. 미국이 방글라데시 전체 수출에서 차지하는 비중은 점차 하락세에 있는데, 미국이 의류 조달 비중을 베트남, 중남미 국가 등에 확대해가고 있기 때문이다.

<표 4-125> 방글라데시의 주요 수출상대국 현황

(단위: 백만 달러, %)

순위	2015/16			2016/17		
	국가	수출액	비중	국가	수출액	비중
1	미국	6,220	18.2	미국	5,847	16.9
2	독일	4,998	14.6	독일	5,476	15.8
3	영국	3,809	11.1	영국	3,569	10.3
4	스페인	1,998	5.8	스페인	2,024	5.8
5	프랑스	1,852	5.4	프랑스	1,892	5.5
6	이탈리아	1,385	4.0	이탈리아	1,463	4.2
7	캐나다	1,112	3.2	캐나다	1,079	3.1
8	벨기에	1,079	3.1	네덜란드	1,045	3.0
9	일본	1,015	2.9	일본	1,013	2.9
10	네덜란드	845	2.4	중국	949	2.7
11	중국	808	2.3	벨기에	919	2.7
12	호주	705	2.0	폴란드	800	2.3
13	인도	689	2.0	덴마크	699	2.0
14	덴마크	664	1.9	인도	672	1.9
15	터키	661	1.9	호주	658	1.9
	기타	6,265	18.2	기타	6,551	18.9
	합계	34,105	100	합계	34,656	100

주: 동 통계는 전체 수출 중, 수출가공공단(EPZ)수입 등은 제외한 것임
자료: 방글라데시 중앙은행

2016/17 회계연도 기준 방글라데시의 최대 수입국은 중국으로 기계류, 면사 및 면섬유, 전기전자 제품 등을 중심으로 전체 방글라데시 수출의 25.2% 가량을 차지했다. 면사 및 면섬유, 차량 등을 중심으로 인도가 15.2%의 점유율을 보였으며, 한국은 5위로 2015/16 회계연도에는 6위에서 한계단 상승했다.

<표 4-126> 방글라데시의 주요 수입상대국

(단위: 백만 달러, %)

순위	2015/2016			2016/2017		
	국가	금액	비중	국가	금액	비중
1	중국	9,669	26.3	중국	10,193	25.2
2	인도	5,452	14.8	인도	6,146	15.2
3	싱가포르	1,925	5.2	싱가포르	2,447	6.1
4	일본	1,643	4.5	일본	1,735	4.3
5	인도네시아	1,235	3.4	한국	1,278	3.2
6	한국	1,145	3.1	브라질	1,181	2.9
7	미국	1,007	2.7	인도네시아	1,150	2.8
8	말레이시아	956	2.6	미국	1,130	2.8
9	브라질	952	2.6	말레이시아	1,056	2.6
10	홍콩	805	2.2	홍콩	913	2.3
11	독일	798	2.2	독일	842	2.1
12	대만	771	2.1	태국	781	1.9
13	캐나다	726	2.0	대만	777	1.9
14	태국	669	1.8	UAE	774	1.9
15	사우디아라비아	590	1.6	호주	693	1.7
	기타	8,466	22.9	기타	9,327	23.1
	합계	36,809	100.0	합계	40,423	100.0

주: 동 통계는 전체 수입 중, 수출가공공단(EPZ)수입 등은 제외한 것임
자료: 방글라데시 중앙은행

◆ 주요 수출입 품목

방글라데시 정부의 수출품목 다변화 노력에도 불구하고 의류(우븐 및 니트) 수출이 전체 수출에서 차지하는 비중은 점차 높아지는 추세로, 16/17 회계연도의 경우 전체 수출의 82.2%를 의류 수출이 차지했다.

<표 4-127> 방글라데시의 주요 수출품목 현황

(단위: 백만 달러, %)

순위	2015/16			2016/17		
	품목	금액	비중	품목	금액	비중
1	의류	14,739	43.0	의류	14,393	42.0
2	니트류	13,355	39.0	니트	13,757	40.2
3	황마제품	747	2.2	황마	794	2.3
4	기계류	510	1.5	기계류	689	2.0
5	냉동식품	536	1.6	냉동식품	526	1.5
6	농산품	308	0.9	농산품	275	0.8
7	방직용 섬유	286	0.8	방직용 섬유	275	0.8
8	석유화학제품	297	0.9	석유화학제품	244	0.7
9	가죽	219	0.6	가죽	241	0.7
10	신발	278	0.8	신발	233	0.7
	기타	2,982	8.7	기타	3,480	9.9
	합계	34,257	100	합계	34,835	100

주: 동 통계는 전체 수출 중, 수출가공공단(EPZ)수입 등은 제외한 것임
자료: 방글라데시 중앙은행

주요 수입품목의 경우, 섬유 관련 제품들이 가장 높은 비중을 차지하고 있으며 기계류, 광물 및 광물제품(석유제품 등) 등이 뒤를 따랐다.

<표 4-128> 방글라데시의 주요 수입품목 현황

(단위: 백만 달러, %)

순위	품목	2015/16		2016/17	
		금액	비중	금액	비중
1	기계류	3,556	8.3	3,817	8.9
2	석유화학제품	2,275	5.3	2,898	6.7
3	면	2,245	5.2	2,529	5.9
4	실	1,949	4.5	1,972	4.6

5	식용기름 및 지방	1,450	3.4	1,626	3.8
6	밀	949	2.2	1,197	2.8
7	섬유제품	1,018	2.4	1,017	2.4
8	비료	1,117	2.6	737	1.7
9	광물	574	1.3	644	1.5
10	원유	386	0.9	478	1.1
	기타	27,603	64.0	30,090	69.8
	합계	**43,122**	**100.0**	**47,005**	**100.0**

주: 동 통계는 전체 수입 중, 수출가공공단(EPZ) 수입 등은 제외한 것임
자료: 방글라데시 중앙은행

② 지역무역협정 참여 현황

방글라데시가 개별국가와 RTA를 체결한 국가는 현새까지 없는 상태이다. 다만, 인도-방글라데시는 지난 2007년 9월, 2009년부터 인도에 수출되는 방글라데시산 의류 800만 개에 대해 무관세를 적용한다는 상호의향서(MOU)를 체결한 바 있다. 방글라데시가 현재 정부간 협상을 진행 중이거나 사전 검토 단계에 있는 RTA로는 인도-방글라데시 FTA(찬-반 양론 대립 중), 파키스탄-방글라데시 FTA (양국 경제 단체에서 체결 주장, 구체적인 협상안 마련 실패), 말레이시아-방글라데시 FTA(말레이시아에서 제안, 구체적인 협상 없는 상태), 방글라데시-싱가포르 FTA(싱가포르에서 제안, 구체적인 협상 없는 상태), 방글라데시-중국 FTA(최근 교역량 증가로 타당성조사 (Joint Feasibility Study) 진행 중) 등이다.

◆ 미국과 무역투자협력기본협정 체결

방글라데시는 2014년 11월 26일 미국과 무역투자기본협정(TICFA, Trade and Investment Cooperation Forum Agreement)을 체결했다.

TICFA 체결 논의는 2001년 처음 시작됐으나 방글라데시 내 좌파 및 진보세력의 반대, 정부의 추진 의지 부족 등으로 계속 지연됐다. 방글라데시는 TICFA 협상을 통해 관세혜택(GSP)의 재개 및 확대를 기대하고 있다. 방글라데시에서 잇따라 발생한 의류공장 참사와 정부의 개선노력 부족을 이유로 미국은 방글라데시에 제공하던 최빈 개도국 관세혜택을 전면 중단했다. 반면에 미국은 TICFA 협상을 통해 방글라데시 노동환경 개선, 무역투자 자유화와 개방, 지적재산권 보호를 강력하게 요구할 것으로 예상된다.

◆ 남아시아 자유무역협정 (South Asia Free Trade Agreement; SAFTA)

동 협정은 2006년 7월 1일 발효했으며, 인도, 파키스탄, 방글라데 시, 스리랑카, 네팔, 부탄, 몰디브, 아프가니스탄 등이 참여하고 있 다. 비(非)최빈국(인도, 스리랑카, 파키스탄)은 2012년 내 0~5%로 관세를 인하하고, 최빈국(방글라데시, 네팔, 부탄, 몰디브)에 대해서 는 2015년 내 0~5%로 관세를 인하하며 국별 예외 품목(300~ 1,300개 품목)을 인정하였다.

○ 원산지 규정 및 최빈개도국 보상
- 비최빈국: 자국 내 40% 이상의 부가가치 상품을 원산지로 인정
- 최빈국: 자국 내 30% 이상의 부가가치 상품을 원산지로 인정
- 역내 비중이 50%가 넘고 자국 내 부가가치가 20% 이상일 경우에도 해당 국가의 원산지로 인정하며, 관세 인하에 따른 최빈개도국의 세수 감소분에 대해 보상한다.

○ 한국은 2006년 7월 옵서버(Observer) 자격 신청, 2007년 4월부터 정식 참가

- 일본 및 중국은 이미 옵서버(Observer) 자격 획득
- 미국과 EU도 2007년 4월부터 옵서버(Observer)로 참가
- 아프가니스탄은 2006년 7월 1일부로 회원국 가입

◆ 뱅갈만 기술경제협력체, BIMST-EC(Bengal Initiative for Multi-sectoral Technical and Economic Cooperation)

○ 구성 일시: 1995년 태국 주창-, ADB와 ESCAP이 후원, 1997년 Forum으로 발족

○ 참가국: 태국, 방글라데시, 인도, 미얀마, 스리랑카, 네팔, 부탄

○ 주요 협력 사항

- 협정국의 투자, 산업, 기술, 인력 개발, 농어촌 및 인프라 개발 분야에 협력하며, 5개국에서 출발한 동 협상은 2004년 2월 8일 방글라데시를 제외하고 부탄과 네팔이 포함돼 6개국이 태국에서 서명, 2017년까지 완전한 FTA를 체결하기로 합의했다.
- 방글라데시는 LDC국가에 대한 보상을 요구하고 있다.

◆ 아시아태평양무역협정, APTA(Asia Pacific Trade Agreement)

○ 구성 일시: 1975년 체결된 특혜무역협정으로서 1976년 6월부터 발효

○ 참가국: 한국·인도·스리랑카·방글라데시·라오스

- 라오스는 공산화 이후 자국의 양허표를 기탁하지 않아 회원

국 활동 중단 상태이며, 중국이 2003년부터 가입했다.

○ 주요 협력 사항

- 협정 국가 간 상호 관세 인하를 주목적으로 하고 있다.
- 중국은 방글라데시에 대해 59개 품목은 무관세, 140개 품목은 10~80%의 양허 세율, 방글라데시는 중국에 대해 31개 품목에 걸쳐 10%의 양허 세율을 제공했다.
- 한국은 1차로 코코넛 및 커피, 홍차, 코코아, 흑연, 염료, 살충제, 천연고무 및 고무제품, 가죽, 제지, 황마, 실크, 섬유사 및 일부 의류, 도자제품 등 총 197개 품목(HS Code 6단위 기준, 이후 파푸아 뉴기니가 가입함에 따라 12개 품목 추가)에 대해 관세 일부 감면 또는 면제 혜택을 제공했다.
- 2005년 2차 협정을 통해 한국은 방글라데시에 291개 품목 양허, 방글라데시는 209개 품목의 한국산 제품 양허에 합의했다(2007년 발효).
- 협정 발효에도 불구하고 실제 한국이 APTA를 통해 대방글라데시 수출 시 관세혜택을 받고 있는 품목은 없다.
- 2013년 8월 다카에서 협상이 열릴 예정이었으나 방글라데시 측 사정으로 취소됐다.
- 2017년 1월 태국 방콕에서 제4차 각료회의 개최, 각료 선언문 발표 2018년 7월부터 발효

◆ 최빈개도국에 대한 특혜관세

○ 구성 일시: 2008년 1월부터 시행
○ 해당 조치는 2005년 12월 세계무역기구(WTO) 홍콩각료회의

합의사항 및 2006년 3월 대통령의 아프리카 개발을 위한 한국 이니셔티브 선언 이행

○ 대상국: 방글라데시를 포함 2007년 UN이 정한 최빈개도국 50개국

○ 주요 협력사항

- 최빈개도국에 대해 연차별 무관세 혜택범위를 확대를 골자로, 2010년의 경우 과세대상 품목기준(HS Code 6단위) 85%인 4,294개 품목이 무관세 적용을 받았으며, 2012년까지 95%까지 확대 적용 계획을 밝혔다.

- 2011년에 최빈국 무관세 품목이 253개가 추가돼 총 4,547개로서 우리나라 전체 관세 대상 품목의 90% 수준

- 2012년에 253개 품목(공산품 12개 품목, 농수산물 241개 품목)이 추가돼 총 5,052개로서 95% 적용 후 유지 중

- 최빈개도국 특혜관세(LDCs) 2027년까지 유지 예정(2027년 최빈국 지위 졸업예정)

20) 스리랑카[102]

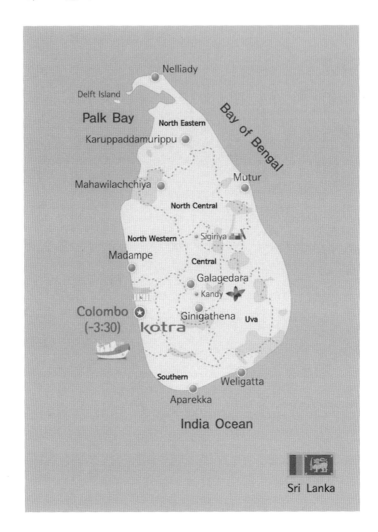

---

102) 동 부분은 KOTRA 해외시장뉴스: 국가·지역정보, http://news.kotra.or.kr/user/nation Info/kotranews/
14/userNationBasicView.do?nationIdx=61를 기준으로 작성함.

<표 4-129> 스리랑카 경제 지표 DB

연간 지표	단위	2017	2016	2015	2014	2013
실질 GDP증가율	%	3.11	4.47	5.01	4.96	3.40
명목GDP (달러)	백만 달러	87,174.68	81,788.38	80,554.81	79,359.31	74,294.21
명목GDP (현지통화)	백만 RS	-	11,838,975	10,951,695	10,361,151	9,592,125
실질GDP (달러)	백만 달러	82,394.20	79,907.04	76,488.88	72,841.23	69,398.57
1인당 GDP	달러 (USD)	4,065.22	3,857.40	3,842.16	3,820.68	3,609.14
소비자물가 상승률	%	6.54	4.00	2.19	2.84	6.90
실업률	%	-	4.40	4.70	4.30	4.40
이자율	%	-	10.49	6.96	7.84	12.45
환율	-	152.45	145.58	135.86	130.56	129.07
수출실적	백만 달러	19,119.98	17,447.86	16,943.16	16,735.03	15,079.33
수입실적	백만 달러	25,401.23	23,441.72	23,006.48	23,141.63	21,507.99
무역수지	백만 달러	-6,281.25	-5,993.87	-6,063.31	-6,406.61	-6,428.66
대외부채	백만 달러	-	46,607.90	43,925.21	42,262.75	39,313.86
외환보유고	백만 달러	657.67	925.20	997.43	1,070.83	1,055.24
투자유치액 (FDI)	백만 달러	43.16	78.48	113.22	94.46	50.43
해외투자액 (ODI)	백만 달러	-	236.81	53.96	66.82	65.07

자료: http://poll.einfomax.co.kr/kotra.html#/country/SriLanka

① 무역 동향

스리랑카는 2011년 국제유가 인상 및 소비수요 증가로 인해 원유 생산이 전무하고 전량 수입에 의존하기 때문에 원유 수입규모가 20억 달러 증가했으며, 경제 활황으로 차량구매 수요가 10억 달러나 증가하였다. 이에 2011년 77억 달러 규모의 무역적자가 발생하였고, 적자를 최소화하기 위해 정부는 2012년 초부터 유가와 자동차세를 급격히 인상하여 불요불급한 제품의 수입억제 정책을 실시했다. 하지만 2012년 무역적자는 94억을 기록했고, 2013년도에는 의류 중심 수출 증가와 원유 및 생필품 수입감소로 적자가 감소폭을 보이는 듯 하였으나 2014년 다시 전년대비 8.9% 증가한 83억 달러를 기록했다. 상반기에는 수출 증가 및 수입 감소로 전년동기대비 20.3% 무역적자 감소를 보였으나, 하반기에 수입이 급격히 증가했기 때문이다.

2014년 3분기부터 확장되기 시작한 무역수지 적자는 2015년 중순 들어 그 확장세를 완화시켰고 미미한 증가를 기록했다. 무역적자는 2014년 82억8700만 달러에서 2015년 84억3000만 달러로 1.7% 증가하였다. 수출량의 큰 감소에 비하여 적은 양의 수입 감소는 2015년 무역적자 확장의 원인작용이 되었다. 하지만 무역수지 적자를 GDP 기준으로 고려했을 때 2014년엔 10.4%, 2015년엔 10.2% 감소하여 2015년에 더 작은 감소폭을 보였다.

2016년 1월부터 4월 사이에 축적된 무역적자는 결국 2016년 총 무역수지가 적자가 되는 원인이 되었다. 2016년 한 해 수출이익의 감소는 중간재와 투자재 수입 증가로 인한 총 수입액 증가와 더불어 2015년 83억 달러였던 무역적자를 90억 달러까지 증가시켰다. 무역적자는 2016년 8,873백만 달러에서 2017년에는 9,619백만 달러로 증가했다. GDP 대비 무역적자는 2016년 10.9%에서 2017년 11.0%로 증가했다.

<표 4-130> 스리랑카의 수출입 및 무역수지 추이

(단위: 백만 달러)

구 분	2011년	2012년	2013년	2014년	2015년	2016년	2017년
수 출	106	98	104	111	105	103	113
수 입	203	192	180	194	189	194	209
무역수지	-97	-94	-76	-83	-84	-90	-96

자료: 중앙은행 Annual Report 2018, Sri Lanka Customs

◆ 국가별 수출입 동향

2016년, 스리랑카의 수출 성과는 국제시장의 원자재가 하락과, 스리랑카의 수출상대국들의 미미한 경제성장에서 비롯되었다. 2016년 후반의 경제 성장에도 불구하고, 수출수익은 0.14% 하락한 102억 달러에 그친 것은 1월부터 7월까지 지속된 농수산물 및 산업 수출의 하락 때문이다. 2017년, 수출액은 2016년 103억달러에서 2017년에는 10.2% 증가한 113억달러를 기록했다. 산업수출액은 주로 2017년의 수출이익 증가와 농업수출 증가에 기인했다.

<표 4-131> 스리랑카의 국가별 수출 동향

(단위: 백만 달러)

순위	수입대상국	2014	2015	2016	2017	주요품목
1	미국	2,720	2,802	2,806	2,912	의류, 고무
2	영국	1,116	1,031	1,044	1,035	의류, 고무
3	인도	625	645	551	689	차(tea), 연료
4	독일	497	475	505	538	의류, 고무

5	이탈리아	614	434	428	529	의류, 고무
6	중국	174	296	199	414	선박류, 차(tea)
7	벨기에	318	282	338	346	의류, 고무
8	UAE	276	274	275	274	차(tea), 연료
9	싱가포르	140	78	108	244	선박류, 서적 및 신문인쇄물
10	터키	260	181	154	232	차(tea), 의류
32	한국	73	64	69	62	의류, 고무

자료: World Trade Atlas

스리랑카의 수입액은 2017년에 9.4% 증가한 209억 80백만 달러로 수입 증가에 역사적으로 가장 높은 가치를 기록했다. 한편 비 연료 수입액은 5.1% 증가한 17,552백만 달러를 기록했다. 2017년 총 수입액의 약 55%를 차지하는 중간재 수입은 11,436백만 달러에 달했다.

<표 4-132> 스리랑카의 주요 국가별 수입동향

(단위: 백만 달러)

순위	수입대상국	2014	2015	2016	2017	주요품목
1	인도	3,978	4,284	3,759	4,496	연료, 차량
2	중국	3,451	3,725	4,235	4,190	전자제품, 기계류
3	UAE	1,757	1,076	1,057	1,564	연료, 귀석류
4	싱가포르	1,271	922	1,007	1,293	연료, 귀석류
5	일본	941	1,392	928	1,038	차량, 기계류
6	USA	493	471	503	815	비행기 부품, 기계류
7	말레이시아	716	511	676	641	동식물성유지, 연료
8	태국	462	498	491	518	어패류, 토석류 및 소금
9	대만	443	460	495	482	의류, 플라스틱
10	홍콩	351	380	541	439	의류, 기계류
14	한국	414	308	339	336	기계류, 전자제품

자료: World Trade Atlas

◆ 품목별 수출입 동향

2016년 1분기까지 총 수출은 48억 정도를 기록했으며, 품목별 수출이 전년 동기 대비 수출액이 전반적으로 감소했다. 스리랑카 주요 수출품인 편직물, 차, 고무, 보석은 순위 변동이 없지만 그 외 품목들은 순위가 조금씩 바뀌었다. 2015년 낮은 수요와 국제 가격 하락 때문에 스리랑카 대부분의 수출량이 감소하였다. 특히 농산물 분야의 경우 전년 대비 2015년 11.2% 가량 하락했는데 이에 대한 원인으로는 수출 2위 품목인 차(tea)와 해산물 수출의 감소로 뽑을 수 있다. 2015년 차의 수출량은 지난 5년간의 기록 중에 가장 하위를 차지했으며 지정학적인 발달, 수입국의 통화가치 하락, 원유 수익의 감소는 스리랑카에서 차를 수입하는 대표적인 러시아와 중동 국가들의 소비를 지체시켰다. 해산물의 경우 2015년 1월 중순 EU의 스리랑카 해산물 수입금지법 때문에 EU국가들로의 수출이 작게는 반절, 크게는 5분의 1로 줄어들면서 전년 대비 2015년 해산물 총 수출량은 35.5%나 하락하였다. 또한 담배, 채소 및 농산물의 수출이익은 국제 시장 내 물가하락, 낮은 수요 등의 이유로 2015년까지 매해 24%, 23.1%, 2.9% 감소했다.

<표 4-133> 스리랑카의 수요 수출품목 동향

(단위: 백만 달러)

순위	품목	2014	2015	2016	2017	주요 국가
1	의류(편물제)	2,625	2,564	2,702	2,727	미국, 영국
2	의류(편물제 이외)	2,057	1,990	1,895	2,012	미국, 영국
3	커피·차·향신료	1,852	1,669	1,524	1,876	터키, 러시아
4	고무류	935	787	800	874	미국, 독일
5	선박	86	182	65	278	중국, 싱가포르

6	귀석, 반귀석, 귀금속	386	241	215	266	홍콩, 이스라엘
7	어패류	265	181	182	255	미국, 일본
8	전기기기	238	212	219	245	스위스, 인도
9	광물성 연료, 에너지	291	186	163	291	인도, UAE
10	과실·견과류	261	211	193	177	인도, 미국

자료: World Trade Atlas(HS CODE 2단위)

주요 수출품목은 헝겊, 차 및 고무제품이었으며 이 수출품의 대부
분은 미국 및 유럽연합 국가로 수출되었다. GSP Plus Concession은
이러한 성장에 긍정적인 기여를 했다. 주요 수출구조를 살펴보면 우
선 농수산물의 경우 2015년 포함 매해 동일하게 차의 수출비중이
50% 이상을 차지하고 있다. 기타 향신료와 코코넛제품 (Fiber와 사
료용으로 수출) 등이 주요 수출 품목이다. 하지만 2015년 스리랑카
총 수출의 13%를 차지하던 차의 비중이 5년 만에 가장 큰 하락세를
보이고 해산물 수출량의 감소로 농수산물 품목은 전년 대비 감소하
였다. 공산품으로는 의류수출이 전체 공산품의 50% 이상을 차지하
고 있다. 기타 담배, 고무제품, 다이아몬드 가공제품 등이 주요 수출
품목이다. 광물 중에는 대량의 수출품목이 없으며 석영맥, 티탄소재
등 일부 광물을 수출하고 있다. 이러한 동향은 2017년에도 큰 변동
없이 지속될 전망이나 2016년 EU국의 해산물 금지법이 해제되어
해산물의 수출량이 다시 증가할 것으로 보인다.

2015년 수입동향을 살펴보면, 석유 수입 가격과 수요의 하락 그
리고 국제 원유가격 감소로, 광물성연료 및 에너지의 수입량이 크게
감소하였다. 차량류의 경우, 2015년 9월 스리랑카 정부가 차량구매
시 최대 담보인정비율(Loan-to-Value Ratio)를 70%로 정했고, 같은
해 12월 1일부터 시행되었기 때문에 2016년 까지의 차량 수입은 전

년 대비 34.6%나 감소하였다. 곡물류의 경우 2013년까지는 캐나다
와 파키스탄이 주요 수입국이었으나 총 곡물수입의 반을 차지했던
캐나다를 2017년 인도가 추월하여 2017년 3분기 약 1억 5천만 달러
의 곡물을 스리랑카에 수출하고 있다. 2017년, 수입액은 2017년
9.4% 증가한 20,980백만 달러를 기록했다. 한편 비 연료 수입액은
5.1% 증가한 17,552백만 달러를 기록했다.

<표 4-134> 스리랑카의 주요 수입품목 동향

(단위: 백만 달러)

순위	품목	2014	2015	2016	2017	주요 국가
1	광물성연료, 에너지	4,399	2,660	2,329	3,218	UAE, 싱가포르
2	기계류	1,388	1,556	1,748	1,677	중국, 인도
3	일반차량	1,496	2,294	1,500	1,498	일본, 인도
4	전자기기류	926	1,065	1,374	1,381	중국, 인도
5	편물	721	692	797	844	중국, 대만
6	철강	569	591	596	802	중국, 인도
7	플라스틱	701	730	709	721	중국, 인도
8	귀석, 반귀석, 귀금속	175	161	514	772	싱가포르 UAE
9	면·면사면직물	582	568	680	654	중국, 인도
10	곡물	682	489	260	658	인도, 캐나다

자료: World Trade Atlas(HS CODE 2단위)

② 지역무역협정 참여 현황

◆ 인도-스리랑카 자유무역협정(ISFTA): 2000년 3월 1일 발효

스리랑카의 차, 향신료 및 의류 수출이 대폭 증가했으며, 특히 인
도보다 기계화된 의류 제조산업을 통해 스리랑카 의류제품의 수출
이 급속히 증가해 인도의 의류 제조산업을 위축시키기도 했다. 양국

의 주력산업 보호를 위해 교역 제한품목을 선정했는데 스리랑카는 농업, 가축, 고무, 제지, 철강, 기계류, 전기제품 등이고 인도는 의류, 플라스틱, 고무 등이다.

FTA 체결 후 인도 정부에서 스리랑카의 대인도 주력 수출품목들에 대해 수입관세를 인하함에 따라 스리랑카 수출 제품의 관세 우위가 상당히 약화돼 수출 증가에 한계가 있다는 지적이 있다. 그럼에도 불구하고 외국의 자동차 조립공장들이 다수 진출하고 있어 부품 생산 및 공급 기지로서 스리랑카가 투자 적격지로 부상하기 시작했다. 아울러 IT분야에서는 스리랑카 국민의 영어 구사능력이 우수해 인도의 BPO 보완시장으로 각광을 받고 있다.

◆ 파키스탄-스리랑카 자유무역협정(PSFTA): 2005년 6월 12일 발효
◆ 스리랑카-싱가포르 FTA 체결: 2018년 1월

2016년 7월 협상이 개시된지 약 1년 반만에 스리랑카와 싱가포르간 FTA가 체결되었다(현재 비준절차 중). 상품교역뿐만 아니라 서비스, 전자상거래, 통신, 투자, 지적재산권, 정부조달 사업에 이르기까지 포괄적으로 다루고 있다. 주요 내용으로는 향후 15년간 싱가포르는 스리랑카에 대해 수출품목의 80% 관세를 철폐할 예정이다.

◆ 남아시아 자유무역지대(SAFTA: South Asian Free Trade Area): 2006년 7월 1일 발효

1985년 방글라데시, 부탄, 인도, 몰디브, 네팔, 파키스탄, 스리랑카는 남아시아지역협력연합(SAARC)를 발족했으며, 2007년 아프가니

스탄이 8번째 회원국으로 가입했다. 1993년 회원국들은 SAARC 관세특혜무역협정(SAPTA)을 맺고 남아시아 지역의 무역과 경제 협력을 도모했다. 이를 더욱 발전시킨 남아시아 자유무역지대(SAFTA)가 2004년 1월 체결됐으며, 2006년 1월 1일부터 발효됐다. 국가별 민감품목(Sensitive List)의 수는 아프가니스탄 1,072개, 방글라데시 1,241개, 부탄 150개, 인도 868개, 몰디브 681개, 네팔 1,295개, 파키스탄 1,169개, 스리랑카 1,042개이다.

◆ 중국-스리랑카 FTA

현재 FTA 추진을 위한 논의를 진행 중이다. 중국-스리랑카 FTA는 스리랑카 내 FDI를 더욱 증가시키기 위함을 주요 골자로 할 예정이다. 스리랑카는 2013년 상반기 FDI 금액은 전년대비 약 20% 상승한 5억 4,000만 달러에 달했으며, 중국의 주요 투자 분야는 인프라 구축, 제조업, 서비스업 및 농업 순이다. 당초 2014년 중으로 중국-스리랑카 FTA가 체결될 것이라고 스리랑카 투자청이 발표했었으나, 협의사항이 많고 2015년 스리랑카 내 대선 및 총선을 통한 정권 교체 때문에 FTA 체결은 계속 지연되고 있다. 하지만 2015년 1월 새롭게 선출된 시리세나 스리랑카 대통령이 지난 3월 중국을 방문해 시진핑 주석과 FTA 체결에 대한 긍정적 논의와 더불와 양국 간의 경제 협력 및 관광 유치 등을 통한 동반 성장 목표를 공유했다. 이번 스리랑카 대통령의 방중으로 FTA 체결이 가속화 될 것으로 전망되며, 2016년 양국 간 무역액이 2015년 대비 12.9% 증가하여 역사상 가장 높은 45억 달러를 기록했다. 또한 2016년 8월과 11월에 각각 콜롬보 및 베이징에서 열린 FTA 회의에서 두 나라는 무역기반, 각국간 기술적 무역장벽, 서비스 무역, 투자, 협력 및 경제기술 협력 등의 긍정적인 논의를 한 것으로 알려지고 있다.

◆ APTA(Asia-Pacific Trade Agreement, 구)방콕협정):
1976년 6월부터 발효

1976년에 방콕협정으로 발효된 것으로 한국, 인도, 스리랑카, 방글라데시, 라오스, 중국 등 6개국이 참여하고 있다. 2006년 아시아·태평양 무역협정으로 명칭을 개정했다. 동 협정의 목적은 원산지규정 도입, 관세 및 비관세 제거를 통해 ESCAP 내 개도국의 무역 확대로, 회원국 간에 특정 품목에 대해 양허관세를 실시 중이며 회원국별 자국의 양허관세 품목 및 양허관세율을 결정하고 최빈국에 대해서는 특별 양허관세 혜택을 부여한다. 이로써 최빈국에게만 추가 제공되는 587개를 제외하고 총 4,270개의 품목이 관세 혜택을 받게 됐으며, 스리랑카의 주 수출품은 고무, 코코넛, 차 등이 있다. 더불어 스리랑카 자국 주력 산업을 보호하기 위해 혜택에서 제외되는 품목으로는 향신료, 세라믹, 과일류 등 약 25가지가 있다.

<표 4-135> 회원국별 양허대상 품목수 및 양허관세율 한도

(단위: 개, %)

국가	일반양허(General Concessions)		특별양허(최저개발국 대상)	
	품목수	양허세율 한도	품목수	양허세율 한도
중국	1,697	10-50	161	50-100
인도	570	5-30	48	40-100
한국	1,367	10-50	306	30-100
스리랑카	427	10-50	72	10-50
방글라데시	209	-	10-15	-

자료원: 스리랑카 투자청

◆ 투자 보장 협정(Investment Protection Agreements)

스리랑카는 영국, 한국, 일본, 호주, 인도, 미국, 인도네시아, 싱가포르, 이란, 중국, 말레이시아, 파키스탄, 프랑스, 태국, 독일, 벨기에-룩셈부르크, 체코, 덴마크, 이집트, 핀란드, 이탈리아, 쿠웨이트, 네덜란드, 노르웨이, 루마니아, 스웨덴, 스위스, 베트남 총 28개국과 투자보장협정 체결 중이다.

◆ GSP 및 GSP+

스리랑카는 GSP 수혜대상국으로 특히 미국 및 EU국가로 의류 수출 시 GSP를 통해 관세양허 혜틱을 받아왔다. GSP 시행국으로는 EU, 미국, 호주, 캐나다, 일본, 스위스, 노르웨이, 뉴질랜드, 폴란드, 벨라루스, 불가리아, 슬로바키아, 헝가리, 러시아등이 있다.

21) 파키스탄[103]

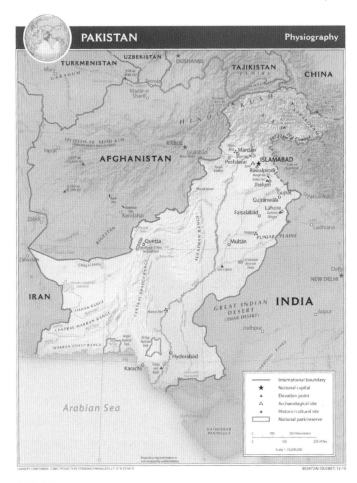

자료원: CIA

---

103) 동 부분은 KOTRA 해외시장뉴스 국가·지역정보, http://news.kotra.or.kr/user/nation Info/kotranews/
14/userNationBasicView.do?nationIdx=58를 기준으로 작성함.

<표 4-136> 파키스탄의 주요 경제 지표

연간 지표	단위	2017	2016	2015	2014	2013
실질 GDP증가율	%	-	4.51	4.06	4.05	3.68
명목GDP (달러)	백만 달러	304,952	278,655	270,556	244,361	231,219
명목GDP (현지통화)	백만 PKR	-	29,102,630	27,443,022	25,168,805	22,385,657
실질GDP (달러)	백만 달러	240,857	227,867	215,933	206,178	196,970
1인당 GDP	달러 (USD)	1,547.85	1,442.29	1,428.64	1,316.98	1,272.44
소비자물가 상승률	%	4.15	2.86	4.53	8.62	7.36
실업률	%	6.02	5.96	5.90	6.00	5.98
이자율	%	8.21	8.76	10.16	11.73	11.99
환율	-	105.46	104.77	102.77	101.10	101.63
수출실적	백만 달러	28,885.00	26,811.00	28,604.00	30,600.00	30,043.00
수입실적	백만 달러	63,573.00	51,906.00	48,622.00	51,141.00	49,167.00
무역수지	백만 달러	-34,688.00	-25,095.00	-20,018.00	-20,541.00	-19,124.00
대외부채	백만 달러	-	72,697.47	65,757.39	61,146.69	57,881.49
외환보유고	백만 달러	18,455.86	22,027.60	20,027.86	14,306.81	7,651.26
투자유치액 (FDI)	백만 달러	2,815.00	2,488.00	1,621.00	1,868.00	1,333.00
해외투자액 (ODI)	백만 달러	-	52.00	25.00	122.00	212.00

자료 : http://poll.einfomax.co.kr/kotra.html#/country/Pakistan

① 무역 동향

파키스탄의 대외무역은 전반적으로 증가해 왔으나 무역수지는 지속적인 적자를 벗어나지 못하고 있다. 파키스탄 상무부에 따르면, 2016/17 회계연도에 무역적자가 확대된 원인은 대외 경제여건 악화 때문으로 분석된다. 원유를 포함한 수입원자재 가격이 인하돼 수입 물량은 늘어난 반면, 브렉시트(Brexit) 투표 후폭풍 등 주요 수출시장인 유럽지역의 경기가 좋지 않은데다 파키스탄의 주력 수출품인 섬유제품 가격이 지속적으로 인하됐기 때문이다. 2017/18 회계연도 들어서도 무역수지 적자는 전년과 유사한 양상을 나타내고 있다.

<표 4-137> 파키스탄의 수출, 수입 및 무역수지 추이

(단위: 백만 달러)

연도	수출	수입	수지
2017/18	22,784	50,719	-27,935
2016/17	22,003	48,683	-26,680
2015/16	21,972	41,225	-19,253
2014/15	24,090	41,357	-17,267
2013/14	25,075	41,630	-16,555
2012/13	22,537	41,427	-18,890
2011/12	23,641	44,912	-21,271
2010/11	24,811	40,414	-15,603
2009/10	19,632	31,054	-11,422
2008/09	19,120	31,747	-12,627
2007/08	20,426	35,396	-14,970
2006/07	16,976	30,540	-13,564
2005/06	16,451	28,581	-12,130

자료: Federal Bureau of Statistics

◆ 품목별 수출입 동향

2017/18 회계연도(5월 누계) 수출은 전체 수출비중의 절반 이상을 차지하는 섬유제품이 7.4% 증가한 122억 달러, 석유제품은 31.0% 증가한 5억 달러를 기록했다. 대부분의 품목에서 수출이 증가한 가운데 농수산품(+32.8%), 엔지니어링 제품(+32.1%) 등의 수출 증가세가 두드러진다.

<표 4-138> 파키스탄의 주요 수출품목 현황

(단위: 백만 달러, %)

구분	16/17	17/18(5월 누계)	
		수출액	증가율
섬유제품	12,453	12,230	7.4
식품 및 농수산품	3,611	4,424	32.8
석유제품 및 석탄	410	511	31.0
기타 제조업 제품 합계	3,654	3,796	14.6
- 카페트, 매트	93	76	-10.6
- 스포츠용품	551	502	2.0
- 가죽제품	486	558	28.3
- 신발	75	79	14.5
- 수술용 의료기기	395	397	12.5
- 화학 및 의약품	1,110	1,300	28.1
- 엔지니어링 제품	182	218	32.1
- 주얼리	7	8	14.3
- 시멘트	242	202	-11.4

자료: State Bank of Pakistan
주 : 증가율은 전년동기(11개월 기간) 대비

2017/18 회계연도(5월 누계) 수입은 석유제품이 12.2% 증가한 64억 달러, 통신장비는 42.1% 증가한 13억 달러를 기록하는 등 주요 품목의 수입이 전반적으로 늘어났다.

<표 4-139> 파키스탄의 주요 수입품목 현황

(단위: 백만 달러, %)

구분	16/17	17/18(5월 누계)	
		수입액	증가율
석유제품	6,379	6,386	12.2
원유	2,764	3,851	53.3
철강	2,092	2,303	25.6
플라스틱 소재	1,874	2,110	23.7
팜유	1,783	1,745	6.3
기계류	7,410	7,975	20.0
식품	5,417	5,028	0.8
통신장비	1,023	1,292	42.1
수송기계	1,774	2,001	26.2
전기기기	1,324	1,696	41.1
철강스크랩	969	1,205	41.6
발전 기계/장비	1,619	1,404	24.8
항공기, 선박	606	736	37.1
비료	572	715	42.1
섬유제품	1,868	1,397	0.6

자료: State Bank of Pakistan
주 : 증가율은 전년동기(11개월 기간) 대비

◆ 국가별 수출입 동향

2017/18 회계연도(5월 누계) 파키스탄의 주요 수출 대상국가는 미국(35억 달러), 영국(16억 달러), 중국(16억 달러), 아프가니스탄(14억 달러), 독일(13억 달러), U.A.E. 두바이(10억 달러) 순이다. 파키스탄의 대한 수출규모는 약 2억 8,900만 달러로 전년동기대비 4.0% 증가세를 나타냈다. 2017/18 회계연도(5월 누계) 대외수출 비중은 미국이 15.4%로 최대를 나타냈으며, 중국은 7.0%를 나타냈다. 반면, 한국으로의 수출비중은 1.3%에 그쳤다.

<표 4-140> 파키스탄의 주요 수출상대국 추이

(단위: 백만 달러, %)

국가	15/16	16/17	17/18 (5월 누계)	증가율	비중
미국	3,716	3,645	3,516	6.3	15.4
영국	1,628	1,603	1,619	11.3	7.1
중국	1,905	1,602	1,597	8.7	7.0
아프가니스탄	1,230	1,166	1,403	27.0	6.2
독일	1,217	1,214	1,256	15.0	5.5
U.A.E.(두바이)	865	934	1,035	22.6	4.5
스페인	790	798	865	18.2	3.8
네덜란드	555	627	709	24.4	3.1
이탈리아	642	650	696	17.3	3.1
방글라데시	695	622	673	15.7	3.0
한국	244	315	289	4.0	1.3

자료: State Bank of Pakistan
주 : 증가율은 전년동기(11개월 기간) 대비

2017/18 회계연도(5월 누계) 파키스탄의 주요 수입대상국은 중국 (104억 달러), U.A.E. 두바이(56억 달러), 싱가포르(41억 달러), 사우디 아라비아(28억 달러), 미국(19억 달러) 등이다. 2007년 중국-파키스탄 FTA 발효 이후 지속적으로 상승한 중국제품의 수입시장 점유율이 20%를 상회한다는 점이 돋보인다. 미국(-1.0%), 쿠웨이트(-0.4%) 등 일부 국가를 제외하면 주요 수입국으로부터의 수입이 증가했다. 중국으로부터의 수입은 여전히 17.5%에 달하는 증가세를 나타냈으며, U.A.E. 두바이산 수입도 26.8% 늘었다. 한편, 한국제품 수입은 약 7억 3,800만 달러로 전년동기대비 25.5% 증가하는 모습을 보였다.

<표 4-141> 파키스탄의 주요 수입상대국 추이

(단위: 백만 달러, %)

국가	15/16	16/17	17/18 (5월 누계)	증가율	비중
중국	8,127	10,077	10,369	17.5	20.4
U.A.E.(두바이)	4,193	4,940	5,552	26.8	11.0
싱가포르	3,008	3,906	4,059	12.3	8.0
사우디아라비아	2,060	2,267	2,787	39.1	5.5
미국	1,480	2,102	1,854	-1.0	3.7
일본	1,398	1,697	1,703	8.6	3.4
인도	1,809	1,688	1,659	3.8	3.3
카타르	346	1,148	1,434	44.2	2.8
U.A.E.(푸자이라)	1,010	1,339	1,353	12.3	2.7
쿠웨이트	1,173	1,221	1,071	-0.4	2.1
한국	623	648	738	25.5	1.5

자료: State Bank of Pakistan
주 : 증가율은 전년동기(11개월 기간) 대비

② 지역무역협정 참여 현황

파키스탄은 1998년, 무샤라프 전 대통령의 집권 이후 외국인 투자에 대한 인센티브 제공 및 자유무역협정 추진을 통한 적극적인 시장 개방 정책을 추진하고 있다. 특히 9.11 테러 이후 서방 국가의 대테러 전쟁에 적극 협조해 미국과 TIFA(Trade Investment Facilitation Agreement) 협정을 체결하는 등 지원을 이끌어냈으며, SAFTA(South Asia Free Trade Agreement)와 같은 지역통합 노력은 물론 주요 교역대상국과 FTA 협상을 동시 진행하고 있다.

최대 교역 대상국인 중국과 FTA 협정을 정식 체결함에 따라 파키스탄은 2007년 1월 1일부터 기계류 및 부품, 철강 제품, 시멘트 등 중국산 수입 품목 전체의 35.6%에 해당하는 2,423개 품목에 대한 관세를 전면 철폐, 중국 역시 파키스탄으로부터 수입되는 채소 및 과일류, 침구류, 기타 가정용 섬유제품 등 2,681개 품목에 대한 관세를 철폐했다. FTA 발효 후 6개월 동안 중국의 대파키스탄 수출액은 2006년 동기 대비 23.4% 증가한 31억 8,000만 달러를 기록, 대파키스탄 제1의 수출국으로 부상했다. 다만, 중국 제품이 파키스탄 수입 시장을 전 방위로 잠식함에 따라 일각에서는 파키스탄 산업 경쟁력이 약화되고 있다는 우려의 목소리도 나타난다. 한편 파키스탄과 중국은 관세 추가 인하를 골자로 하는 FTA 2단계 협상을 2015년 이래 진행 중이다.

한편, 2007년 11월 6일 체결된 파키스탄과 말레이시아의 자유무역협정(FTA)이 양국의 의회 비준 절차를 거쳐 2008년 1월 1일부로 정식 발효됐다. 동 협정에 따라 파키스탄은 말레이시아로부터 수입되는 총 5,921개 품목에 대해 오는 2014년까지 단계적으로 시장을 개방하며, 말레이시아는 대파키스탄 수입물품 중 10,593개 품목에 대해 역시 같은 기간에 걸쳐 관세 양허를 실시했다. 파키스탄과 말레이시아는 2005년 10월 1일 FTA 체결의 선행 단계로서 Early Harvest Program(이하 EHP) 협정을 체결해 총 239개 품목에 대한 관세 철폐를 단행한 바 있으며, 2007년 체결된 FTA는 이슬람 국가 간에 체결 된 최초의 자유무역협정이며 파키스탄이 체결한 최초의 포괄적 FTA 협정(상품 교역은 물론 서비스, 투자 분야에서의 자유화와 더불어 지적재산권 보호, 건설, 관광, 의료 및 통신 부분에서의 협력을 포함)이다.

파키스탄의 FTA는 최대 산업인 섬유 제품의 수출 확대에 주된 초점이 맞춰져 있으며, 카슈미르(Kashmir) 지역 분쟁 등으로 오랜 기

간 동안 적대 관계에 있는 인도와 FTA 등 경제협력 강화를 통한 관
계 개선을 모색하고 있다.

<표 4-142> 파키스탄의 FTA 체결현황 (2018.8월 기준)

구분	국가	비고
기 체 결	스리랑카	2005년 6월 발효
	이란	2006년 9월 발효
	중국	2007년 7월 발효
	말레이시아	2007년 8월 발효
	SAFTA (South Asia Free Trade Agreement)	파키스탄, 인도, 네팔, 스리랑카, 부탄, 방글라데시, 몰디브 등 서남아 7개국으로 구성
	모리셔스	2007년 11월 발효
	인도네시아	2013년 9월 발효
협 상 중	방글라데시	SAFTA와는 별도로 양국 간 FTA 협상 중
	터키	2018년 중 최종 타결 목표로 협상 진행 중
	GCC	2012년부터 협상
	인도	SAFTA와는 별도로 양국 간 FTA 협상 중
	태국	2018년 중 최종 타결 목표로 협상 진행 중
검 토 중	이집트, EU, 바레인, 싱가포르, 타지키스탄, ASEAN, 뉴질랜드, 한국	(한국-파키스탄 FTA) - 한-파 간 고위급 회담을 통해 양국 간 교역 증진 및 긴밀한 협조가 필요하다는 공감대 형성 - 2015년 7월 파키스탄 상무부 장관 방한을 계기로 양국이 한파 FTA 필요성에 대한 공동연구 시작 - 2017년 4월 개최된 제2차 한국-파키스탄 무역투자공동위원회에서 공동 연구 결과를 공유함. 파키스탄측은 2018년 중 협상 개시 희망

자료: KOTRA

22) 몽골[104]

자료원: CIA

몽골의 경제성장률은 2011년(17.5%)부터 지속적으로 감소해 2016년에는 1.2%를 기록했다가 2017년 5.1%, 2018년 1분기 6.1% 성장하여 경기회복 중인 상태이다. 경제성장률 하락의 주원인은 중국 내석탄 수요의 감소 및 중국 알루미늄 주식유한공사(찰코)와의 마찰로인해 석탄 수출이 확연히 줄어들었기 때문이다. 또한, 외국으로부터의 투자 유입이 낮았던 것과 긴축정책의 영향력이 결합해 낮은 GDP성장률을 기록한 것으로 분석된다. 몽골 정부가 인플레이션 억제 및대출 증가속도 억제를 위한 다양한 긴축정책을 펼쳤으나 2014년 인플레이션은 11%를 기록했고, 경기 악화가 계속되며 국가 부도 위기에 직면하자 2017년 5월부터 IMF로부터의 지원을 받아 2017년 하반기부터 경제 상황을 회복시키기 시작했다. 2017년 1인당 GDP도

---

104) 동 부분은 KOTRA 해외시장뉴스 국가 · 지역정보, http://news.kotra.or.kr/user/nation Info/kotranews/
14/userNationBasicView.do?nationIdx=65를 기준으로 작성함.

3,489달러를 기록하며 전년 대비 약 100달러 정도 감소했다.

<표 4-143> 몽골의 주요 경제 지표

연간 지표	단위	2017	2016	2015	2014	2013
실질 GDP증가율	%	5.1	1.2	2.4	7.9	11.6
명목GDP (달러)	백만 달러	11,488.05	11,183.46	11,749.62	12,226.51	12,582.12
명목GDP (현지통화)	백만 투그릭	-	23,886,409	23,134,068	22,227,054	19,174,243
실질GDP (달러)	백만 달러	12,521.25	11,825.37	11,680.16	11,408.65	10,574.80
1인당 GDP	달러 (USD)	3,735.16	3,694.08	3,946.96	4,181.58	4,385.38
소비자물가 상승률	%	-	0.58	5.89	12.91	8.59
실업률	%	-	7.95	8.01	7.93	7.90
이자율	%	20.01	19.74	19.56	19.03	18.48
환율	-	2,439.78	2,140.29	1,970.31	1,817.94	1,523.93
수출실적	백만 달러	6,800.65	5,604.86	5,135.25	6,077.85	4,478.13
수입실적	백만 달러	6,523.05	5,605.36	5,288.11	7,189.35	8,396.06
무역수지	백만 달러	277.60	-0.50	-152.86	-1,111.50	-3,917.92
대외부채	백만 달러	-	23,912.34	21,542.46	20,826.13	18,892.67
외환보유고	백만 달러	3,016.70	1,304.12	1,322.50	1,651.79	2,247.86
투자유치액 (FDI)	백만 달러	1,494.35	-4,156.40	94.32	337.77	2,059.70
해외투자액 (ODI)	백만 달러	-	9.05	11.32	106.41	40.99

자료: World Bank; IMF; 몽골통계청; http://poll.einfomax.co.kr/kotra. html#/country/Mongolia

① 무역 동향

몽골의 대외무역량은 지속적으로 증가해 2004년부터는 체제 전환 이전 수준을 초과했다. 2017년 몽골 수출은 62억 66만 달러, 수입은 43억 3,500만 달러를 기록했고, 총 교역액은 105억 3,500만 달러로 전년 대비 27.3% 증가했다. 2018년 5월 기준 교역규모는 50억 6,400만 달러를 기록했으며, 이것은 전년동기대비 26.1%,10억 4,770만 달러 증가한 수치이다. 또한, 동 기간에는 136개국과 무역을 했으며 그 중 54개국에 수출, 135개국으로부터 물품을 수입한 것으로 확인됐다.

<표 4-144> 몽골의 대외무역 추이

(단위: 백만 달러)

구분	2011년	2012년	2013년	2014년	2015년	2016년	2017년
수출	4,780	4,384	4,269	5,774	4,669	4,917	6,200
수입	6,526	6,738	6,357	5,236	3,797	3,358	4,335
무역수지	-1,746	-2,354	-2,088	538	871.8	1,559	1,865
교역규모	11,307	11,123	10,626	11,010	8,466	8,275	10,535

자료: 몽골 통계청

◆ 주요 수출입 품목 현황

2018년 5월 기준으로, 몽골의 전체 수출액은 28억 8,520만 달러이며, 이는 전년동기대비 약 14.6%, 3억 6,660만 달러 증가한 것이다. 광물자원 관련 생산품이 24억 3,058만 달러(17.3%), 방직용 섬유와 방직용 섬유 제품의 수출이 1억 6,629만 달러(9.9%)를 기록한 것이 전체 수출액이 증가하는데 크게 영향을 미쳤다. 동정광, 석탄, 구리정광, 아연정광, 형석, 몰리브덴 정광 등은 전체 광물성 생산품 수출의 98.6% 또는 전체 수출의 84%를 차지하고 있다.

또한, 2018년 5월 기준 금 3,431.9kg를 수출하여 전년동기대비 수출량이 106kg 감소하였다. 금 수출가는 2017년에는 40,066.6달러였으나 2018년 5월에는 42,104.9달러로 2,038.3달러 증가했다. 전체 수출에서 광물성 생산품 84.2%, 금 5%, 방직용 섬유와 방직용 섬유의 제품 5.8%를 차지하고 있다.

<표 4-145> 몽골의 주요 수출품목 현황

(단위: 천 달러, %)

품목 분류	2017년		2018년*	
	수출액	증감률	수출액	증감률
합계	4,916,335.4	26.1	2,885,170.8	14.6
산 동물 및 동물성 생산품	67,416.8	130.5	25,513.7	3.6
식물성 생산품	67,654.8	22.8	10,443.5	-77.5
동물성 식물성 지방과 기름 및 이들의 분해생산품	388.2	-44.6	167.5	242.9
식료품	23,007.9	93.0	21,178.2	162.2
광물성 생산품	4,933,672.1	41.6	2,430,581.8	17.3
화학공업이나 연관공업의 생산품	1,470.9	-9.8	814.6	496.1
플라스틱과 그 제품	2,983.5	-60.8	1,043.9	39.8
원피 가죽 모피와 이들의 제품	23,920.7	-20.8	10,602.8	-26.5
목재와 그 제품	633.5	47.7	292.9	-18.7
목재나 그 밖의 섬유질 셀룰로오스재료의 펄프, 회수한 종이 판지	77.7	39.8	15.2	-48.6
방직용 섬유와 그 제품	335,466.0	11.7	166,291.2	9.9
신발류 모자류 산류 지팡이 시트스틱 채찍과 이들의부분품	2,492.4	22.5	436.6	16.9
돌 플라스틱시멘트석면운모나 이와 유사한 재료의 제품	100.6	-51.1	21.6	98.1
천연진주·양식진주·귀석·반귀석·귀금속·귀금속을 입힌 금속과 이들의 제품	596,939.2	-21.6	144,875.4	2.0
비금속과 그 제품	101,000.6	17.2	41,250.1	-0.1
기계류·전기기기와 그 부분품, 녹음기·음성재생기, 텔레비전 영상·음향기록기	22,770.1	-68.1	10,525.5	12.6

차량항공기선박과 수송기기 관련품	17,030.8	-75.7	19,672.4	202.2
광학기·사진용기기·영화용기기·측정기기·검사기기·정밀기기·의료용기기, 시계, 악기, 이들의 부분품	1,238.0	11.8	513.1	10.5
잡품	98.8	206.7	10.7	250.1
기타	2,228.7	-16.5	920.1	-1.1

주 : 2018년은 5월 기준
자료: 몽골 통계청, 2018년 5월

2018년 5월 기준 전체 수입액은 21억 7,880만 달러이며, 이것은 전년동기대비 6억 8,110만 달러, 45.5% 증가했다. 전체 수입을 품목별로 보면 원피·가죽·모피 제품과 목재 수입이 각각 22% 감소하고, 나머지 19개 품목은 모두 증가한 것으로 조사됐다. 광물성 생산품 수입 중 석유제품 수입은 82.3%를 차지할 정도로, 몽골은 석유제품 수요가 많다. 차량의 경우, 2018년 5월 기준 승용차 20,638대, 화물차 7,415대를 수입했으며, 이것은 전년동기대비 승용차는 877대 감소하고 화물차는 3,522대로 증가한 수치이다. 화물차 수입의 최대국은 한국이다.

<표 4-146> 몽골의 주요 수입품목 현황

(단위: 천 달러)

품목 분류	2017년		2018년*	
	수입액	증감률	수입액	증감률
합계	4,336,271.3	29.2	2,178,782.5	45.5
산 동물 및 동물성 생산품	57,154.6	39.8	28,243.8	34.1
식물성 생산품	78,128.5	-28.4	75,579.9	151.1
동물성 식물성 지방과 기름 및 이들의 분해생산품	30,340.0	8.3	11,695.4	5.6
식료품	378,674.7	15.0	162,080.1	19.9
광물성 생산품	987,821.0	36.4	468,779.6	35.1
화학공업이나 연관공업의 생산품	315,038.7	15.8	135,447.4	20.3

플라스틱과 그 제품	182,467.0	33.2	81,619.6	33.1
원피 가죽 모피와 이들의 제품	7,842.7	47.5	2,828.7	-22.5
목재와 그 제품	40,303.6	32.6	10,025.7	-22.7
목재나 그 밖의 섬유질 셀룰로오스재료의 펄프, 회수한 종이 판지	50,848.5	11.4	22,220.8	13.2
방직용 섬유와 방직용 섬유의 제품	72,329.8	14.2	33,128.2	29.9
신발류모자류산류지팡이시트스틱채찍과 이들의부분품1081.4	16,998.5	26.1	7,287.8	32.2
돌·플라스틱·시멘트·석면·운모나 이와 유사한 재료의 제품	80,302.7	-3.1	36,240.2	41.9
천연진주·양식진주·귀석·반귀석·귀금속·귀금속을 입힌 금속과 이들의 제품	1,927.9	23.6	891.6	34.6
비금속과 그 제품	333,818.4	58.3	206,013.3	99.8
기계류·전기기기와 그 부분품, 녹음기·음성재생기, 텔레비전 영상·음향기록기	920,844.5	35.3	479,294.3	48.2
차량항공기선박과 수송기기 관련품	622,675.0	43.0	345,695.6	68.0
광학기·사진용기기·영화용기기·측정기기·검사기기·정밀기기·의료용기기, 시계, 악기, 이들의 부분품	62,739.1	3.3	27,013.4	22.6
잡품	34.4	-80.7	21.0	21.6
기타	95,981.8	11.8	43,999.5	40.4

주: 증감률은 전년동기대비
자료: 몽골 통계청, 2018년 5월.

경제발전과 자원개발을 위한 기계 및 원자재 그리고 승용차, 트럭 등 운송수단이 높은 비중을 차지하고 있으며, 제조업이 극히 취약한 산업구조를 반영해 제조업 상품이 주를 이룬다. 긴 겨울과 시설농업 부족으로 채소류 수입도 높은 비중을 차지하고 있다. 국가별 주요 수출품으로는 중국은 석탄과 구리, 러시아는 형석, 캐나다·스위스·영국은 금, 이탈리아·영국은 염소 캐시미어 등이다. 반면에, 국가별 주요 수입품은 중국으로부터는 트럭, 디젤유, 식료품, 러시아로부터는 석유, 디젤연료, 설탕, 일본과 독일로부터는 승용차, 미국으로부터는 트럭, 한국으로부터는 트럭과 승용차를 포함한 운송수단을 수입하고 있다.

<표 4-147> 몽골의 주요 교역국별 수출입 품목

구분	수출	수입
대(對)중국	석탄, 구리, 원유, 캐시미어 등	석유제품, 철강, 음료, 쌀 등
대(對)러시아	육류, 형석, 양털 등	석유제품, 밀가루, 전력, 쌀 등
대(對)미국	형석, 텅스텐 등	닭고기, 중장비 등
대(對)일본	캐시미어, 의류 등	승용차, 불도저 등
대(對)한국	광물, 의류, 가죽 등	자동차, 중장비, 석유제품 등

자료: KOTRA.

◆ 국가별 수출입 현황

몽골은 2017년 전 세계 69개국으로 수출했으며 국가별로 보면 중국 84.9%, 영국 10.6%, 독일 0.2%, 러시아 1.1% 각각 차지하고 있으며 이는 총 수출의 96.8%를 차지하고 있다. 수입의 경우 세계 152개국으로부터 수입을 했으며 러시아 28%, 중국 32.6%, 미국 4.8%, 일본 8.4%, 한국 4.6%를 각각 차지하며 이는 총 수입의 78.4%를 구성하고 있다.

자료: 몽골 관세청

<그림 4-11> 몽골의 국가별 수출입 현황

2018년 5월 기준 54개국으로 수출했으며 국가별로 보면 중국 90.8%, 영국 5.4%, 러시아 1.1% 각각 차지하며 총 수출의 97.3%이다. 수입의 경우 세계 136개국으로부터 수입을 했으며 러시아 27.9%, 중국 31.2%, 미국 5.1%, 일본 9.2%, 한국 4.8%, 독일 3.1% 각각 차지하며 총 수입의 81.3%를 구성하고 있다.

1990년 체제 전환 이후부터 몽골의 대외무역은 대상국과 품목이 점차 다양해지면서 증가하고 있다. 그러나 주요 메이저 국가들인 중국, 러시아, 미국, 캐나다 등 특정 국가에 대한 의존도가 매우 높고, 광물자원과 섬유 및 목축업 관련 제품 수출과 광물제품, 자동차, 기계 및 장비류 등에 대한 수입 의존도가 매우 높다.

이러한 몽골 대외무역의 구조적 특징은 지난 20년간 지속돼 왔으며, 그동안 외부 충격에 대비할 수 있는 구조조정을 아직 실행하지 못하고 있다. 몽골의 대외무역 구조는 광물자원에 대한 의존도가 높아서 국제 원자재 가격과 세계 경기변동에 크게 영향을 받고 있어, 광업, 목축업과 섬유 이외의 분야에 대한 개발 및 비교우위에 입각한 제조업 육성이 절실한 실정이다.

수출의 경우, 갈수록 광물자원의 비중이 날로 높아지고 있는 것은 광업이 몽골경제 성장의 견인차 역할을 수행한다는 점에서 불가피하지만 몽골경제의 지속 성장과 내실화를 위해 타 산업과의 조화를 이룰 수 있도록 산업정책을 펼쳐나가는 것이 필요하다.

② 지역무역협정 참여 현황

2010년 11월, 몽골 대통령이 일본을 방문해 '전략적 동반자 관계'를 위한 '경제동반자협정(EPA)' 체결에 합의했다. 2012년 양국 수교

40주년 기념해 몽골 총리가 일본을 방문해 일본 총리 면담하고 본격적인 정부간 협상을 개시했다. 약 3년간 협상 끝에 도쿄에서 2015년 2월 10일 협정문에 정식 서명했다. 2016년 5월 8일, 몽골과 일본 양국은 울란바토르에서 '몽-일 EPA' 발효를 확정하는 공식서한을 교환하였고 6월 7일부터 공식 발효됐다. 한편, 몽골은 1997년 국제무역기구(WTO)에 가입했으며, '상호 투자 보호 및 증진 협정'을 41개국과 체결한 상태이다.

제 5 장

메가 FTA와
환태평양지역 경제통합

국제무역질서의 최근 주요 추세 중 하나는 메가(Mega) FTA의 결성이다. 자유무역협정(FTA)에 '크다'라는 뜻의 메가(Mega)라는 그리스어 접두어를 더한 신조어로 국제통상질서의 새로운 틀로 떠오르고 있다. 일반적으로 FTA가 두 나라 간의 협정이라는 점에서 제한적인 효과임에 비해, 메가 FTA는 이미 존재하는 FTA와 FTA에 가입한 국가들이 동시에 참여하는 큰 틀의 FTA를 새롭게 형성한다는 점에서 참여국 모두에 커다란 영향을 줄 수 있다는 점에서 의미가 있다. 메가 FTA의 대표적인 예는 EU, TTIP(범대서양무역투자동반자협정), CPTPP(환태평양경제동반자협정), FTAAP(아·태자유무역지대), RCEP(역내포괄적경제동반자협정) 등이 존재한다. 이를 놓고 볼 때, 환태평양지역이 최근 메가 FTA의 주요 대상 지역이 되고 있음을 알 수 있다.

1. 한-중-일 FTA

1) 중국 중심의 세계경제 재편?

세계경제에서 아시아경제가 차지하는 국제적 위상은 나날이 커지고 있다. 그 중에서도 특히 중국경제의 지속적인 고도성장에 따른 국제적 위상 변화는 아시아경제의 비중 확대에 지대한 영향을 끼치고 있다. 중국경제는 1978년 개혁·개방정책의 추진 이후 연평균 10%대의 고도성장을 통해 2010년 세계 2위의 경제대국으로 급성장했다. 특히 중국경제의 도약은 지난 43년간 미국에 이어 세계경제 2위 자리를 굳건히 지켜온 일본을 추월하였다는 점에서 단순한 통계적 수치 이상의 의미를 지니고 있다.

더욱이 2008년 하반기 글로벌 금융위기의 발생은 중국경제의 영향력을 더욱 확대하는 계기로 작용하여 미-중 양국이 주도하는 G-2 시대의 도래를 더욱 촉진하는 계기가 되었다. 이는 중국에 대한 미국의 태도에서도 쉽게 알 수 있다. 2009년 11월 중국을 방문한 버락 오바마 미국 대통령은 "미국은 중국의 도약105)을 반대하지 않으며 중국이 책임 있는 대국으로 성장하는 것을 저지하지 않는다. 중국과의 협력을 추구한다"106)고 강조했다. 또한, 2011년 1월 후진타오(胡錦濤) 주석의 방미(訪美) 정상회담을 통해 포괄적이고 호혜적인 경제 파트너십의 구축에 합의했다는 점에서 미국이 중국을 일정부분 대등한 관계로 인정했다고 볼 수 있다.107)

---

105) 당시 중국 언론들은 이를 떨쳐 일어남을 의미하는 굴기(崛起)라고 표현하며 오바다 대통령의 발언을 크게 보도한 바 있다.

106) 동아일보(2011.1.18)

107) 미-중 양국은 표면적으로 위안화 환율에 대한 이견을 보이기는 했으나, 위안화절상 등을 놓고 볼 때 실질적으로는 서로의 의견을 존중하고 있다고 볼 수 있다.

뿐만 아니라, 중국경제가 과거와 같은 단순한 생산기지(made-in China)의 의미에서 벗어나 거대한 소비시장 및 구매시장(made-for China)이 될 것이라는 기대감은 중국의 영향력을 더욱 확대시키고 있다. 이에 따라, G-2시대가 도래했다는 분석과 함께 미-중 및 전 세계 경제에 있어서의 권력이동(power shift)이 이루어지고 있다는 분석도 나오고 있다.

중국의 이러한 변화들은 아시아, 특히 한국, 중국, 일본 등 동북아 3국에 대한 세계경제의 관심과 집중으로도 이어지고 있다. GDP, 무역 등 세계경제에서 차지하는 한-중-일 3국의 비중이 지속적으로 증가하고 있고 중남미, 중동, 아프리카 등 전 지역에 걸쳐 다수의 국가들과의 FTA 체결 움직임도 활발히 이루어지고 있다.

이처럼 세계경제에의 영향력 확대와 더불어 동북아 3국(한-중-일) 간의 FTA 또는 EPA 등 지역무역협정의 설립에 대한 논의와 관심도 크게 증가하고 있다. 한-중-일 FTA가 설립된다면, 이는 EU, NAFTA와 함께 세계 경제 및 무역의 3극 체제(tri-polar)를 형성하는 거대한 변화를 의미하기 때문이다. 이에 본고는 지금까지 진행된 한-중-일 3국간의 FTA 추진 전개과정을 살펴보고 그 필요성과 가능성을 분석해보고자 한다.

2) 한-중-일 3국간의 양자간 FTA 추진 현황

① 한-중 FTA 추진 현황[108]

한-중 FTA는 2004년 9월 개최된 ASEAN+3 경제장관회의를 계기

---

108) 전술한 제3장 중국의 FTA 부분에 한-중 FTA의 분야별 협상 결과 등을 상세히 설명하였기 때문에 여기서는 한-중 FTA의 추진 상황만 다루기로 한다.

로 시작되었다. 당시 개최된 한-중 통상장관회담에서 양국은 민간공동연구의 추진에 합의하였고, 같은 해 11월 양국 정상회담에서 공식화하였다. 이에 따라, 한국 대외경제정책연구원(KIEP; Korea Institute for International Economic Policy)과 중국 国務院发展研究中心(DRC; Development Research Center of the State Council)은 2005년부터 2006년까지 민간 공동연구를 진행했다. 2007년 3월부터는 産-官-学 공동연구를 총 5차례에 걸쳐 개최하였다(표 5-1 참조). 그 후, 2009년 12월 17일 개최된 한국 이명박(李明博) 대통령과 중국 시진핑(習近平) 국가부주석간의 회담에서 한-중 양국은 FTA 체결을 위한 산-관-학 공동연구를 마무리하였고, 2012년 5월부터 정부간 협상을 14차례 진행하였다. 그 후, 2014년 11월 10일 중국 베이징에서 협상 타결을 선언하고, 2015년 6월 1일 서울에서 한-중 FTA를 정식 서명하였다.

<표 5-1> 한-중 FTA 정부간 협상을 위한 사전 추진 현황 (2012년 5월 2일까지)

일 자	주요 내용
2004.9	ASEAN+3 경제장관회의 계기 한-중국 통상장관회담시 민간공동연구 개시 추진 합의
2005.3	한국 KIEP과 중국 DRC간 공동연구 MOU 체결(베이징(北京) 댜오위타이(釣魚台)국빈관), 2005년부터 공동연구 개시, 1년차 연구수행
2006	민간공동연구 2년차 연구수행 후 11월 연구종료
2006.11.17	APEC 각료회의를 계기로, 한-중 통상장관회담에서 한-중 FTA 산관학 공동연구를 2007년부터 개시하기로 합의
2007.3.22-23	한-중 FTA 산관학 공동연구 제1차 회의 개최(베이징)
2007.7.3-4	한-중 산관학 공동연구 제 2차 회의 개최 (서울)
2007.10.23-25	한-중 FTA 산관학 공동연구 제3차 회의 개최(웨이하이(威海))
2008.2.18-20	한-중 FTA 산관학 공동연구 제4차 회의 개최(제주)
2008.6.11-13	한-중 FTA 산관학 공동연구 제5차 회의 개최(베이징)
2009.12.17	이명박(李明博) 대통령, 시진핑(習近平) 국가부주석, 산관학 공동연구

	마무리에 합의
2010.2	한-중 FTA 산관학 공동연구 수석대표간 협의(베이징)
2010.5.23	한-중 통상장관 회담시 산관학 공동연구 종료 방안 논의(서울)
2010.5.28.	양국 정상 임석하에 양국 통상장관, 산관학 공동연구 종료관련 양해 각서 서명(서울)
2010.9.28-29	한-중 FTA 정부간 사전협의 제1차 회의(베이징)
2011.4.11.	한-중 통상장관회담(베이징)
2012.3.1-2	한-중 FTA 추진관련 사전 실무협의 개최(서울)
2012.3.22.-23/4.5	한-중 FTA 추진관련 사전 실무협의 개최(베이징)
2012.5.2	한-중 FTA 정부간 협상 개시 선언(베이징)

자료: 구(舊) 한국외교통상부 Website(www.mofat.go.kr).

2014년 5월 7일부터 9일까지 칭다오에서 APEC회의 부대성격으로 열린 한·중 FTA협상 관련 비공식회의에서 양국은 상품무역 감세안, 서비스 및 투자 부문의 자유화 방식 등을 주요 의제로 논의하였다. 한·중 FTA 주요쟁점은 규제완화 및 상품 양허안(offer)에 있다고 분석하면서 양국 간 의견차가 좁혀지지 않아 아직까지 구체적인 성과를 이끌어내지 못한 상황이다. 한편, 2012년 5월부터 2013년 9월까지 7차례에 걸친 1단계 협상을 통해 한·중 양국은 상품 자유화방식 등에 관해서 상품을 일반, 민감, 초민감 품목군으로 분류하고 품목건수 기준 90%, 수입금액 기준 85% 관세 철폐 모델리티에 합의한 바 있다. 2013년 11월 시작된 8차 협상부터 협정문 및 양허에 관한 2단계 협상단계에 진입했고 10차례의 공식 협상을 개최한 바 있다. 한-중 FTA 정부간 협상의 주요 협상 과정은 <표 5-2>을 참조하기 바란다.

<표 5-2> 한·중 FTA 주요 협상 경과

구 분			주 요 협 상 내 용
1 단계 협상	1차	'12.5.14 (北京)	· Kick-off meeting · 협상운영세칙(TOR : Terms of Reference) 확정 · 무역협상위원회(TNC: Trade Negotiating Committee) 설치
	2차	'12.7.3~5 (제주도)	· 상품분야 품목군에 대한 정의와 기준에 대한 논의 개시 · 서비스와 투자 분야 작업반 개최
	3차	'12.8.22~24 (威海)	· 상품을 민감도에 따라 일반·민감·초민감 품목군으로 구분
	4차	'12.10.30~ 11.1 (경주)	· 비관세 장벽 및 무역구제 분야에 대한 논의 개시
	5차	'13.4.26~28 (哈尔濱)	· 서비스·투자 모델리티의 핵심 요소에 대한 의견 교환
	※ 한·중 정상회담('13.6월), "높은 수준의 포괄적 FTA" 추진 합의		
	6차	'13.7.2~4 (부산)	· 상품 모델리티 및 협정 대상 및 범위 등에 대해 상당한 진전
	7차	'13.9.3~5 (潍坊)	· 모델리티(Modality, 협상기본지침) 합의 → 1단계 협상 마무리 - 품목수 기준 90%, 수입액 기준 85% 자유화 수준에 합의 - 서비스/투자 및 규범 분야 협정문 구성 요소에 합의
2 단계 협상	8차	'13.11.18~22 (인천)	· 상품은 양허 및 협정문 협상을 동시에 진행 · 원산지, 통관 등 여타 분야는 협정문안 협의
	9차	'14.1.6~10 (西安)	· 상품분야 양허수준 및 서비스/투자 분야 자유화 방식 협상 * (韓) 제조업 조기관세철폐 요구 vs. (中) 농수산 품목 개방확대 요구
	10차	'14.3.17~21 (일산)	· 상품분야 양허수준 및 서비스/투자 분야 자유화 방식 협상 * (韓) 제조업 조기관세철폐 요구 vs. (中) 농수산 품목 개방확대 요구
	※ 한·중 정상회담('14.3월), "한중 FTA 조기타결"에 대한 양국 정상간 공감대 확인		
	11차	'14.5.26~30 (四川省眉山)	· 상품분야 2차 양허안(offer)을 교환하고, 양측 핵심 관심품목에 대해 2차 양허요구안(request) 교환 · 서비스 분야는 1차 양허요구안(request)을 교환하고 상호 관심분야에 대한 의견 교환

※ 한·중 정상회담('14.7월), "한중 FTA 연내타결을 위한 노력 강화"에 합의			
	12차	'14.7.14~18 (대구)	· 서비스·투자분야 자유화 방식(韓 네거티브 vs. 中 포지티브)에 대한 원칙적 합의 도출 * 중국, 양자 FTA에서 네거티브 방식에 합의한 최초 사례
	13차	'14.9.22~26 (北京)	· 상품분야 집중 협의를 진행하여 잠정 종합 패키지(안) 교환
※ 한·중 정상급 회담('14.10월), "한중 FTA 연내타결 목표" 재확인			
	14차	'14.11.4~9 (北京)	· 6개 분야 잔여쟁점 집중 논의
타결 및 서명	실질적 타결	'14.11.10 (北京)	· 한-중 FTA 협상 타결 선언 (한·중 정상회담) · 상품 및 서비스 시장개방과 품목별 원산지기준(PSR) 등 모든 핵심 쟁점에 대해 최종 합의 도출 · 기술적인 사안을 연내 마무리 지시 · 양국 통상장관(韓 윤상직 장관, 中 가오후청 부장), '한·중 FTA 합의의사록'에 서명 · 1차 협상(2012.5) 개시후 30개월 만에 협상 실질 타결
	가서명	'15.2.25	· 한-중 FTA 가서명 · 외교경로 통한 가서명된 협정문 교환
	정식 서명	'15.6.1 (서울)	· 한-중 FTA 정식 서명 · 총 22장, 205쪽 분량
발효	발효	2015.12.20	· 한-중 FTA 정식 발효
보완 협정	후속 협상	발효일부터 2년간 진행	· Ch.22, Final Provisions(부속서 22-A), 협정 발효일로부터 2년 내 후속협상 마무리 · 주요 대상 분야: 서비스무역(Ch.8), 금융서비스(Ch.9), 투자(Ch.12) · 네거티브 목록 방식(negative list approach)

자료: 산업통상자원부, 「한-중 FTA 협상 '실질적 타결」(『보도참고자료』, 2014. 11.10), p.15; 기타 『산업통상자원부 보도자료』(http://www.fta.go.kr/) 등을 참조하여 정리.

<표 5-3> 한·중 FTA 서비스분야 후속협상

구 분			주 요 협 상 내 용
서비스 투자 협정	후속 협상	발효일부터 2년간 진행	· Ch.22, Final Provisions(부속서 22-A), 협정 발효일 로부터 2년 내 후속협상 마무리 · 주요 대상 분야: 서비스무역(Ch.8), 금융서비스 (Ch.9), 투자(Ch.12) · 네거티브 목록 방식(negative list approach)
		2017.01.13 (北京)	· 한·중 FTA 제1차 공동위원회 개최
		사드(THAAD) 사태로 서비스투자 후속협상 교착 상태	
	1차	2018.03.22~23 (서울)	· 한·중 FTA 제1차 서비스·투자 후속협상 개최
	2차	2018.3.23. (서울)	· 한·중 FTA 제2차 공동위원회 개최
	3차	2018.07.11~13 (北京)	· 한·중 FTA 제2차 서비스·투자 후속협상 개최

자료: 산업통상자원부 (fta.go.kr/) 등을 참조하여 정리

② 한-일 FTA 추진 현황

한-일 FTA 체결을 위한 협상은 한-중 FTA보다도 더 오랜 기간동안 진행되어 왔다. 한-일 통상장관들이 1998년 11월 민간공동연구에 합의한 이래 2004년 11월까지 정부간 협상을 총 6차례에 걸쳐 진행하는 등 빠른 속도로 추진되어왔다. 그러나 제조업과 농산물시장 개방에 대한 의견 차이로 인해 협의가 중단되었다. 그 후, 2008년 4월 이명박(李明博) 대통령과 후쿠다 야스오(福田康夫) 前 일본 총리간 정상회담에서 실무협의의 재개에 합의하였고 2009년까지 4차례에 걸친 실무협의를 진행하였다(표 5-4 참조).

한-일 FTA협상의 최대 이견(異見)은 대략 다음과 같이 정리할 수 있다. 한국은 2004년 11월 협상 중단 당시 쟁점이었던 일본의 농수산물 시장 개방, 비관세장벽 해소 등에 대해 절충점을 찾은 후에 협

상을 재개하자고 주장한다. 반면에 일본은 협상의 구체적인 내용은 일단 협상재개이후 검토해야 한다는 입장을 보이고 있다.[109] 이로 인해 한-일 FTA는 2018년 10월 현재까지도 교착상태에 빠져 있어 향후 다시 재개될 것인지 여부도 불투명한 상태이다.

<표 5-4> 한-일 FTA 추진 현황

일자	주요 내용
1998.11	양국 통상장관, 민간연구기관간 공동연구 합의
1998.12-2000.4	대외경제정책연구원(KIEP), 일본 아세아경제연구소 공동연구 시행
2002.3.22	양국정상, 한-일 FTA 산관학 공동연구회 설치 합의
2002.7.9-2003.10	한-일본 FTA 산관학 공동연구 시행
2003.10.20	양국정상, 정부간 공식 협상개시 합의(방콕)
2003.12.22	한-일 FTA 제1차 협상(서울)
2004.2.23-25	한-일 FTA 제2차 협상(동경)
2004.4.26-28	한-일 FTA 제3차 협상(서울)
2004.6.23-25	한-일 FTA 제4차 협상(동경)
2004.8.23-25	한-일 FTA 제5차 협상(경주)
2004.11.1-3	한-일 FTA 제6차 협상(동경) *제조업과 농업 개방 문제로 협의 중단
2008.4.22	이명박(李明博) 대통령, 후쿠다 야스오(福田康夫) 前일본총리간 정상회담시 실무협의 재개에 합의
2008.6.25	한-일 FTA 협상 재개 검토 및 환경 조성을 위한 제1차 실무협의 개최(동경)
2008.12.4	한-일 FTA 협상 재개 검토 및 환경 조성을 위한 제2차 실무협의 개최(서울)
2009.7.1	한-일 FTA 협상 재개 검토 및 환경 조성을 위한 제3차 실무협의 개최(동경)
2009.12.21	한-일 FTA 협상 재개 검토 및 환경 조성을 위한 제4차 실무협의 개최(서울)

자료: 한국외교통상부 Website(www.mofat.go.kr).

---

109) 구(舊) 외교통상부 Website (http://www.mofat.go.kr) 참조.

3) 한-중-일 FTA 추진 현황

한-중-일 FTA는 2003년부터 2009년까지 비교적 오랜 기간동안 민간공동 연구를 진행하였다. 그 후, 2009년 10월 한-중-일 정상회의에서 3국은 산-관-학 공동연구를 추진한다는 데에 합의하고 2010년 1월 국장급 준비 회의를 개최한 바 있다(표 5-5 참조).

공동연구 과정에서 드러난 한-중-일 FTA에 임하는 3국의 입장을 정리하면 다음과 같다. 먼저 한국은 민간 차원의 공동연구에서 정부 차원의 협의가 개시되어야 할 필요가 있다는 입장이다. 중국도 3국간 FTA 추진을 위해 정부와 산업계가 공동으로 함께 참여해야 한다고 주장하며 다소 긍정적인 입장을 보이고 있다. 반면에, 일본은 3국간 FTA 추진은 민간차원에서 정치적 차원으로 격상시켜야 한다는 점에는 공감하고 있으나, FTA에 앞서 3국간 투자협정을 먼저 성립시켜야 한다는 의견을 제시하고 있다. 이와 관련, 2007년 3월 한-중-일 3국간 투자협정에 대한 협상을 개시하였고, 2008년 말까지 5회에 걸친 협상이 진행된 바 있다.

그 후, 2010년 5월부터 진행된 한-중-일 FTA 산관학 공동연구는 총 7차에 걸쳐 한국, 중국, 일본 등을 오가며 진행되었고 2011년 12월 종료를 선언하게 된다. 2012년 5월, 베이징에서 개최된 한-중-일 정상회의에서 3국 정상이 FTA 협상의 연내 개시를 위한 준비작업을 즉시 개시하기로 합의하였고, 그 해 11월 한-중-일 FTA 체결을 위한 정부간 협상의 공식적인 시작을 선언하게 된다.

이에 따라, 2013년 3월부터 제1차 한-중-일 FTA 정부간 협상이 시작되었고 2018년 3월까지 공식협상 13차례, 수석대표협상 10차례, 실무협상 10차례 등이 진행되었다. 그러나 각국의 이견으로 인해 좀처럼 진화된 발전을 못하고 있는 상태이다.

<표 5-5> 한·중·일 FTA 추진을 위한 사전 준비 과정 (2003~2012.5)

일자	주요 내용
2003-2009	3국간 민간공동연구 진행
2009.10.10	한·중·일 제2차 정상회의(北京)시, 산-관-학 공동연구 추진 합의(한국 이명박 대통령, 중국 원자바오(溫家寶) 총리, 일본 하토야마 유키오 (福田康夫) 총리)
2009.10.25	한·중·일 통상장관회의시 2010년 상반기 중(한·중·일 정상회의 개최 이전) 산관학 공동연구 개시 및 이를 위한 준비회의를 2010년초 한국에서 개최키로 합의
2009.12.17	이명박(李明博) 대통령, 시진핑(習近平) 국가부주석, 산관학 공동연구 진전에 합의
2010.1.26	한·중·일 산관학 준비회의 개최(서울), 공동연구 운영규칙(TOR) 등 협의
2010.5.6-7	한·중·일 FTA 산관학 공동연구 제1차 회의 개최(서울)
2010.09.01~03.	한·중·일 FTA 산관학 공동연구 제2차 회의 개최(동경)
2010.12.01~03.	한·중·일 FTA 산관학 공동연구 제3차 회의 개최(웨이하이)
2011.03.30~04.01	한·중·일 FTA 산관학 공동연구 제4차 회의 개최(제주)
2011.06.27~28	한·중·일 FTA 산관학 공동연구 제5차 회의 개최(일본 키타큐슈)
2011.08.31~09.01	한·중·일 FTA 산관학 공동연구 제6차 회의 개최(중국 창춘)
2011.12.14~16	한·중·일 FTA 산관학 공동연구 제7차 회의 개최(평창)
2011.12.16.	한·중·일 FTA 산관학 공동연구 종료
2012.05.13.	한·중·일 정상회의(북경)시 3국 정상이 FTA 협상의 연내개시를 위한 준비 작업을 즉시 개시키로 합의

자료: 산업통상자원부 (fta.go.kr/).

<표 5-6> 한-중-일 FTA 정부간 협상 추진과정 (2002.11~2018.3)

일자	주요 내용
2012.11.20.	한·중·일 FTA 협상개시 선언 (프놈펜)
2013.03.26.~28	한·중·일 FTA 제1차 협상(서울)
2013.07.29.~08	한·중·일 FTA 제2차 협상(상하이)
2013.11.26.~29	한·중·일 FTA 제3차 협상(동경)
2014.03.04.~07	한·중·일 FTA 제4차 협상 개최(서울)
2014.09.01.~05	한·중·일 FTA 제5차 협상 개최(베이징)

2014.11.24.~28	한·중·일 FTA 제6차 실무협상 개최(도쿄)
2015.01.16.~17	한·중·일 FTA 제6차 수석대표협상 개최(도쿄)
2015.04.13.~17	한·중·일 FTA 제7차 실무협상 개최(서울)
2015.05.12.~13	한·중·일 FTA 제7차 수석대표협상 개최(서울)
2015.07.20.~24	한·중·일 FTA 제8차 실무협상 개최(베이징)
2015.09.23.~25	한·중·일 FTA 제8차 수석대표협상 개최(베이징)
2015.12.14.~18	한·중·일 FTA 제9차 실무협상 개최(하코네)
2016.01.18.~19	한·중·일 FTA 제9차 수석대표협상 개최(도쿄)
2016.04.05.~08	한·중·일 FTA 제10차 실무협상 개최(서울)
2016.06.27.~28	한·중·일 FTA 제10차 수석대표협상 개최(서울)
2017.01.09.~11	한·중·일 FTA 제11차 공식협상 개최(북경)
2017.04.10.~13	한·중·일 FTA 제12차 공식협상 개최(동경)
2018.03.22.~23	한·중·일 FTA 제13차 공식협상 개최(서울)

자료: 산업통상자원부 (fta.go.kr/).

4) 한-중-일 3국의 경제적 위상

한국, 중국, 일본을 중심으로 한 동북아시아의 경제적 위상은 중국경제의 급성장과 더불어 더욱 크게 증가하고 있다. 특히 2008년 하반기부터 시작된 글로벌 금융위기 발생이후 동북아 3국이 세계경제의 성장에 미치는 영향력은 더욱 커지고 있다.

한-중-일 3국의 GDP 규모는 2009년 기준으로 전세계 GDP에서 18.7%의 비중을 기록함으로써, 2003년(17.3%)에 비해 0.6% 포인트 증가하였다(표-6참조). 이는 각각 28.3%와 27.9%의 비중을 차지한 NAFTA,[110] EU 다음으로 높은 것이다. 특히 NAFTA, EU가 2003년과 비교하여 각각 5.3% 포인트, 2.9% 포인트씩 감소하였음을 놓고 볼 때 한-중-일 3국의 약진은 매우 큰 의미를 지닌다.

---

110) 1994년 미국-캐나다-멕시코간에 체결된 자유무역협정.

<표 5-7> 주요 경제권역별 GDP 규모와 세계에서의 비중

(2003~2009년 기준)

구분	2003		2005	
	10억 달러	%	10억 달러	%
한·중·일	6,418.3	17.3	7,565.7	16.9
ASEAN	713.8	1.9	891.0	2.0
ASEAN+3	7,195.1	19.4	8,456.7	18.9
NAFTA	12,467.4	33.6	14,356.7	32.1
EU	11,417.6	30.8	13,671.9	30.6
World	37,056.5	100.0	44,718.4	100.0

구분	2007		2009	
	10억 달러	%	10억 달러	%
한·중·일	8,626.6	15.9	10,884.7	18.7
ASEAN	1,260.2	2.3	1,485.0	2.6
ASEAN+3	9,886.8	18.2	12,369.7	21.2
NAFTA	16,030.9	29.5	16,467.3	28.3
EU	16,753.6	30.8	16,240.0	27.9
World	54,347.0	100.0	58,228.2	100.0

자료: World Bank, *World Development database*, July 1, 2008.

이를 ASEAN + 3, 즉 ASEAN + 한·중·일로 확대하면 전 세계 GDP에서 차지하는 경제적 비중은 21.2%로 더욱 증가하게 된다. 이는 NAFTA, EU에 비해 각각 7.1% 포인트, 9.2% 포인트의 격차를 보이는 것으로 10% 포인트 이상을 기록했던 2003년에 비해 그 격차가 크게 감소하였음을 알 수 있다(표 5-7 참조).

무역규모 면에서도 한·중·일 3국의 무역규모는 지속적으로 증가하여 전 세계무역에서 16.0%의 비중을 차지하고 있어 NAFTA(15.0%)를 능가할 정도로 성장하였다(표5-8 참조). 이는 12.1%에 불과했던 1998년과 비교할 때 3.9% 포인트 증가한 것이며, 1998년에 비해

6% 포인트 감소한 NAFTA와 큰 대조를 이루고 있다. EU의 무역규모가 1998년 37.3%에서 2009년 37.0%를 기록함으로써 큰 변화가 없었다. 따라서, NAFTA의 감소를 한·중-일의 증가가 대부분 수용한 것으로 보인다.

또한, 한-중-일 3국과 ASEAN(ASEAN + 3)의 무역규모를 합하면, 전 세계무역에서 차지하는 비중은 1998년 17.6%에서 2009년 22.1%를 기록함으로써 4.9% 포인트 증가하였다(표 5-8 참조). 이는 NAFTA와의 격차를 더욱 크게 하는 것으로서, 아시아의 경제적 영향력과 가치가 확대될 수 있음을 알 수 있다.

<표 5-8> 주요 경제권역별 총 교역규모와 세계에서의 비중

(1998~2009년 기준)

구분	1998		2000	
	10억 달러	%	10억 달러	%
한·중·일	1,320.9	12.1	1,785.1	13.8
ASEAN	599.0	5.5	804.3	6.2
ASEAN+3	1,919.9	17.6	2,589.4	19.9
NAFTA	2,297.3	21.0	2,850.4	22.0
EU	4,073.6	37.3	4,468.3	34.4
World	10,920.7	100.0	12,979.5	100.0

구분	2007		2009	
	10억 달러	%	10억 달러	%
한·중·일	4,235.8	15.1	4,025.5	16.0
ASEAN	1,636.1	5.8	1,538.8	6.1
ASEAN+3	5,871.9	20.9	5,564.3	22.1
NAFTA	4,556.9	16.2	3,779.1	15.0
EU	10,882.5	38.7	9,320.3	37.0
World	28,109.0	100.0	25,172.6	100.0

자료: IMF, *Direction of Trade Statistics*; WTO, *Total Merchandise Trade(Statistical Database)*.

이처럼 세계 경제에의 영향력이 더욱 커지고 있는 동북아 3국(한-중-일)의 경제협력은 전 세계의 큰 관심 사항이 아닐 수 없다. 이는 한-중-일 FTA가 EU, NAFTA와 함께 또 다른 핵심축이 되어 세계 경제, 무역 및 통상 분야에서 거대한 변화를 가져올 수 있기 때문이다. 특히 그동안 통상 이슈에서 다소 수세적인 입장을 취해왔던 아시아가 한-중-일 FTA를 통해 적극적이고 공세적인 입장으로 전환할 가능성이 크며, 그 중심은 중국이 될 것이다.

5) 한–중–일 경제 및 무역구조 비교 분석

① 한–중–일 무역구조 비교

한-중-일 3국의 분야별 무역구조를 살펴보면 대략 다음과 같다. 첫째, 농산물의 무역 비중은 한국(1.3%), 중국(1.8%), 일본(2.0%) 중 일본이 가장 높은 수준인 것으로 나타났다. 그 중, 중국을 제외한 한국과 일본은 쌀의 수출이 이루어지지 않고 있다. 둘째, 광산물의 무역비중은 한국(12.2%), 중국(6.8%), 일본(12.9%) 등이 비교적 높은 수준을 보이고 있다. 이는 한-중-일 모두 자원의 해외 의존도가 높다는 것을 의미한다. 셋째, 제조업 부문의 무역 비중에 있어서는 중국(91.1%), 한국(86.4%), 일본(81.6%)의 順으로 나타났다.[111] 이를 놓고 볼 때, 지금까지 '세계의 공장'이라 일컬어졌던 중국의 제조업 비중이 얼마나 높은지를 새삼 느낄 수 있다.

평균 관세율을 국가별로 살펴보면 다음과 같다(표 5-9 참조).

---

111) 최낙균·정형곤·김한성,『한·중·일 3국의 FTA 비교분석과 동북아 역내국간 FTA 추진방안』(연구보고서 08-04)(서울: 대외경제정책연구원, 2008.12), pp. 37-42; 김동하,「한-중-일 FTA 및 부산진해경제자유구역청의 전략」, 2010.1.28, p.4에서 재인용.

<표 5-9> 한·중·일 3국 주요 제품의 평균 관세율

(단위: %)

구 분	한국	중국	일본
쌀	5.00	65.00	0.00
기타 농작물	57.51	10.67	4.16
축산업	12.78	12.15	2.16
수산업	13.65	11.04	4.23
원유 및 천연가스	3.00	0.00	2.05
섬유 가죽제품	9.70	11.83	7.75
펄프, 종이	0.21	5.28	0.03
화학 제품	7.66	6.72	2.25
석유 및 석유제품	5.53	6.30	1.60
고무제품	8.24	13.70	5.57
금속 제품	4.26	7.18	0.89
전기·전자·기계	5.59	8.75	0.21
수송 기계	5.71	12.29	0.03
기타 제조업	6.70	11.01	1.62
일반 서비스	1.23	7.44	0.00
합 계	11.74	9.83	4.71

자료: 최낙균·정형곤·김한성, 『한·중·일 3국의 FTA 비교분석과 동북아 역내국간 FTA 추진방안』
(연구보고서 08-04)(서울: 대외경제정책연구원, 2008.12), pp. 37-42.

한국은 농축수산업 평균 관세율에 있어서 중국과 일본에 비해 상
대적으로 높은 것으로 나타났으며, 노동집약적인 식음료, 담배, 섬
유, 가죽, 고무제품 등의 평균관세율도 상대적으로 높게 나타났다.
기타 농작물의 평균관세율에 있어서도 한국 57.51%, 중국 10.67%,
일본 4.16% 수준을 기록하고 있다. 고무제품의 평균관세율은 중국
13.7%, 한국 8.24%, 일본 5.57% 수준으로 나타났다.

반면에, 중국은 쌀 이외의 농축수산업 관세율은 낮은 수준을 기록
하고 있으나, 비금속광물 관세율은 상대적으로 높은 수준을 나타내

고 있다.

일본은 농축수산업 관세율이 한국과 중국에 비해 상대적으로 낮은 수준이며, 제조업 부문의 관세율도 거의 무(0)세율 수준으로 나타났다.

② 한-중-일 산업구조 비교

총 산출액 중, 해당 산업의 산출액 비중을 통해 한-중-일 3국의 산업 구조를 살펴보면(표 5-10 참조), 한-중-일이 거의 유사한 수준을 보이고 있다. 제조업 중에서는 전기, 전자, 기계산업의 비중이 가장 높게 나타났다. 한국과 일본은 수송기계 부문이 중국과 비교하여 높게 나타났고, 중국은 섬유, 가죽부문의 비중이 높게 나타났다. 일본의 일반 서비스산업 비중은 한국과 중국보다도 높은 비중을 차지하고 있는 것으로 나타났다.

농업, 제조업, 서비스 등 부문별로 보면 한국의 산업구조는 대체적으로 일본과 중국의 중간 위치 정도라고 볼 수 있다.

<표 5-10> 한-중-일 3국의 산업구조 변화

(단위: %)

구 분	한 국		중 국		일 본	
	1995	2000	1995	2000	1995	2000
1. 쌀	0.90	0.78	0.90	1.63	0.34	0.26
2. 기타 농작물	1.63	1.03	6.55	3.93	0.58	0.55
3. 축산업	0.76	0.60	3.86	3.17	0.32	0.30
4. 임업	0.12	0.10	0.45	0.34	0.16	0.15
5. 수산업	0.51	0.31	1.09	0.95	0.25	0.21
6. 원유 및 천연가스	0.00	0.00	0.96	1.70	0.01	0.01
7. 기타 광물	0.40	0.20	2.10	1.39	0.17	0.14

8. 식음료·담배	5.13	4.31	6.85	5.80	4.23	4.15
9. 섬유·가죽	4.04	3.33	8.73	6.71	1.32	0.85
10. 목제품	0.85	0.54	1.30	0.63	0.80	0.57
11. 펄프·종이 및 인쇄	2.11	1.70	1.59	1.51	2.36	2.22
12. 화학제품	4.70	4.71	5.35	6.07	2.82	2.80
13. 석유 및 석유제품	2.38	3.88	1.69	3.09	1.14	1.39
14. 고무제품	0.72	0.52	0.81	0.72	0.33	0.30
15. 비금속광물	1.88	1.19	3.92	2.47	1.06	0.89
16. 금속제품	7.67	6.14	7.35	6.32	4.71	3.88
17. 전기·전자·기계	11.48	13.30	9.91	12.15	9.21	9.54
18. 수송기계	6.03	5.77	2.85	3.77	5.32	5.29
19. 기타제조업	2.29	2.13	3.44	2.75	2.18	2.07
20. 전기·가스·수도	1.85	2.29	2.01	3.73	2.55	2.52
21. 건설	10.11	7.30	9.53	8.60	9.62	8.26
22. 도소매 및 운송	10.16	8.89	8.19	7.90	15.62	14.50
23. 일반서비스	21.16	27.80	8.41	12.51	32.03	35.28
24. 공공행정	3.15	3.20	2.17	2.17	2.86	3.87

주 : 총산출액 중, 해당 산업의 산출액 비중
자료: 최낙균·정형곤·김한성, 『한·중·일 3국의 FTA 비교분석과 동북아 역내국간 FTA 추진방안』
    (연구보고서 08-04)(서울: 대외경제정책연구원, 2008.12), p.44.

③ 한-중-일 생산파급효과에 따른 상호 의존성 분석

중국에 대한 양국간 투자 증대로 한-중-일 3국의 경제 및 산업간 상호의존성이 크게 높아지고 있다. 먼저 한국은 중국으로의 생산기지 이전으로 중국의 섬유, 가죽 및 금속산업이 한국경제에 미치는 생산파급 효과가 증가하였다. 반면에 소재, 부품, 중간재 및 반제품의 중국 현지 생산이 증가함으로써 한국산업의 중국경제에 대한 생산파급 효과는 감소하였다. 한편, 한국의 전기, 전자, 기계, 화학, 금속 등 부품 및 소재 분야에 대한 對일본 의존도는 고착화되었다. 중국 역시 주요 산업에서 일본에 대한 의존도가 심화되고 있는 추세이다. 특히 고급재의 경우, 일본으로부터의 수입비중 증대로 인해 중국의 對日 의존도는 더욱 심화되고 있는 추세이다.

중국-일본간의 의존도는 韓-中, 韓-日간의 상호의존관계와 비교해 볼 때 비교적 균형을 유지하고 있는 것으로 보인다. 전기, 전자, 기계, 석유 및 화학산업 등에서 중국의 對일본 의존도가 하락세를 보이고 있는데, 이는 일본의 관련산업의 생산기지가 중국으로 이전했기 때문으로 보인다. 최근 들어 일본은 지나친 對중국 의존도를 감소시키기 위해 중국에서 동남아, 기타 개도국으로 생산기지를 이전시키는 중이다. 한편, 건설, 수송기계 등은 일본의 對中國 투자 증대로 인해 日本산업이 중국경제에 미치는 생산파급효과가 증대하였다. 또한, 중국산업의 고도화 과정에서 부품 및 소재산업의 경우 일본으로부터의 수입 증대로 인해 중국산업의 일본경제에 대한 생산파급효과가 증대하고 있다.

이처럼 중국산업의 한국 및 일본 경제에 대한 생산파급효과 증대로 인해 중국경제의 중요도가 더욱 커지고 있다. 특히 전기, 전자, 기계, 섬유, 가죽, 화학, 건설, 펄프, 종이, 인쇄, 금속제품 등의 산업에서 더욱 두드러지고 있다. 또한, 아시아 국가간의 중간재 교역 확대는 한-중-일 3국간의 상호의존도 제고를 더욱 가속화시키고 있다.

따라서, 한-중-일 FTA의 설립은 3국간의 무역확대를 가져와 域內 경쟁력을 더욱 제고할 가능성이 높은 것으로 판단된다. 근래 들어 한-중-일 3국간의 상호 무역의존도는 더욱 증대하는 추세를 보이고 있다. 2007년 기준으로, 한국의 총무역에서 중국 및 일본과의 무역이 차지하는 비중은 31.3%를 차지하고 있다. 그 중, 한-중 무역이 19.9%를, 한-일 무역이 11.4%의 점유율을 차지하고 있다. 중국의 총무역에서 한국 및 일본과의 무역이 차지하는 비중은 17.6%를 차지하고 있다. 그 중, 중-한 무역이 6.7%, 중-일 무역은 10.9%의 비중을 보이고 있다. 일본의 총무역에서 한국 및 중국과의 무역이 차지하는 비중은 23.9%를 차지하고 있다. 그 중, 일-한 무역이 6.2%, 일-중 무역은 17.7%의 점유율을 차지하고 있다(표 5-11 참조).

<표 5-11> 한-중-일 상호 무역의존도 증대 추세

(2007년 기준)

구분	3국간 무역의존도 비중
한국의 전체무역	◉ 한국-(중+일) 무역비중: 31.3% - 한-중 무역비중: 19.9% - 한-일 무역비중: 11.4%
중국의 전체무역	◉ 중국-(한+일) 무역비중: 17.6% - 중-한 무역비중: 6.7% - 중-일 무역비중: 10.9%
일본의 전체무역	◉ 일본-(한+중) 무역비중: 23.9% - 일-한 무역비중: 6.2% - 일-중 무역비중: 17.7%

자료: 김동하, 「한-중-일 FTA 및 부산진해경제자유구역청의 전략」, 2010.1.28, p.9.

향후 한-중-일 FTA가 체결된다면, 3국간의 산업내 무역(intra-industry trade) 확대로 주력 수출부문의 경쟁력 강화를 유도할 수 있을 것으로 생각된다. 현재 전기, 전자, 기계 부문의 경우, 한국과 중국은 對일본과의 무역에서 적자를 기록하고 있다. 반면에 동일 부문에 있어서 한국의 對세계무역은 44억 달러, 중국의 對세계무역은 581억 달러의 흑자를 기록하였다. 이를 놓고 볼 때, 한-중-일 무역관계가 해당 부문의 경쟁력 강화에 기여한 것으로 판단되기 때문이다.

6) 한-중-일 FTA 전망

2008년 하반기부터 시작된 글로벌 금융위기와 지속적인 경기침체는 한-중-일 3국간 FTA의 필요성을 더욱 증대시키고 있다. 그 가장 큰 이유는 한-중-일간 FTA는 지리적 인접성으로 인해 상호간 무역거래비용을 최소화할 수 있는 조건을 구비했기 때문이다.

그러나 많은 부분에서 상호간의 이해관계가 산적해 있어 쉽지 많은 상태이다. 상품분야에서는 고관세율 품목, 비종가세(주로 농산품), 농산물의 관세인하 폭과 속도가 쟁점이며, 서비스분야에서는 내국민대우, 최혜국대우(MFN), 시장제한조치 배제, 미래자유화 조항 보장 등이 쟁점이다. 이러한 쟁점들을 극복하고 만일 한-중-일 FTA가 출범할 경우, NAFTA, EU와 더불어 세계 3극 체제를 형성할 가능성이 커질 것이다. 또한, "ASEAN + 3"와 같은 동아시아 경제 통합 논의도 더욱 가속화될 것이다.

현재 한-중-일 FTA의 필요성에 대한 공통된 인식이 관련국내에는 이미 존재하고 있는 것으로 알려지고 있다. 이는 한국의 「매일경제신문」과 일본의 「니혼게이자이신문」이 2010년 1월 6일 발표한 공동 설문조사에서도 쉽게 알 수 있다. 이들 2개 신문이 한-일 경제인 219명을 대상으로 공동 실시한 설문조사 결과, 한국은 82.9%, 일본은 75.6%의 매우 높은 비율이 한-중-일 FTA가 필요하다고 응답하였다(그림 5-1과 5-2 참조).

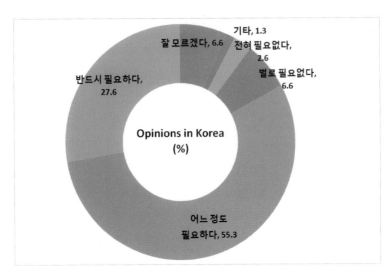

잘 모르겠다, 6.6 기타, 1.3
전혀 필요없다, 2.6
반드시 필요하다, 27.6
별로 필요없다, 6.6

Opinions in Korea
(%)

어느정도
필요하다, 55.3

자료: 「매일경제신문」(2010.1.6.)

<그림 5-1> 한-중-일 FTA 필요성에 대한 한국내 의견

한-중-일 FTA는 3국 모두에게 많은 경제적 효과를 가져다 줄 것
으로 전망된다. 특히 한-중-일 FTA는 한-일 FTA 효과와 한-중 FTA
효과를 합한 것보다도 큰 경제적 효과를 나타낼 것으로 기대된다.
GDP 측면에서는 한국 5.14%, 중국 1.54%, 일본 1.21% 등의 증대
효과가 기대된다. 또한, 한-중-일 FTA는 상대국 시장보다는 오히려
제3국 시장에서 한-중-일의 경쟁력강화를 목표로 한다는 점에서 눈
여겨볼 필요가 있다.

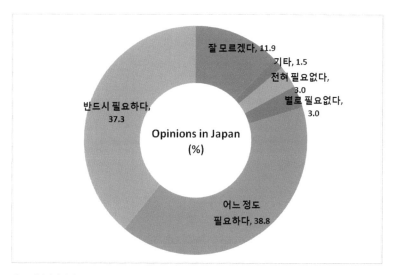

자료: 「매일경제신문」(2010.1.6.)

<그림 5-2> 한-중-일 FTA 필요성에 대한 일본내 의견

한편, 한-중-일 FTA의 최대 장애요인은 각국의 민감하고 취약한 분야와 국내 산업 구조조정에 대한 부담일 것이다. 먼저 민감하거나 취약한 분야와 관련해서는 한국과 일본은 농업분야, 중국은 첨단 제조업과 서비스산업이 될 것으로 예상된다. 또한, 한-중-일 3국간에 존재하는 과거사 문제, 역사 왜곡문제, 중-일간의 주도권 다툼 등 정치적 갈등요인도 상존하고 있다. 따라서, 한-중-일 FTA 설립을 위해서는 경제 및 정치적 장벽의 제거를 위한 3국 모두의 국민적 공감대 형성이 무엇보다도 중요하다고 생각한다.

2. 아세안 자유무역지대(AFTA)

동남아시아 국가연합, 즉 ASEAN은 베트남전 본격화, 인도차이나
공산주의 확산 등 국제정세 급변에 따른 공동 대응의 필요성에 따라
1967년 8월 8일 ASEAN 5개국(인도네시아, 태국, 말레이시아, 필리
핀, 싱가포르)이 외교장관 회의를 개최, ASEAN 창립 선언(방콕 선
언)을 발표함으로써 결성되었다. 1992년 제4차 동남아시아 국가연
합(Association of Southeast Asian Nations; ASEAN) 정상회의의 결과
로서 말레이시아, 인도네시아, 태국, 필리핀, 싱가포르, 브루나이 등
6개 회원국으로 구성된 아세안 자유무역지대(AFTA)가 창설되었다.
그 후, AFTA는 1995년 베트남을 신규회원국으로 받아들였고 1997
년에는 미얀마, 캄보디아, 라오스를 추가로 영입함으로써 실질적으
로 동남아 전 지역을 관할하는 RTAs로 성장하였다.

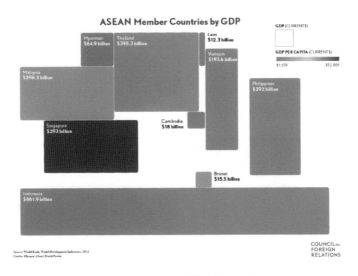

<그림 5-3> ASEAN 회원국과 GDP 규모

ASEAN지역은 2016년 기준으로 인구 약 6.4억 명, GDP 2.5조 달러, 총무역액 2.3조 달러(수출 1.2조 달러/수입 1.1조 달러)(全세계 대비 각각 8.6%, 3.4%, 7.1%(7.4%/6.9%) 비중)를 기록하며 최근 GDP성장률 증가세와 더불어 신흥시장지역으로 부상 중이다. 특히 한·중·일 모두가 ASEAN과 FTA를 이미 체결하는 동시에 RCEP, ARF 등도 함께하고 있다는 점에서 ASEAN은 단순히 경제적인 측면 외에 정치·외교·안보적으로도 중요한 지역이다.112) 더욱이 한국 문재인 정부의 新남방정책, 중국의 B&R initiative, 미국의 아시아로의 회귀, 일본의 다이아몬드전략, EU와의 전통적인 협력 등으로 인해 ASEAN의 중요성은 더욱 부각 되는 추세이다.

<표 5-12> ASEAN 전체의 주요 경제 지표

구분	기준년도	지표		전 세계 대비 비중
인구	2016	약 6억 3,900만명		8.6%
면적	2015	약 448만㎢		약 3.3%
GDP	2016	2조 5,495억 달러		3.4%
총교역량	2016	2조 2,811억 달러		7.1%
		수출: 1조 1,718억 달러		7.4%
		수입: 1조 1,093억 달러		6.9%

자료: ASEAN 사무국, IMF, UNFP

1) AFTA의 추진 배경113)

아세안 자유무역지대(AFTA : ASEAN Free Trade Area) 구상은 1991년 6월에 태국의 아난 빤야라춘(Anand Panyarachun) 수상이 공

---

112) 한-ASEAN FTA는 상품 2006.8 / 서비스 2007.11을 각각 체결하고 발효한 상태이다.

113) 이하 AFTA와 관련해서는 행정안전부 국가기록원: 아세안자유무역협정을 발췌하여 정리하였다. http://www.archives.go.kr/next/search/listSubjectDescription.do?id=003506&pageFlag=

업제품에 대한 아세안 자유무역지역의 창설을 제안하면서 논의가 시작되었다. 그리고 1991년 10월 아세안 경제장관들은 아세안 자유무역지역을 창설하기로 합의하였다. AFTA가 결성될 수 있었던 요인은 아세안을 둘러싸고 있는 국제환경의 급격한 변화가 각 회원국의 이해상충을 능가할 만큼 위협적이었던 데에서 찾을 수 있기 때문이다.특히 1980년대 후반부터 시작된 국제무역 보호정책과 지역주의의 대두는 아세안을 중심으로 경제협력을 강화하여 새로운 국제환경에 공동으로 대응하는 것이 절대적으로 필요하다는 공감대를 불러일으켰다.

따라서 AFTA는 NAFTA나 EU와 같은 세계적인 블록화 추세에 불안을 느낀 아세안이 국제적 교섭능력을 상실할 것을 우려한 자구책이라 할 수 있다. 왜냐하면 대부분의 아세안 회원국들이 미국, 일본, 유럽 등의 선진국들에게 수직적으로 종속되어 있는 상황에서 미국과 캐나다 그리고 유럽이 폐쇄적으로 블록화를 하면, 아세안에 대한 직접투자(자본과 기술)가 격감할 것은 물론 아세안의 주요 수출시장으로서의 역할 또한 낙관하기 어렵기 때문이었다. 특히 외국자본의 투자유치는 AFTA의 실제적인 결성 원인이라고 할 수 있다. 아세안 국가들의 지속적인 경제성장을 위해서는 향후 많은 자본과 선진기술이 필요하지만 세계적인 블록화 추세가 이에 대한 전망을 어둡게 하고 있다.

한편, 아세안 전체에 대한 외국자본의 투자는 꾸준히 증가하여 왔으나 1990년을 기점으로 하향추세를 보이고 있다. 특히 태국과 말레이시아의 경우 그 감소세가 두드러지고 있다. 이와 같은 현상은 일본을 비롯한 아시아 신흥공업국들이 아세안에 집중하던 해외투자를, 새로이 등장하고 있는 NAFTA나 EU 내의 시장 확보를 위해 북미와 유럽 지역으로 선회하고 있기 때문이다. 또한 중국과 베트남 등의 새로운 시장 등장도 또 다른 요인이다. 다변화, 경쟁화되고 있는 해외자본 유치에서 경쟁력을 확보하기 위해서라도 AFTA 결성은 시급한 것이었다. AFTA는 외국의 투자를 유치하기 위한 중요한 수단이다. 아세안 자체의 시장규모가 점차로 확대되는 상황에서, NAFTA가 역외 아시아 국가들에게 개방적이지 못하고 EU 또한 아시아 국가들의 수출에 폐쇄적이 된다면, 아세안이 포함되는 아시아 보호무역지대의 필요성이 강력하게 제기될 수 있다. 그러므로 일본과 아시아 신흥공업국들은 그들의 해외투자 대상으로 아세안을 보다 더 집중적으로 선택할 수 밖에 없을 것이다.

이를 바탕으로 역외국과의 FTA 정책을 적극 추진해 온 ASEAN은 2010년 1월을 기점으로 주변의 경제대국인 중국, 일본, 한국, 인도, 호주·뉴질랜드와의 FTA를 모두 발효하였다. 또한, ASEAN은 현재 발효 중인 FTA를 바탕으로 2012년 11월 20일 동아시아 정상회의에서 ASEAN+6(한국·중국·일본·호주·뉴질랜드·인도)가 참여하는 아시아지역 경제통합(RCEP: Regional Comprehensive Economic Partnership)의 정부간 협상을 개시하였다. RCEP는 타당성 검토 결과, 체결후 10년 경과시 최대 1.76%의 실질 GDP 증가 및 194.6억 달러의 후생 증대 효과를 가져올 것으로 예상되고 있다. 또한, 34억 명의 인구가 결집하는 세계 최대 규모인 동시에 TPP 및 EU에 맞먹는 경제통합체를 형성할 것으로 전망된다. 이러한 동아시아지역에서의 경제통합 논의 진전은 향후 동아시아 공동체 추진에도 크게 기여할 전망이다.

그 밖에, ASEAN 회원국 중 적극적인 개방정책을 추진하던 싱가포르 외에 말레이시아, 인도네시아, 베트남, 태국 등도 개별국 차원의 FTA를 점차 활발히 추진 중에 있다. EU와의 FTA도 전술한 바와 같은 개별국 추진 방식으로 진행 중이다.

2) ASEAN 경제협력 구조

창설 초기부터 1990년대 이전까지 ASEAN 각 회원국들은 경제협력의 필요성은 인식하고 있었지만 실질적인 협력까지는도달하지 못하고 있었다. ASEAN은 출범 초기부터 시장통합을 고유의 목적으로 한 경제통합체로 발족한 것이 아니었고, 회원국 상호 간에 서로 다르게 작용하는 여러 가지 이질적 요소들이 있었기 때문이었다. 그러나 1976년 인도네시아 발리에서 개최된 제1차 ASEAN 정상회의에서 각국 정상들은 ASEAN이 추구해온 지역안보와 평화유지는 경제발전이 기초가 되어야 한다는 점을 확인하고 역내 경제협력을 촉진하기 위한 「동남아우호협력조약」과 <ASEAN 협력선언>을 채택하였다. 「동남아우호협력조약」은 농업 및 공업부문에서의 협력증진과 역내 공동의 간접시설 확충을 위한 협력에 합의한 조약이며, <ASEAN 협력선언>을 통하여 역내 경제협력의 구체적인 행동계획을 제시하였다.

1987년에 개최된 제3차 마닐라 ASEAN 정상회의를 통하여 GATT와 우루과이 라운드로 대표되는 새로운 국제경제의 흐름에 회원국들은 지역협력 차원의 적극적인 대비책 마련에 착수하였다. 즉 선진국의 보호무역주의와 지역주의의 강화, 그리고ASEAN 회원국들의 주요 수출품인 1차 상품의 가격 하락에 의한 위기의식으로 역내의 집단적 경제협력 필요성이 강력하게 대두되었던 것이다. 그리하여 ASEAN 역내교역을 저해하는 관세 및 비관세 장벽을 점진적으로 철폐하여 역내 투자촉진 및 보호조치를 강구하여 경제통합의 가능성을 재고하였다. 이어서 1980년대 말과 1990년대 초의 집단 지역 이기주의 등장에 대한 ASEAN 차원의 공동대응으로 1992년 1월 싱가포르의 정상회담에서 ASEAN자유무역지대(AFTA)협정을 조인했고, 이를 1994년에 실시함으로써 ASEAN이 지역경제 통합체로 도약하는 전기를 마련하였다.

ASEAN은 정치적으로 개별 회원국의 독립성을 존중하고, 내정 불간섭 원칙을 보장하며, 국민경제의 자립적이고 안정적인 발전 도모를 그 목적으로 한다. 경제적으로는 제한된 수출품목과 불리한 1차 상품의 국제가격 구조에서 오는 손실방지와 경제적 후진성 극복을 상호협조로 달성함을 목적으로 하고 있다. 또한 경제통합의 측면에서 보면 역내무역과 공동산업 프로젝트 등 특정분야에서 회원국 간의 부분적 특혜제공을 통해 기능적 통합을 추구하고 있다. 따라서 ASEAN은 정치·경제적으로 각각 독립된 개별 국가의 정부 간 협력체 성격을 지닌 지역협력기구라 하겠다.

UN이 건의한 경제협력 방안에 입각하여 1976년 채택된 ASEAN 협약 선언에서는 경제협력 형태로 첫째, 식량, 에너지 등 기본상품 분야에서의 협력, 둘째, 대규모 프로젝트 건설에서의 협력을 내용으로 하는 공업 분야의 협력, 셋째, 회원국 관세인하를 내용으로 하는 교역 분야에서의 협력, 넷째, 1차 상품 문제 및 국제 경제문제에서의 공동대응 등의 네 가지 방안을 제시하였다. 현재의 ASEAN 역내 경제협력의 근간을 이루는 특혜무역협정, 공업협력 프로젝트, 금융 협력 등은 이러한 배경에서 이루어진 것이다. 특혜무역협정은 역내무역의 증진을 위해서 회원국 상품에 대하여 관세 인하 등 무역상의 특혜를 제공하는 것인데, 역내 무역증진은 우선 개별국가의 공업화와 역내 국가 간 보완적인 생산체제의 특화가 선행되어야 한다는 인식 아래 공업 분야 협력에 더욱 비중을 강조하게 되었다.

공업협력은 회원국들의 투자분야와 수요, 공급을 지역적인 차원에서 조정하여 중복 투자를 억제하고, 각 회원국을 산업별로 특화하여 국제경쟁력을 향상시켜 역내의 경제발전과 공업화를 효과적으로 달성하려는 것이다. 또한 금융협력은 무역증대를 위한 무역금융, 공업협력을 위한 설비 금융 등을 만성적 자금부족에 시달리는 역내 국가들에게 자금을 공급하는 것이다.

3) AFTA의 주요 내용

아세안은 이미 1977년부터 특혜관세 제도를 실시해 왔지만각 회원국들이 실제적 시장개방을 하지 않았기 때문에 유명무실하게 운영되어 왔다. 따라서 아세안 정상들은 보다 실질적인 역내 경제통합을 달성하기 위해 향후 15년 이내에 AFTA를 창설하기로 합의하였다. 2008년까지 아세안 역내관세율을 0~5%로 인하하는 동시에 각 회원국의 비관세장벽도 점차로 철폐하여 궁극적으로는 자유무역지대를 만들자는 것이 주요 내용이다. AFTA의 주요 협정내용은 다음과 같다.

- 대상분야 : 관세인하 및 비관세 장벽 철폐
- 대상품목 : 공산품만을 대상(자본재 및 농산물 가공품 포함)
- 관세인하방법 : 원칙
  - 협정시행후 15년간(2007년까지) 공산품 전체관세율을 0~5%로 인하하고 협정시행 후 5년에서 8년 이내에(1997년에서

2000년까지) 관세를 20%로 인하
  - 실시방법은 각 회원국이 결정하여 협정실시 때 발표
  - 5년에서 8년 이내에 인하비율은 균등인하 권장
  - 매년 인하율을 최저 5%로 권장
  - 각 회원국은 민감 품목을 설정하여 제외할 수 있음(제외품목
    은 CEPT 계획에 의한 이익을 포기, 제외품목은 HS 관세분류
    8~9 단위로 함)
- 원산지규정 : ASEAN의 원산지 비율은 40% 이상으로 함
- 비관세장벽 : 협정시행 후 5년 이내에 수량제한 철폐, 협정시행
  후 10년 이내에 비관세 장벽 철폐, 원칙적으로 계획대상품목에
  대한 외환제한 철폐
- 무역자유화조치 : 회원국은 무역자유화를 위하여 다음의 사항
  에 협조함
  - 기준 통일화
  - 제품시험 및 인증의 상호승인
  - 외국투자에 대한 장벽제거
  - 거시경제에 대한 협의
  - 공정경쟁에 관한 규칙제정 및 모험자본의 육성
- 긴급조치 : 회원국은 협정 실시 후에 수입증대로 인한 국내산업
  의 피해가 발생했을 때 특혜조치의 적용을 일시적으로 중지할
  수 있음
- 실시기구 : 아세안 경제 각료회의는 협정 실시를 감독, 조정하
  기 위해 1명의 각료급 대표로 구성되는 이사회를 설치함

이러한 AFTA의 창설은 우선적으로 아세안 경제협력의 차원을 한

층 강화하는 효과가 있다. AFTA 창설 이전에는 아세안 경제협력 내
용이 강제력을 갖지 못해서 각 회원국들이 자국의 이익과 배치될 경
우 협정사항의 이행에 비협조적인 자세를 취할 때도 있었다. 그러나
포괄적으로 협정준수를 규정하고 있는 AFTA의 창설은 아세안 경제
협력의 커다란 전환점이라 할 수 있다. 따라서 각 회원국이 성실한
실행 의지만 유지한다면, 향후 아세안의 결속이 더욱 강화될 수 있
을 것이다. 또한 AFTA는 아세안에서 활동하고 있는 다국적 기업이
나 아세안 진출을 고려 중인 외국 투자기업의 투자결정에 상당한 영
향을 미칠 것이다. 그리고 AFTA가 실현됨으로써 무역창출과 전환
효과를 통해서 아세안 회원국들은 역내교역을 확대하게 될 것이고,
수출확대를 통해 국민소득을 증대시킬 수 있을 것이다.

3. 역내 포괄적 경제동반자협정(RCEP)

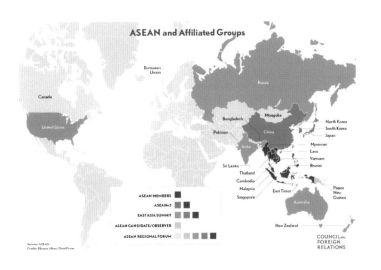

역내포괄적경제동반자협정(域內包括的經濟同伴者協定, Regional Comprehen- sive Economic Partnership; RCEP)은 ASEAN 10개국 외에 한국, 중국, 일본, 호주, 뉴질랜드, 인도 등 16개국이 참여하고 있다. RCEP은 세계 GDP의 약 29.4%, 세계 인구의 약 48%를 차지하는 거대경제권이다. 중국은 RCEP을 통해 무역과 투자 자유화의 이익을 누리고, 동아시아지역 경제통합의 주도권을 확보하여 이를 새로운 글로벌 통상질서 수립에 이용하고자 한다.114)

RCEP은 2015년 협상종결을 목표로 2013년 협상을 개시하였으나, 참여국간 이해관계가 복잡하고 뚜렷한 주도 국가가 없어 협상에 난항을 겪고 있다. 그래서 2016년 연내 타결이 불가능해짐에 따라 공식적인 타결시한을 선언하지 않기로 했다. 대신에 2016년 9월 8일 개최된 제29차 아세안 정상회의 및 관련회의에서 16개국 정상은 RCEP 협상의 조속한 타결을 위해 각국이 협력해 협상을 더욱 심화시키기로 합의하였다.115)

RCEP에서는 참여국들의 관세철폐 및 참여국의 동일한 관세를 적용하는 공통 양허안 합의를 추진하고 있다. 그러나 협상국들의 국내 사정이 모두 다르고 경쟁우위·열위 상품 속성도 고려해야 하기 때문에 이견은 쉽게 좁혀지지 않고 있다. 특히 아세안지역 FTA 경우를 보더라도 중첩되는 관세철폐 품목이 평균 73.3%에 지나지 않기 때문에 협상 참여국 모두가 만족하는 공통 양허안을 채택하기까지 많은 장애가 남아 있다.116)

RCEP(Regional Comprehensive Economic Partnership) 협상은

---

114) 라미령·김제국(2017.2.15.), "RCEP의 추진 현황과 시사점," p.14.

115) 서창배·곽복선 외(2018), 중국경제론, p.106.

116) 서창배·곽복선 외(2018), 중국경제론, p.107.

2012년 11월에 10개 ASEAN 국가들에 의해 정식으로 개시됐으며, 주요 관여국가는 중국, 일본, 한국, 인도, 호주, 뉴질랜드 등이다. 인도네시아는 미국에 의해 주도되는 TPP(환태평양 경제동반자 협정)보다 ASEAN국가들과 중국에 의해 주도되는 RCEP 가입 의향을 보여왔다. RCEP의 주된 목적 중 하나는 ASEAN이 아시아 지역에서 생산기지 역할을 하게 하는 것으로, RCEP, AEC(아세안 경제공동체) 가입과 함께 도로·철도·항구 등 기초적인 물류 인프라가 열악한 인도네시아의 인프라 개발이 가속화될 것으로 기대되며, 이는 조코위 대통령이 출범 초기부터 인프라 구축에 역점을 두겠다고 한 공약과 맥을 같이 한다.

최근에는 제15차 협상이 2016년 10월 17~21일 중국 텐진에서 개최됐으며, 그 결과로 경제, 기술분야 관련 협상이 마무리됐다. 2016년 12월 5일에는 자카르타에서 관세 조정 대상품목의 최대한도를 결정하는 협상이 진행됐다. 대외경제연구원의 분석에 따르면, RCEP는 다음 세 가지 정도의 문제를 안고 있다. 첫째, 아세안국가 입장에서 FTA 간 자유화 수준의 차이가 상당하다는 것, 둘째, 아세안 FTA 상대국 간 상당수가 FTA를 미 체결한 상태라는 것, 셋째로는 경제발전의 격차가 큰 16개국의 참여로 인한 리더십 문제가 있다는 것이다. 그러나 최근 들어 협상이 순조로워져 2017년 말에 동 협정이 체결될 것으로 전망된다.

RCEP 관여국들은 2017년 5월에는 투자 및 교역에 대해 논의하였다. 또한 원산지, 지적재산권, 및 전자상거래에 대해서도 논의했다. 2017년 10월 관세, 투자 평등화, 시장과 지적재산권, 원산지, 위생 이슈, 무역배상, 무역기술장벽, 전자상거래에 대해 계속 논의해왔다.

2018년 2월 5～9일에 역내포괄적경제동반자협정(RCEP) 제21차 협상이 인도네시아 족자카르타에서 개최됐으며 우리 정부는 산업통상자원부 김정일 자유무역협정(FTA) 정책관을 수석대표로 산업부, 기재부, 농림부, 해수부 등에서 약 40명의 대표단이 참석했다. 이 협상은 2017년 11월 RCEP 정상회의 이후 첫 협상으로써 올해 협정 타결을 위해 조속한 진전이 필요한 상품·서비스·투자 등 시장접근 분야 및 원산지 분야에 집중해 협상을 진행했다. 2018년 7월 현재 기준, 중국은 미-중 무역전쟁 가운데서 RCEP을 조속히 타결하기를 원하는 상황이다. 조만간 모든 국가들은 3번째 개정안을 검토할 예정이다.

4. 환태평양경제동반자협정(CPTPP)[117]

2015년 10월 5일 세계 최대규모의 자유무역협정인 환태평양경제동반자협정(Trans-Pacific Partnership: TPP)이 7년여간의 협상 끝에 최종 타결됐다. TPP는 당초 미국의 주도 아래 12개국(미국, 캐나다, 멕시코, 일본, 호주, 뉴질랜드, 페루, 칠레, 베트남, 말레이시아, 싱가포르, 브루나이)이 참여했다. 하지만 트럼프 대통령은 후보 시절 TPP를 '최악의 무역협정'이라며 맹비난했고, 취임 직후인 2017년 1월 23일 행정명령을 통해 TPP 폐기를 선언했다. 이후 미국은 일본 등 주요 TPP협상국들과 개별 양자협정을 체결하는 방식을 고려 중인 것으로 알려지고 있다. 한편, 미국을 제외한 나머지 국가(11개국)

---

117) KOTRA 해외시장뉴스 국가·지역정보 자료에 근거하여 작성.
   http://news.kotra.or.kr/user/nationInfo/kotranews/14/userNationBasicView.do?nationIdx=51
   http://news.kotra.or.kr/user/nationInfo/kotranews/14/userNationBasicView.do?nationIdx=52

들은 TPP를 이어나가겠다고 발표하며, 포괄적·점진적 환태평양경제동반자협정(CPTPP: Comprehensive and Progressive Agreement for Trans-Pacific Partnership) 또는 TPP11를 2018년 3월 출범시켰다.

TPP(환태평양경제동반자협정)는 미국을 포함한 참가 12개국에 의한 메가 FTA로 2015년 10월 타결에 이르렀다. 전신은 싱가포르, 칠레, 뉴질랜드, 브루나이 4개국이 2006년에 발효한 FTA이다. 이후 미국과 호주 등이 2010년 3월부터 참여, 금번 타결까지 5년을 넘는 장기협상이 진행됐다.

TPP는 관세 철폐 품목의 비율을 의미하는 자유화율이 약 95%로 높은 것이 특징이다. 일본이 지금까지 맺은 양자 간 FTA의 자유화율은 모두 90% 미만으로 TPP는 사상 최고를 기록하게 됐다. 특히 자동차 등의 공업 제품은 99.9% 품목의 관세를 궁극적으로 철폐한다. 총 31장에 달하는 TPP의 규정에 따라 지적재산권과 전자상거래, 금융서비스, 환경보호 등 폭 넓은 분야에서 역내 통일 규칙을 만드는 것이었다. 베트남이나 말레이시아 등 신흥국에서의 규제 완화도 진행돼, 일본 기업은 아시아에서 사업을 전개하기 쉬워질 전망이었다.

TPP 타결 후, 일본을 포함한 참가 12개국은 협정 비준을 위한 국내 절차를 진행했다. 일본은 TPP를 2016년 12월 9일 참의원 본회의에서 찬성 다수로 가결, 승인했다. 관련법도 표결에서 찬성 다수로 가결돼 성립, TPP 추진을 위한 국내 체계를 착실히 갖춰나갔다. 그러나 미국의 트럼프 차기 대통령 당선인이 대통령 취임일인 2017년 1월 20일 즉시 실행할 시책으로 TPP 이탈을 표명, TPP 발효는 협정에 서명한 국가 중 마지막으로 참여하는 국가의 GDP 합계가 전체의 85% 이상에 도달해야 한다고 돼 있어 참가국 중 GDP가 가장 큰 미국의 이탈에 따라 TPP 발효는 더 이상 불가능해 보였다.

그러나 호주와 뉴질랜드, 그리고 일본 등이 TPP는 나머지 참가국과의 FTA로서 또한 가치가 있다는 인식에 일치, 11 개국의 발효를 목표로 재협의를 시작했다. 그 결과 2017년 11월 베트남 다낭에서 열린 각료회의에서 TPP 신 협정에 대략 합의했다. 신 협정에서는 미국 참가 예정이었던 기존 TPP의 규정 중 20항목이 동결(미국의 재참여까지 실시 연기)되었다. 그러나 자유화와 규칙의 수준은 지식, 재산분야를 제외하고 대체로 유지됐다. 협상이 계속되고 있는 4개 분야에 대해서는 3분야(말레이시아 국영 기업, 브루나이 서비스·투자, 베트남 무역 제재를 둘러싼 규칙)를 동결하는 방향으로 조정, 기존 TPP 중 총 23개 항목의 효력을 일시 동결할 것으로 보인다. 참가국들은 2018년 3월 칠레에서 서명식을 개최, 조기 발효를 목표로 협력 중에 있다.

5. 아시아태평양 무역협정(APTA)

아시아태평양 무역협정(Asia-Pacific Trade Agreement; APTA)는 한국, 중국(홍콩·마카오 제외), 인도, 스리랑카, 라오스, 방글라데시, 몽골(가입절차 진행 중) 등 7개 회원국 간에 체결된 일반특혜무역협정이다. 특히 APTA는 아태지역 개도국 간 무역 활성화를 도모하기 위해 1976년 체결된 협정이다.[118] 한국, 중국, 인도, 스리랑카, 방글라데시, 라오스 등 6개국이 회원국으로 참여하고 있으며 몽골의 가입 절차가 현재 진행 중이다. APTA는 UN 아시아태평양 경제사회

---

118) 1976년 '방콕협정'으로 출발해 2006년에 '아시아태평양 무역협정'으로 명칭 변경

위원회(ESCAP)[119] 관할로 동·남·중앙아시아에 위치한 62개 국가도 가입이 가능해 향후 다양한 국가의 참여가 기대된다.

APTA는 발효 당시 아태지역의 유일한 다자간 무역협정으로 출발해 2002년 중국의 가입을 계기로 중요 성이 확대되어 한중 FTA 및 한인도 CEPA 체결 이전까지 한국 기업들이 對중국·인도 무역에서 특혜관세 혜택을 받을 수 있는 협정으로 활용되어 왔다.

APTA는 최초 발효(1976) 이후 3차례 추가 자유화를 거쳐 양허대상과 관세인하폭을 확대해 왔으며, 2007년 협상을 개시한 후 10여년 만에 4라운드가 발효(2018.7.1.일)되었다. 2016년 12월 4라운드 협상이 타결된 이후 각국의 국내 비준절차가 완료되어 2018년 7월 1일부터 4라운드가 발효된 것이다. 한편, 4라운드 서명 이후 5라운드 협상이 진행됨에 따라 향후 추가개방이 전망된다.

<표 5-13> APTA 주요 경과

일자	내용
1975.7.31	방콕협정 채택
1976.6.17	방콕협정 발효(제1라운드 시행)
1984~1990	제2라운드 협상 및 시행
2001.10~2005.11	제3라운드 협상, 중국가입('02.1.1 가입 발효)
2006.9.1	아시아태평양 무역협정으로 명칭 변경 및 제3라운드 발효
2007.10.26	제4라운드 협상 개시(무역원활화, 서비스, 투자 및 비관세조치로 협상범위 확대)
2009.12.15	몽고 가입신청서 제출
2017.1.13	제4차 각료회의, 제4라운드 타결 선언 및 서명, 제5라운드 협상개시 준비
2018.7.1	제4라운드 발효

자료 : UNESCAP, 기획재정부

---

119) 유엔경제사회이사회의 상설기구로 운영되고 있으며 역내의 경제협력, 개발계획, 식량 및 자원에 관한 사업 등 아·태 지역 경제사회문제를 다루고 있음

6. 북미자유무역협정(NAFTA)의 재협상과 USMCA 시대의 도래

1994년 1월 1일 발효된 NAFTA(North American Free Trade Agreement)는 북미 3개국, 캐나다와 미국, 멕시코가 자유무역협정을 맺음으로써 북미는 세계에서 가장 큰 자유무역지대 중 하나가 됐다. 그러나 2017년 1월 20일 미국 45대 대통령으로 취임한 도널드 트럼프 대통령은 취임 직후 NAFTA 재협상 의지를 계속해서 언급했으며 상대국이 공정한 협상을 거부한다면 협정이 폐기될 수 있음을 시사하기도 했다. 이에 지난 2017년 5월 18일에는 무역대표부가 NAFTA 재협상 의사를 의회에 전달했으며 90일간의 의회협의기간 이후 본격적인 재협상이 시작될 것으로 전망된다. 무역대표부는 디지털무역, 지적재산권, 서비스, 노동 및 환경기준, 중소기업 등의 분야에 신규 조항을 추가해 기존 조항을 현대화하는 것이 재협상의 목표라고 밝혔다. 또한, 미국 측은 NAFTA 자동차 원산지 규정 강화 및 5년 주기로 NAFTA를 평가하고 당사국들의 합의가 도출되지 못할 시 NAFTA를 자동 폐기 가능케 하는 이른바 '일몰조항' 추가를 제안한 바 있다.

한편, 본래 2017년 12월까지 마무리될 예정이었던 재협상은 3국이 합의점에 도달하지 못함에 따라 2018년 상반기에도 협상이 타결되지 못하다가 최근 3국이 합의에 도달함으로써 새로운 도약을 하게 되었다. 명칭도 USMCA(United States Mexico Canada Agreement)로 개정되었다.

특히 도널드 트럼프는 미국 대통령 취임(2017.1.10.) 전부터 NAFTA 재협상 또는 폐기 의사를 강력히 보여왔다. 미국 정부의 내

부절차로 조금 지연됐으나 5월 18일 미국 무역대표부 대표 로버트 라이트하이저(Robert Lighthizer)의 승인레터가 의회로 발송되며 본격적으로 NAFTA 재협상 절차가 개시됐다. 각 회원국은 90일간의 회람 기간을 거친 뒤 8월 16일 NAFTA 재협상을 개시했다. 그러나 캐나다와 멕시코가 미국의 요구 조건을 받아들일 수 없다는 입장을 강력히 밝히면서 NAFTA 재협상이 난항을 겪고 있다. 특히 원산지 규정 강화, 일몰조항 등 개정 조항에 대한 합의점 도출이 한때 난항을 겪기도 했다.

7. 상하이협력기구(SCO)

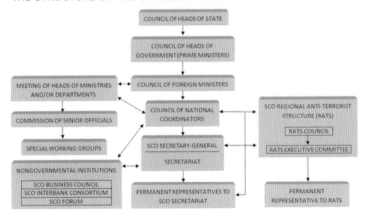

자료: 위키피디아 영문판 (https://en.wikipedia.org/wiki/Shanghai_Coopera tion_Organisation)

<그림 5-4> 상하이협력기구(SCO)의 구조

1996년 4월 26일, 회원국 간 상호 신뢰 및 선린 우호 관계 강화를

목적으로 중국, 러시아, 카자흐스탄, 키르기즈, 타지키스탄 등 '상하이5'로 시작한 상하이협력기구(上海合作组织, Shanghai Cooperation Organization; SCO)는 2001년 6월 15일 우즈베키스탄의 가입과 함께 <SCO 설립 선언문>을 채택함으로써 보다 체계적인 국제조직으로 발돋움하기 시작했다. 그 후, 2002년 6월 7일, 쌍트페테르부르크(St.Petersburg) 정상회의에서 SCO의 목표, 원칙, 구조, 핵심활동 등의 개요를 담은 SCO 헌장(*CHARTER OF THE SHANGHAI COOPERATION ORGANIZATION*)에 서명하고 2003년 9월 19일 발효함으로써 현재의 기틀을 마련하게 된다. 그 후, 2017년 6월 9일 인도와 파키스탄이 가입함으로써 현재의 8개 정회원국 체제를 구축하게 되었다. 그 외에 SCO는 4개 옵서버 국가(아프가니스탄, 벨라루스, 이란, 몽골), 6개 대화 파트너 국가(아제르바이잔, 아르메니아, 캄보디아, 네팔, 터키, 스리랑카) 등과 함께 하고 있다.

<표 5-14> SCO 참여국 현황 (2017.10월 기준)

구분	참여국의 수	참여국	비고
정회원국 (member states)	8	중국*, 러시아*, 키르기즈*, 카자흐스탄*, 타지키스탄*, 우즈베키스탄**, 인도***, 파키스탄***	*원가입국(상하이5, 1996.4.26.). **는 2차 가입국(2001.6.15.) ***는 3차 가입국(2017.6.9.)
옵서버 (observer states)	4	아프가니스탄, 벨라루스, 이란, 몽골	
대화 파트너 (dialogue partners)	6	아제르바이잔, 아르메니아, 캄보디아, 네팔, 터키, 스리랑카	

자료: 저자 작성

SCO 헌장 제1조 설립 목적 부분에 따르면, SCO는 특히 역내 평화·안보·안정의 유지 및 강화를 위한 공동 노력 및 다각적인 협력 발전을 약속하며, 향후 정치, 무역, 경제, 연구, 기술, 문화, 교육, 에너지, 교통, 관광, 환경보호, 기타 분야 등에서 효과적인 협력을 촉진하고자 한다. 이에 SCO는 궁극적으로는 회원국 간 공동 노력을 통해 역내 포괄적이고 균형된 경제성장 및 사회·문화발전 도모하는 동시에 국제경제로의 통합을 위한 방식 조정에 합의하였다. 그 외에도 민주적·공정한·합리적인 새로운 국제정치 및 경제 질서를 구축하고자 노력하고, 마약, 무기거래, 기타 초국적 범죄 행위 등 테러리즘, 분리주의 및 극단주의와 불법 이민 등에 대한 공동 대응에 합의하였다. 또한, 회원국 국민의 인권 및 기본적 자유의 향유 촉진, 국제적 분쟁 예방 및 평화적 해결을 위한 협력, 21세기 각종 문제 해결을 위한 공동 모색 등을 약속하였다.

┌─────────────────────┐
│ ※ 주요 참고 협정문 ※ │
└─────────────────────┘

- 2002, *CHARTER OF THE SHANGHAI COOPERATION ORGANIZATION* (이하 헌장으로 표기)
- 2001, *DECLARATION ON THE ESTABLISHMENT OF THE SHANGHAI COOPERATION ORGANIZATION*
- 2004, *Convention on Privileges and Immunities of the Shanghai Cooperation Organization* (이하 협약으로 표기)
- 2010, *REGULATION On Admission of New Members to Shanghai Cooperation Organization*
- 2004, *Regulation on the Status of Observer to the SCO*
- 2008, *Regulation on the Status of Dialogue Partner of the SCO*
- 2014, *REGULATION On the Symbols of the Shanghai Cooperation Organization*

주: 1) SCO 사무국 설립관련 내용은 상기 헌장(*CHARTER of SCO*, 2002) 제11조에만 존재하며, 대외적으로 공표된 별도의 본부협정문은 존재하지 않음.
　　2) 사무국 직원들의 주요 특권 및 면책에 대해서는 협약(*Convention on Privileges and Immunities*, 2004)에서 규정. 다만, 기존 국제기구들의 운영으로 미루어 볼 때, 사무국 운영상 필요한 사항은 별도의 지침을 통해 내규로 존재할 것으로 보임.

<표 5-15> SCO 설립협정문의 주요 내용

분석 대상	설립협정문	
	내용	조문
설립		
설립 목적	- 회원국 간 상호 신뢰 및 선린우호관계 강화 - 역내 평화·안보·안정의 유지 및 강화를 위한 공동 노력 및 다각적인 협력 발전 - 민주적·공정한·합리적인 새로운 국제정치 및 경제 질서를 구축하고자 노력 - 정치, 무역, 경제, 연구, 기술, 문화, 교육, 에너지, 교통, 관광, 환경보호, 기타 분야 등에서 효과적인 협력을 촉진 - 마약, 무기거래, 기타 초국적 범죄 행위 등 테러리즘, 분리주의 및 극단주의와 불법 이민 등에 대한 공동 대응 - 회원국 간 공동 노력을 통해 역내 포괄적이고 균형된 경제성장 및 사회·문화발전 도모 - 국제경제로의 통합을 위한 방식 조정 - 회원국 국민의 인권 및 기본적 자유의 향유 촉진 - 국제적 분쟁 예방 및 평화적 해결을 위한 협력 - 21세기 각종 문제 해결 위해 공동 모색	헌장 제1조
주요 사업 (주요 협력 분야)	- 역내의 평화 유지, 안보 및 신뢰 강화 - 국제기구 및 포럼 내 이슈를 포함하여 상호간 이해관계가 있는 외교정책 이슈에 대한 공통된 입장 모색 - 테러리즘, 분리주의, 극단주의, 초국적 각종 범죄 행위, 마약, 무기거래, 불법 이민 등에 대한 공동 대응을 위한 각종 조치의 개발 및 이행 - 군축 및 무기 통제 분야의 조정 노력 - 다양한 형태의 지역경제협력의 지원과 촉진 및 상품, 자본, 서비스, 기술 등의 자유로운 흐름을 점진적으로 달성하기 위해 무역·투자에 유리한 환경 조성 - 교통·통신 인프라의 효과적 활용, 회원국의 수송 역량 개선 및 에너지 시스템 개발 - 역내 수자원 관리를 포함한 건전한 환경관리 제공 및 특정 공동 환경 프로그램 및 프로젝트의 이행 - 자연 재해와 인재 예방 및 그 충격을 완화하기 위한 상호 지원 - 역내 협력 발전을 위한 법률 정보 교환 - 과학기술, 교육, 헬스 케어, 문화, 스포츠, 관광 등의 분야에서 상호 교류 확대 - 상호 협정에 따른 회원국 간의 협력분야 확장	제3조
조직 구조	<조직 구성> 4-1. 국가수반이사회(정상회의, HSC), 정부수반(총리급)이사회	제4~ 11조

분석 대상	설립협정문	
	내용	조문
	(HGC), 외교장관이사회, 장관급 회의, 국가간조정이사회, 지역반테러조직 (RATS), 사무국 등을 운용 4-2. RATS를 제외한 SCO 조직들의 기능 및 업무 절차는 정상회의(HSC)에서 채택된 규정에 의해 결정 4-3. HSC는 기타 조직의 설치를 결정할 수 있으며, 새로운 조직은 동 헌장 제21조에 의거하여 발효되는 동 헌장에 추가 의정서를 삽입함으로써 설치됨. \<정상회의(HSC; The Council of Heads of State)> 5. 최고 의결기구로서, 주요 활동과제의 정의, 우선 순위, 내부 조정 및 기능의 기본적인 이슈와 주요 국제적 이슈뿐만 아니라 여타 국가 및 국제기구와의 상호작용 등을 결정함. HSC는 연 1회 개최하며, 개최지는 러시아어 알파벳 순서에 따라 선정되고, 개최국 정상이 의장직을 수행함. \<총리급회의(HGC; The Council of Heads of Government(Prime Ministers))> 6. 예산 심의·승인 및 역내 경제협력 등 주요 이슈를 심의·결정함. 연 1회 개최하고 개최국 총리가 의장직을 수행하며 개최지는 HGC에서 사전 합의에 의해 결정함. \<외교장관이사회(The Council of Ministers of Foreign Affairs)> 7. SCO의 최근 활동 쟁점사항을 논의하고 HSC의 준비 및 역내 국제적 문제의 협의를 진행하며, 필요에 따라 SCO를 대신하여 성명서를 발표할 수 있음. 외교장관이사회는 일반적으로 HSC 개최 1개월 전에 개최되며, 임시(특별) 회의는 최소 2개 회원국의 발의와 회원국 전체의 동의에 따라 소집됨. 개최지는 상호 합의에 따라 결정됨. 의장은 HSC 개최국이 수행하고 임기는 HSC 최종일로부터 차기 HSC까지로 하며, 대외적으로 SCO를 대표함. \<장관급회의(Meetings of Heads of Ministries and/or Agencies)> 8. HSC와 HGC의 결정에 따라, 역내 각 분야별 특정 협력 이슈를 논의하기 위한 정기 회의를 개최할 수 있음. 동 회의 의장은 개최국이 수행하며, 개최지와 일정은 사전에 협의하여 결정하며, 사전 합의에 따라 회원국 장관급으로 구성된 상설 또는 임시 전문가 작업반을 설치할 수 있음. \<국가간조정이사회(The Council of National Coordinators)> 9. 통상적인 활동을 지시하고 조정하는 SCO조직으로서, HSC·HGC·외교장관이사회 등의 필요한 사항을 준비하며, 회	

분석 대상	설립협정문		조문
	내용		
	원국의 내부 지침 및 절차에 따라 임명함. 회의는 최소 연 3회 개최하며, 의장은 HSC 정기회의 개최국이 수행하며 임기는 HSC 정기회의 최종일부터 차기 HSC 정기 회의까지 수행함. 국가간조정이사회 절차규정에 의거하여 외교장관이 사회 의장의 지시를 받아 SCO를 대표하여 대외적인 접촉을 할 수 있음. <지역반테러기구(RATSThe Regional Anti-Terrorist Structure)> 10. RATS본부는 우즈베키스탄 타슈켄트에 소재하고 있으며 SCO 상설기구임. 주요 목적과 기능, 조직의 원칙과 예산, 절차적 규정 등은 회원국들이 체결한 개별 국제조약 및 그들이 수용한 여타 필수적인 방식(수단)들에 의해 규정됨. <사무국(The Secretariat)> 11. SCO의 주요 상임 집행 조직으로서, SCO 활동의 조징, 정보 분석 및 법률적·조직적·기술적 지원을 수행하고, SCO 및 SCO의 국제관계 하의 협력 강화를 위한 제안을 개발하며, SCO 조직들의 결정사항 이행을 감독함. 사무총장은 외교장관이사회에서 지명(추천)되고 HSC에서 임명하며, 러시아어 알파벳 국가명의 순번에 따라 지명되고 3년 단임제임. 사무차장은 국가간조정이사회에서 지명(추천)하고 외교장관이사회에서 임명하며, 출신국가를 대표할 수 없음. 사무국 공무원은 쿼터(할당 인원)에 따라 회원국 국민들 중 선발함. 사무총장, 사무차장 및 사무 공무원들은 공식적인 직무를 수행함에 있어 어떠한 회원국 및/또는 정부, 조직 또는 개인들로부터 각종 지침의 요청 또는 접수를 받아서는 안됨. 그들은 오직 SCO의 지시를 받는 국제 공무원으로서 그들의 지위에 영향을 주는 어떠한 행위도 삼가야 함. 회원국들은 사무총장, 사무차장 및 사무국 직원들의 의무사항에 관한 국제적 특성을 존중함을 약속하고, 그들의 공적 기능을 수행함에 있어 어떠한 영향력을 행사해서도 안됨. 사무국은 중국 베이징(Beijing)에 소재함.		
의사 결정 방식	16. SCO 조직은 투표가 아닌 합의(consensus)로서 결정 - 회원국의 자격 정지 또는 퇴출 결정을 제외한 모든 검토 중 사안에 대한 결정은 이의를 제기하는 회원국이 없을 경우 채택된 것으로 간주 - 회원국의 자격 정지 또는 퇴출 결정의 경우, 관련대상국인 1개 회원국을 제외한 것을 만장일치로 규정 - 의사결정 과정에서의 의견 표명은 기록하여 처리		제16조 제23조 제24조

분석 대상	설립협정문	
	내용	조문
	- 특정 관심 분야의 협력사업 추진에 관심이 없는 회원국(들)은 관련 회원국들의 협력사업 추진의 이행을 방해해서는 안되는 동시에 다른 회원국들의 참여를 방해해서도 안됨. 23. 동 헌장은 회원국들의 상호 합의에 따라 변경 및 개정 가능 24. 회원국 중 2/3 이상이 반대하는 경우, 유보(reservations)는 SCO의 원칙, 목표, 임무와 모순되는 것으로 간주되거나 어떠한 조직도 수행하지 못하도록 무효로 처리함.	
법인격 부여	- 계약의 체결 - 동산 및 부동산의 취득 및 처분 능력 - 소송당사자 또는 피소자로서 사법절차적 존재 능력 - 계좌의 개설 및 금융거래 가능	헌장 제15조
특권 및 면책	- SCO 및 그 공무원들은 SCO의 목표 달성 및 기능 수행을 위해 필요한 특권 및 면책을 모든 회원국의 영토 하에서 향유 가능 - 특권 및 면제 범위는 별도의 국제조약(협정)에 의해 규정 ※ 2004년 6월 17일, SCO 특권 및 면책에 관한 협약 (Convention on Privileges and Immunities of the Shanghai Cooperation Organization)에서 보다 자세히 규정	제19조
채용에 관한 사항	11. 국가별 할당 방식: 회원국별 쿼터(할당 인원) - 주요 선발기준: 회원국 국민들 중 선발 18. 회원국은 베이징 소재 각 회원국 대사관에서 근무 중인 외교관 중 일원을 사무국의 상임 대표로 임명	헌장 제11조 제18조
분쟁해결 절차	- 동 헌장의 해석 또는 적용과 관련한 분쟁 또는 불일치가 발생할 경우, 회원국들은 협의 및 협상을 통해 문제를 해결	제22조

자료: 저자 작성

<표 5-16> SCO 본부협정문의 주요 내용과 특징

분석 대상	본부협정문	
	내용	조문
설립	- 2002년 6월, St.Petersburg 정상회의에서 채택된 SCO 헌장 (CHARTER OF THE SHANGHAI COOPERATION ORGANIZATION) 제11조(The Secretariat)를 통해 사무국 설립의 목적, 주요 임무, 사무총장의 임명 및 역할, 사무 직원의 채용 및 역할 등에 대해 대략적으로 적시	
설립 목적	- SCO의 주요 상임 집행 조직으로서, SCO 활동의 조정, 정보 분	헌장

분석 대상	본부협정문	
	내용	조문
	석 및 법률적·조직적·기술적 지원을 수행하고, SCO 및 SCO 의 국제관계 하의 협력 강화를 위한 제안을 개발하며, SCO 조 직들의 결정사항 이행을 감독함.	제11조
주요 사업 (주요 협력 분야)	- SCO의 주요 상임 집행 조직 - SCO 활동의 조정 및 정보 분석 - 법률적·조직적·기술적 지원 수행 - SCO 및 SCO의 국제적 협력 강화 방안 개발 - 결정사항 이행 감독	헌장 제11조
조직 구조	<소재지> - 베이징(중국) <사무총장> - 임명절차: 외교장관이사회에서 지명(추천)되고 HSC에서 임명 - 지명방식: 러시아어 알파벳 국가명의 순번에 따라 지명 - 재임기간: 3년 단임제 <사무차장> - 임명절차: 국가간조정이사회에서 지명(추천)하고 외교장관이사 회에서 임명 - 비고: 출신국가를 대표하지 않음. <사무국 직원(공무원; Secretariat officials)> - 국가별 할당 및 선발기준: 쿼터(할당 인원, quota basis)에 따라 회원국 국민들 중 선발	헌장 제11조
의사 결정 방식	- 사무국 활동과 관련하여 의사결정 방식에 대한 특별한 규정은 대외적으로 부존재	부속서 제17조
법인격 부여	2.3. 사무총장은 사무국을 대표하여 제2조의 법적 권리를 행사 2.1. 국제법적 효력 및 그에 따른 법적 권리를 향유 2.2. SCO는 법인격 권리를 향유하고 다음과 같은 특정 계약의 체결이 가능; - 부동산 및 동산의 취득, 임대 및 처분 - 은행계좌의 개설 및 금융거래 - 법적 제소 또는 피소	협약 제2조
특권 및 면책	<주요 역할(헌장 제11조)> - 사무총장, 사무차장 및 사무국 공무원들은 공식적인 직무를 수 행함에 있어 어떠한 회원국 및/또는 정부, 조직 또는 개인들로 부터 각종 지침의 요청 또는 접수를 받아서는 안됨. - 오직 SCO의 지시를 받는 국제 공무원으로서 그들의 지위에 영 향을 주는 어떠한 행위도 금지	헌장 제11조 제19조 별도 협약

분석 대상	본부협정문	
	내용	조문
	- 회원국들은 사무총장, 사무차장 및 사무국 직원들의 의무사항에 관한 국제적 특성을 존중 - 회원국들은 그들의 공적 업무 수행에 있어 어떠한 영향력 행사해서도 금지 <특권 및 면책(헌장 제19조)> - 회원국 내에서 SCO의 역할과 기능을 수행함에 있어서 필요한 특권과 면제를 향유 - SCO와 그 직원들의 특권 및 면제의 범위는 별도의 협정(Convention on Privileges and Immunities of the Shanghai Cooperation Organization, 2004.6.17)에 의해 별도로 규정 **※ 2004년 6월 17일, SCO 특권 및 면책에 관한 협약(Convention on Privileges and Immunities of the Shanghai Cooperation Organization)에서 보다 자세히 규정(단, 동 특권 및 면책 사항을 사무국으로 한정하여 제시하지 않고 SCO 전체로 규정하고 있음)** **- 이하 특권 및 면책 협약의 주요 내용** 1(16). (SCO 직원) 가족 구성원은 배우자 및 18세 미만 자녀를 의미 **제1부 SCO의 특권 및 면책(제2~9조)** 3.1. SCO가 명시적으로 면책을 규정하지 않은 경우를 제외하고는 SCO의 재산 및 자산은 모든 행정행위 또는 법적 절차로부터 면책 3.2. 상설기구의 공식 통지문(서신)을 포함하여 상설기구의 시설물, 차량, 기록 및 문서는 검색, 징발, 몰수, 수용 및 기타 방해 행위로부터 면책 3.3. 주재국의 관계당국자는 사무총장 또는 대리인의 승인없이 상설기구 내 진입 금지 3.4~3.7. 상설기구 시설물, 차량 등에 관한 특권, 면책 및 보호에 관해 규정 4. 자산의 관세 및 세금에 관한 특권 및 면책을 규정 5. 외교행랑, 우편물 등에 관한 특권 및 면책을 규정 6. 휘장의 공적 사용에 대해 규정 9. 특권 및 면책의 남용 방지 위한 관련 당사국과의 협의 규정 **제2부 직원의 특권 및 면책(제10~16조)** 10. 상설기구의 직원은 국제공무원(international civil servants)의 자격, 개별국가의 간섭 및 영향 배제 규정 11. 직원의 권한 규정: 민·형사·행정 절차로부터의 면책, 조세 면제, 외국인 등록절차로부터의 면제, 국제적 분쟁시 외교관 특권과 동일한 조치 등	제1~27조

분석 대상	본부협정문	
	내용	조문
	제3부 SCO 임무 수행 전문가에 관한 특권 및 면책 규정(제17조) 17.4. 면책 제한은 명시적으로 표기 제4부 회원국 대표들의 특권 및 면책(제18조) 18.1(1). 임무 수행시 행위에 대한 민·형사·행정적 면책 및 체포·구금·압류로부터의 면책 제5부 상임 대표(제19조) 제6부 최종 조항(제20~27조)	
채용에 관한 사항	11. 국가별 할당 방식: 회원국별 쿼터(할당 인원) - 주요 선발기준: 회원국 국민들 중 선발 18. 회원국은 베이징 소재 각 회원국 대사관에서 근무 중인 외교관 중 일원을 사무국의 상임 대표로 임명	헌장 제11조
분쟁해결 절차	- 존재하지 않음.	

자료: 저자 작성

제 6 장

중국 FTA정책과
환태평양지역
경제통합에의 영향

1. 大주변전략과 환태평양지역 경제통합

중국의 FTA를 비롯한 지역무역협정 추진은 '대주변(大周边)' 전략의 일환으로 추진되고 있다고 생각한다. 그렇다면, 중국이 말하는 대주변지역이란 어떤 곳일까? 중국이 말하는 대주변지역은 동아시아를 주축으로 남아시아, 中央亞/西亞/러시아/호주 등 아·태 지역에 이르기까지 중국 주변지역을 의미한다. 이에 중국은 FTA 파트너를 정할 때 '대주변(大周边)' 국가를 우선적으로 고려하고 있는 것으로 알려진다. 시진핑(习近平) 주석은 '대주변(大周边)' 국가 중심으로 자유무역지대 확대하는 '대주변(大周边) 선점 전략'을 강조한 바 있다. 특히 한·중 FTA 가서명을 동력 삼아 東北亞/東南亞와의 FTA 협상에 속도를 낼 것이라는 전언이다.

APEC 21개 회원국은 2014년 11월 중국 베이징에서 아·태 자유무역지대(FTAAP) 실현을 위한 '베이징 로드맵(北京线 路图)'을 채택한 바 있다. 베이징 로드맵(北京线 路图)은 APEC 21개 회원국간 FTA 체결을 통한 하나의 경제블록 형성을 위한 구상도를 의미한다.

따라서, 베이징 로드맵은 아·태 지역의 제도적 경제통합을 위한 중국의 실질적인 노력이 반영, 베이징 로드맵 채택으로 인해 중국과 아·태 국가들의 관계는 더욱 긴밀해질 것으로 예상된다.

그 외, 중국 정부는 중국 내륙은 2003년 홍콩·마카오 특별행정구와 포괄적 경제동반자 협정(CEPA)을 체결하였고 2006년 1월부터 홍콩·마카오를 원산지로 하는 화물에 대해 무관세를 적용하고 있다. 또한, 2014년 12월 홍콩·마카오와 서비스무역 자유화 협정을 체결함으로써 중국 내륙과 홍콩·마카오와의 교류 증진이 예상되고 있다. 특히 서비스무역자유화 협정(港澳地区服务业在广东实现完全自由化的协议)은 중국 정부가 홍콩·마카오 서비스무역 종사자가 广东省에서 자유롭게 서비스무역 업무 가능하도록 외국투자기업 규정을 적용하지 않겠다는 내용이다.

전술한 바와 같이, DDA 협상이 의미 있는 합의 도출에 계속하여 난항을 겪고 있고 세계무역질서를 관할하는 WTO의 영향력이 1995년 출범 당시보다 약화됨에 따라 많은 국가들이 RTAs에 의존하는 경향이 더욱 뚜렷해지고 있다. 그중, 무역의존도가 높은 한국, 중국, 일본 등의 적극적인 RTAs 정책 추진 필요성은 어쩌면 당연한 결과라고 생각되며, 전 세계적인 경기침체로 어려움을 겪고 있는 미국, EU 등 다수의 국가들도 별반 다르지 않을 것이다. 이를 반영하듯 한국, 중국 등 주요국들은 현재 적극적인 FTA 추진 정책을 추진하고 있다. 이로 인해 각국의 전체 교역에서 FTA 발효국과의 교역이 차지하는 비중도 점차 높아지고 있다. 특히 중국의 경우, 아직까지 FTA 체결 속도 면에서 한국보다 다소 뒤처져 있고 미국, EU 등 주요 선진국들과의 FTA 추진이 없는 상태이긴 하나, 경제규모의 확대, 수출시장 개척의 필요성 등 경제적 영토확장이라는 측면에서 앞으로 더욱 적극적인 FTA 정책을 추진할 것으로 전망된다. 그 촉매제 역할은 현재 정부간 협상이 진행 중인 무역대국 한국과의 FTA가 될 것으로 예상된다.

FTA 체결을 위한 중국의 적극적인 자세에도 불구하고 일부 협상에서는 다소의 난항도 예상되고 있다. 그러나 중국은 동북아지역내 경쟁국들인 한국, 일본에 비해 FTA 추진이 매우 유리한 입장으로 평가된다. 공산당에 권력이 집중되어 있는 중국의 특성상 특정부문의 손실에 관계없이 전체적인 국가전략에 따라 정책의 선택 및 추진이 가능함으로써 FTA 체결 교섭이 용이할 것이다. 특히, 경쟁력이 취약한 농업부문의 피해에 대해서도 중국 농민의 발언권[120]이 비교적 약함에 따라 쉽게 양보가 가능하다. 반면에 한국과 일본은 농민들의 강한 반발과 정치적 고려 등으로 FTA 추진마다 어려움을 겪고 있어 대조를 이룬다.

중국이 현재 추진 중인 다수의 FTA가 성공할 경우, 세계 및 아시아에서 중국의 영향력이 크게 확대될 것은 물론이고 최대 30억의 인구를 포괄하는 자유무역지역이 형성되어 경제성장이 가속화되는 효과가 예상된다. 또한, 중국은 FTA 이외에도 홍콩, 대만 및 아시아 전역에 퍼져 있는 화교를 포괄하는 중화경제권(Great China Economic Zone)의 형성을 추구함으로써 경제적·정치적 영향력을 높여 나갈 것으로 전망된다.

---

120) 의회를 대신하는 중국의 전국인민대표대회(전인대, 全国人民代表大会; 全人大)의 대표선출 표결시 불평등한 인구수 비율에 따라 도시주민은 1인 1표이나 농촌주민에 대해서는 4인 1표로 농민의 정치적 발언권이 취약한 상태이다. 또한, 7억명의 농민들이 광활한 영토에 분산되어 있어 조직적인 반대운동 전개도 어려운 상태이다(매일경제 2010.2.23).

2. 일대일로(BR) 이니셔티브와 환태평양지역 경제통합

1) 일대일로(BR) 이니셔티브와 AIIB의 운용

중국정부는 시진핑(習近平) 체제를 맞이하여 경제개혁·개방정책 3.0시대를 적극 추진하고 있다. 특히 최근 중국은 新실크로드전략이라고 불리는 일대일로(一帶一路, BR: One Belt One Road / The Belt and Road) 이니셔티브를 통해 육상실크로드와 해상실크로드를 잇는 적극적인 대외협력 전략을 추진 중에 있다. 이는 세계 최장의 국경선을 지녔기 때문에 주변국들과의 정치·경제적 관계 개선이 매우 중요하다는 점과 함께 중국경제의 새로운 성장동력을 찾기 위한 노력도 내포하고 있다고 생각한다.

더욱이 일대일로 이니셔티브는 미국과 중국, 즉 G-2시대를 넘어 새로운 3극체제(tri-polar), 즉 미국, 중국, EU로 이어지는 新국제경제질서의 성립 가능성이 더욱 커질 것으로 예상된다. 이는 국제경제질서에 매우 민감한 한국경제에도 많은 영향을 미칠 것임은 자명한 사실이다. 먼저 경제적 함의로는, 첫째, 중국의 공급과잉 문제해결, 둘째, 무역시장 확대, 셋째, 중국 외환보유액의 합리적·효율적 이용, 넷째, 아시아중심의 RMB 국제화 실현 등이 예상된다. 다음으로, 정치적 함의로는, 첫째, 개도국 대표론의 확대, 둘째, 중국위협론의 불식, 셋째, 주변국과의 신뢰 구축, 넷째, 중화경제권의 결속 등이 예상된다. 따라서, 중국의 일대일로(一帶一路)전략에 담긴 정치적 및 경제적 의미를 보다 세밀하게 분석함으로써 향후 국제경제질서의 변화와 우리경제에의 영향을 전망함에 일정부분 기여하고자 한다.

2) 경제적 함의

첫째, 중국의 공급과잉 문제에 대한 해결책이다. (과거) 양적 성장을 위한 산업육성정책 실시 통해 연평균 10% 이상의 경제성장률 달성(특히, 철강산업의 공급과잉 문제 심각) AIIB 통해 국내 과잉 생산된 인프라 건설 자재 수출함으로써 국내 공급과잉 문제 해결

둘째, 새로운 무역시장의 확대라는 측면이다. (중)베이징~(이라크)바그다드 철도 건설 등 新실크로드 구축에 필요한 자금 및 아시아지역의 대규모 기반시설 구축사업에 투자 지원 예정 수출시장 다변화

셋째, 중국 외환보유액의 합리적·효율적 이용 가능한 플랫폼 역할 수행의 측면이다. (현재) 중국, 세계 최대 외환보유국(4조$) 중국의 적정 외환보유액은 2조$로 평가(즉, 더 이상 중국은 美재무부의 T-Bond를 매입하지 않겠다는 의지 표현)

넷째, 아시아 중심의 위안화(RMB) 국제화의 실현이다. 2008년 글로벌 금융위기 이후 RMB의 무역결제 확대, 위안화 표시 채권 발행 등 RMB 국제화 적극 추진 RMB 기축통화화 등을 통한 중국경제의 국제화 전략

여섯째, 대내적인 균형발전전략을 위한 서부대개발(西部大開發)사업과의 연계이다. 지리적 특성활용(陝西省) 특히, 유럽을 통하는 새로운 무역로를 개척하여 서부지역의 경제성장을 도모

일곱째, 향후 지속성장을 위한 안정적인 자원/에너지 확보이다. 러시아/GCC/호주/뉴질랜드 등 자원보유국과의 관계 개선

여덟째, 지역주의 확산에의 대응이다. 경제협력 통한 역내 경제 안정화'97년 아시아금융위기 계기, 역내 경제협력 중요성 인식

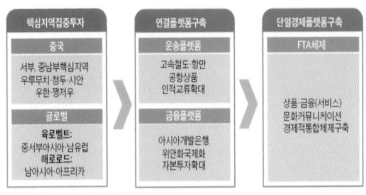

핵심지역집중투자	연결플랫폼구축	단일경제플랫폼구축
중국 서부, 중남부핵심지역 우루무치·청두·시안 우한·펑저우 **글로벌** 육로벨트: 중서부아시아·남유럽 해로로드: 남아시아·아프리카	**운송플랫폼** 고속철도·항만 공항상품 인적교류확대 **금융플랫폼** 아시아개발은행 위안화국제화 자본투자확대	**FTA체제** 상품·금융(서비스) 문화커뮤니케이션 경제적통합체제구축

자료: KIEP, 上證硏究院, 언론보도

3) 정치적 함의

첫째, 미국의 對중국 견제 무력화이다. 一帶一路/AIIB 등을 통해 미국과의 정치/외교 전에서 일단 중국 승리

둘째, IMF/World Bank/ADB 개혁 촉매제 역할이다. 미국/일본 중심의 국제금융 메커니즘에 대한 견제 기존 국제금융기구의 개혁 및 변화 촉매제 역할

셋째, 역내 정치/외교적 주도권 장악의 측면이다. 미래의 "東亞자유무역지대" 설립시 주도권 확보 가능

넷째, '개도국 대표론' 확대)이다. 對개도국 인프라 구축 지원 향후 DDA 등 多者협상時 자국에게 유리한 협상논리 전개에 유리

다섯째, 中國威脅論의 불식 측면이 강하다. 對개도국 인프라 지원이라는 경제적 당근을 활용 軟性패권주의의 추구 중화주의의 확산(?)

여섯째, 주변국과의 신뢰 구축이다. 러시아/인도 등 국경선 인접 국들과의 전략적 안보 안정 도모

일곱째, 대화중화경제권(Great Chinese Economic Zone; 大中华经济圈)의 결속이다. 최대 40억 인구 중심의 새로운 中國중심의 패러다임 전개 화교경제권의 위상 강화 中华主义의 부활(强汉盛唐)

3. 중국경제의 국제화(走出去)전략과 환태평양지역 경제통합[121)

◆ 저우추취(走出去, go global) 전략

중국정부가 경제구조 전환의 핵심 수단으로 지난 2000년 '저우추취'(走出去, go global, 해외직접투자) 전략을 발표한 이후 중국의 해외직접투자(Overseas Direct Investment; ODI)가 빠르게 증가했다. 2000년에 10억 달러에 그쳤던 해외투자는 불과 10 여년만인 2010년에 68배가 증가한 688.1억 달러를 기록했다. 2012년도 말 해외투자액은 878억 달러이며, 아시아지역 투자 비중이 73.8% (647.85억 달러)를 차지하고 있다. 업종별로 보면, 임대 및 비즈니스 서비스업이 해외투자의 절반을 차지하고 있으며, 금융업, 도소매업, 석유·천연가스·유색금속 채굴업이 그 뒤를 잇고 있다.

해외기업 유치에 주력했던 중국의 인진라이(引進來) 중심의 대외개방은 어느덧 30여년의 역사를 갖고 있으며, 본격적으로 저우추취(走出去, 해외진출) 전략을 실시한 지도 10여년이 지났다. 그동안 중국은 연평균 9% 이상의 높은 경제성장을 달성하여, G2를 논하는 제2의 경제대국이 되었으며 산업구조도 갈수록 업그레이드되고

---

121) 제6장 3절 부분은 부산발전연구원(2012), 『부산의 차이나 드라이브 전략』, 한국학술정보의 내용을 요약 정리하였음.

있다.

해외투자가 중국경제에 미친 영향은 긍정적인 것으로 평가된다. 부족한 자원을 해외에서 확보함으로써 생산차질을 피할 수 있었으며, 과잉생산과 산업을 해외에 이전함으로써 산업구조를 최적화하고 업그레이드할 수 있었기 때문이다. 또한 M&A 등으로 선진국의 첨단기술과 관리경험을 습득함으로써 기업의 경쟁력을 향상시킬 수 있었다. 이는 궁극적으로 경제성장에 긍정적인 영향을 미쳐, GDP 성장과 해외투자 간에 궤적을 살펴보아도 비슷한 추세를 보이고 있다.

특히 가전산업은 해외진출로 가장 성공한 산업분야로 꼽힌다. 일부기업이 해외진출 과정에서 우여곡절을 겪기도 했지만 가전산업은 중국기업 해외진출의 10년 역사를 대변한다 해도 과언이 아니다. 하이얼(海爾), TCL, 레노버(聯想), 콩카(康佳), 하이신(海信) 등은 중국시장에서 구축한 시장 지배력과 브랜드 파워를 바탕으로 세계시장에서도 적극적인 행보를 보이고 있다.

하이신의 경우 남아프리카 컬러TV 시장점유율 1위를 차지하고 있으며, 콩카의 컬러TV도 호주, 중동, 동남아에서 상위권을 다투고 있다. 레노버는 2011년 7월 독일 PC회사 메디온(Medion)을 인수한 뒤 독일 3大 PC공급상으로 부상했다. 이는 2005년 IBM PC부문 인수 이후 레노버의 가장 큰 해외기업 인수사례다. 이 밖에 IT 분야에서 화웨이(華爲)가 영국에서 양호한 실적을 보이고 있으며, 교통운수업에서 중국이 고속철도 분야의 급속한 성장을 바탕으로 미국에서 대량의 고속철도 프로젝트를 추진하고 있다.

자원 분야에서도 2005년 유노컬(Unocal) 인수에 실패했던 중국해양석유(CNOOC)가 2010년부터 미국 에너지회사들의 지분을 소규모로 인수하는 데에 성공했다. 취업과 경제회복을 고려한 미국이 해외투자를 적극 유치하며 자원시장도 중국 투자자들에게 조금씩 개방하는 조짐이다.

그러나 농업과 첨단기술산업과 같은 민감한 분야에서 중국기업의 해외투자는 순조롭지 못하다. 또한 중국기업이 여전히 물류서비스, 영업판매 서비스망 구축 등 측면에서는 뒤처져 있고, 제품의 브랜드와 규모, 품질 등이 선진국 다국적기업보다 떨어진다는 평가이다.[122]

<표 6-1> 중국의 대외직접투자 지역별 현황 (2012)

구 분	금 액 (억 달러)	전년대비 증감률 (%)	비중 (%)
아시아	647.85	42.4	73.8
유럽	70.35	-14.7	8.0
남미	61.70	-48.3	7.0
북미	48.82	96.9	5.6
아프리카	25.17	-20.6	2.9
오세아니아	24.15	-27.3	2.7
합계	**878.04**	**17.6**	**100.0**

<표 6-2> 중국의 주요 해외자원 M&A 사례

연도	인수 주체	대상 기업 (국가)	대상업종 및 투자 내용	규모
2008	중해유전복무	Awilco Offshore ASA (노르웨이)	유전탐사	25억 달러
2009	SINOPEC	Addax (스위스)	석유	75억 달러
2009	중국철도건설	Corriente Resources (캐나다)	광산, 지분 67%	7억 달러
2010	Petrochina	애로우 (호주)	석유, 지분 50%	31억 달러

---

122) 김부용(2012), 질적 변환기 맞은 중국기업의 해외진출, 친디아저널 2012년 2월호, 40쪽, POSRI.

2010	ECE	이타미나스 (브라질)	광산, 지분 100%	12억 달러
2010	시노펙	신크루드 (캐나다)	석유, 지분 9%	47억 달러
2010	페트로차이나	로얄더치셸 시리아자산 (시리아)	석유, 지분 35%	16억 달러
2010	시노펙	렙솔 (브라질)	석유, 지분 40%	71억 달러
2011	중국해양석유	OPTI (캐나다)	석유	21억 달러
2011	페트로차이나/ 로얄더치셸에너지	보우에너지 (호주)	석유	6억 달러
2012	시노펙	옥시덴탈 페트롤리움의 아르헨티나 자회사 지분 (미국)	석유, 지분 100%	25억 달러
2012	멍란싱허 (梦兰星河)에너지	이마다(伊玛达) 석유천연가스	지분 75%	20억 달러
2013	중화(中化)그룹	Wolfcamp	지분 40%	17억 달러
2013	쓰촨(四川) 한룽(汉龙)그룹	SDL (아프리카)	철광석, 지분 19%	2억 호주달러

자료: 정도숙(2012), 친디아저널 Vol.66, 41쪽; 节能环保网(ecep.ofweek), 2014.10.14.

최근 중국의 해외투자 패턴도 변하고 있다. PwC자료에 따르면, 2011년 M&A건수가 중국 해외투자의 절반에 달하는 207건이었고 금액도 429억 달러로 나타났다. 해외자원 M&A 대형화와 M&A 대상업종 확대 때문이다. 특히 2008년 글로벌 위기 이후 중국해양석유(CNOOC), 페트로 차이나(PetroChina), 시노펙(SINOPEC) 등 3대 메이저 국유기업이 주도하는 해외자원 분야의 M&A는 세계 에너지 업계를 재편하는 양상을 보이고 있다.[123]

글로벌 금융위기를 기점으로 중국의 해외 M&A는 자원분야에서 양적으로 확대되었을 뿐만 아니라 기술, 브랜드, 유통망 획득을 위

---

123) 정도숙(2012), M&A규모 최대 서구기업들의 경계심 고조, 친디아저널 2012년 2월호, 41쪽, POSRI.